O NOVO RECURSO EXTRAORDINÁRIO

A542n   Amorim, Aderbal Torres de

O novo recurso extraordinário: hipóteses de interposição, repercusão geral, *amicus curiae*, processamento, jurisprudência, súmulas aplicáveis./ Aderbal Torres de Amorim. – Porto Alegre: Livraria do Advogado Editora, 2010.

180 p.; 23 cm.

ISBN 978-85-7348-667-4

1. Recurso extraordinário. I. Título.

CDU – 347.955

Índice para catálogo sistemático:

Recurso extraordinário   347.955

(Bibliotecária responsável: Marta Roberto, CRB-10/652)

ADERBAL TORRES DE AMORIM

O NOVO RECURSO EXTRAORDINÁRIO

Hipóteses de interposição
Repercussão geral
Amicus curiae
Processamento
Jurisprudência
Súmulas aplicáveis

livraria
DO ADVOGADO
editora

Porto Alegre, 2010

© Aderbal Torres de Amorim, 2010

Capa, projeto gráfico e diagramação
Livraria do Advogado Editora

Revisão
Rosane Marques Borba

Direitos desta edição reservados por
Livraria do Advogado Editora Ltda.
Rua Riachuelo, 1338
90010-273 Porto Alegre RS
Fone/fax: 0800-51-7522
editora@livrariadoadvogado.com.br
www.doadvogado.com.br

Impresso no Brasil / Printed in Brazil

Prefácio

Com esta nova e importante contribuição às letras jurídicas, o autor, que há algum tempo produzira trabalho excelente sobre os recursos cíveis ordinários, centra sua atenção no Recurso Extraordinário, instrumento hoje engrandecido e valorizado como ferramenta de controle da constitucionalidade, mercê das inovações trazidas pela Emenda Constitucional n° 45. Ao cabo da leitura, compreende-se facilmente o emprego do qualificativo "novo", presente no título.

A sólida formação de constitucionalista do autor, a par dos amplos e profundos conhecimentos de processo civil, área com a qual sempre dividiu sua atenção, permitiu-lhe um exame completo e abrangente do instituto, não apenas em sua conformação tradicional, mas também e sobretudo na análise das importantes inovações introduzidas, tema que aparece em especial destaque na obra.

Das origens à configuração mais recente do remédio recursal estudado, passando pela sua história, que experimentou notáveis passos evolutivos e alguns frêmitos marcados pelas sucessivas Constituições que regeram os destinos de nossa frágil República, o estudo desemboca no estágio contemporâneo por ele alcançado, resultante da profunda reformulação do tema, produzida pela mencionada emenda.

Enriquece o livro, por fim, uma breve mas interessante e por vezes instigadora análise da jurisprudência sumulada da Suprema Corte, quanto aos enunciados diretamente ligados ao tratamento do recurso extremo. Aí se desenha uma compreensão particularmente significativa da visão que o Pretório Maior tem de sua própria atividade, no atinente ao tema.

Fiel a seu estilo e a sua biografia, o autor, mesmo sem buscar deliberadamente a controvérsia, jamais foge à polêmica nem se abstém da análise das questões a cujo respeito se dividem as opiniões dos especialistas. No seu conjunto, e também mercê da linguagem tecnicamente irrepreensível mas nem por isso hermética, a obra por certo revelar-se-á tão digna da atenção dos doutos quanto atraente e útil para o aprendizado dos neófitos.

Adroaldo Furtado Fabrício

Sumário

Nota do autor 9

Apresentação – *Nelson Oscar de Souza* 11

1. Relevância constitucional do recurso extraordinário 13

2. Feição histórica 15
    2.1. A Constituição de 1891 16
    2.2. A Constituição de 1934 17
    2.3. A Constituição de 1937 18
    2.4. A Constituição de 1946 19
    2.5. A Constituição de 1967 20
    2.6. A Constituição de 1969 21

3. A Constituição, o STF e o atual recurso 23
    3.1. Função primordial e tribunal de exceção 27
    3.2. Função primordial e conflito de competências 29

4. Juízo diferido de admissibilidade 33
    4.1. Pressupostos recursais comuns 35
    4.2. Pressupostos recursais especiais 38
        4.2.1. Julgamento em *única* ou *última* instância 39
        4.2.2. "Causas decididas" 42
            4.2.2.1. Causas decididas e prequestionamento 43
            4.2.2.2. Causas decididas e questões de ordem pública 45
        4.2.3. Preliminar de repercussão geral 46

5. Juízo exclusivo de admissibilidade 47
    5.1. Repercussão geral 47
        5.1.1. Repercussão geral e *amicus curiae* 54
            5.1.1.1 *Amicus curiae* e questão constitucional 55
        5.1.2. Repercussão geral e sobrestamento 59
        5.1.3. Repercussão geral e recurso extraordinário criminal 61

6. Efeitos da interposição 65
    6.1. Âmbito do efeito devolutivo 65
    6.2. Efeito translativo e questões de ordem pública. 69
    6.3. Âmbito do efeito suspensivo 73
        6.3.1. Efeito suspensivo e medidas cautelares 75
    6.4. Efeito ativo e medidas cautelares 77

7. Juízo de mérito e hipóteses de interposição 79

7.1. Âmbito de recorribilidade 80

7.1.1. Critério axiológico – a contrariedade à Constituição 81

7.1.1.1. Contrariedade à Constituição e igualdade na Constituição 86

7.1.2. Declaração de inconstitucionalidade 91

7.1.2.1. Lei federal de efeitos locais 93

7.1.2.2. Declaração de inconvencionalidade 95

7.1.3. Contrariedade indireta à Constituição 99

7.1.4. Lei federal *versus* lei local 100

7.1.4.1. Hierarquia das leis 102

8. Processamento do recurso 105

8.1. Primeiro exame de admissibilidade – juízo *a quo* 105

8.1.2. Agravo de instrumento 106

8.2. Segundo exame de admissibilidade e julgamento de mérito no juízo monocrático *ad quem* 109

8.2.1. Recursos extraordinários simultâneos 110

8.2.2. Agravo interno 112

8.2.3. Agravo interno, embargos declaratórios e de divergência 114

8.3. Terceiro exame de admissibilidade e julgamento de mérito no órgão colegiado 116

9. Efeitos do julgamento 119

9.1. Efeito interpartes 120

9.2. Efeito *erga omnes* e súmula vinculante 121

9.2.1. Transcendência dos motivos determinantes 127

9.3. Efeitos temporais, materiais e modulação 128

10. Recurso extraordinário adesivo 131

10.1. Pressupostos recursais comuns 133

10.2. Pressupostos recursais especiais 134

10.3. Âmbito de devolutividade 136

11. Recurso extraordinário retido 139

12. Recurso extraordinário e direito sumular 143

12.1. Súmula persuasiva 146

12.2. Súmula vinculante 171

Bibliografia 173

Índice onomástico 179

Nota do autor

Atormentado pela incerteza e excitado pela ousadia, jamais, em tempo algum, o legislador constituinte submeteu o recurso extraordinário a alterações tão profundas. Contidas na Emenda Constitucional nº 45/2004, nelas incluiu a transmutação da própria natureza jurídica do mais importante remédio recursal do Estado de Direito. Até então, o recurso nobre fora meio de controle difuso da constitucionalidade, apreciando unicamente casos *concretos* – com efeitos interpartes, pois. Era o mesmo controle praticado por magistrados singulares, desde os tempos em que "juízes e desembargadores, do Norte ao Sul do país, já respondiam criminalmente a processo por haverem declarado a inconstitucionalidade de leis federais e estaduais".[1]

Vestindo nova roupagem – e a exemplo das ações diretas de inconstitucionalidade, notadamente destas –, o extraordinário passou a ostentar a mesma eficácia do controle concentrado da constitucionalidade em abstrato, os efeitos *erga omnes*. Audácia nunca antes cogitada no plano recursal, o constituinte de segundo grau concebeu instrumento viabilizador da nova feição do instituto: a súmula vinculante. Ainda que de forma mitigada, entronizou-se o *stare decisis* do sistema da *common law*, a saber, a vinculação do julgamento à jurisprudência que o antecedeu. Adotou-se, enfim, a teoria do precedente.

Insistência inflexível na razoável duração do processo, não ficaram aí as vertiginosas alterações a que se submeteu o novo recurso. De par com a notável metamorfose, o legislador impôs à conhecibilidade do mesmo a presença de "questões relevantes do ponto de vista econômico, político, social ou jurídico, que ultrapassem os interesses subjetivos da causa". A repercussão geral tornou indispensável que o processo respectivo contenha, a um só tempo, *relevância* e *transcendência*. A questão constitucional nele ferida há de identificar-se com algum ou alguns daqueles limites temáticos *e* tal projeção há de se derramar para fora dos interesses das partes em liça. Ali, enganosa retroatividade atávica, *parecendo* ressuscitar a velha e arbitrária arguição de relevância da questão federal;

---

[1] RODRIGUES, Lêda Boechat. *História do Supremo Tribunal Federal*. Volume I. Rio de Janeiro: Civilização Brasileira, 1965, p. 2.

aqui, escultura atenta da obra reformadora, a exigir extrapolação subjetiva dos personagens da causa.

Novidade trazida também com a EC/45 e fruto da moderna "sociedade disciplinar", os tratados e convenções internacionais sobre direitos humanos incorporaram hierarquia de supralegalidade. Desde então, pois, admitem o denominado *controle de convencionalidade* das normas infraconstitucionais que se lhes antepuserem. E tal hipótese de julgamento, *incidenter tantum* por certo, inclui o novo recurso extremo. Necessariamente.

Aprovados por três quintos dos membros de cada uma das casas do Parlamento, em dois turnos de votação, os tratados tornam-se "equivalentes" a emendas constitucionais. Nesse passo, comportam *também* o controle concentrado de constitucionalidade por meio das ações constitucionais, direta e declaratória.

Finalmente, inovação sensível diz com peculiar forma de intervenção de terceiro. Trazido das ações direta de inconstitucionalidade e declaratória de constitucionalidade – e como nestas, também não revestindo verdadeiramente o papel de parte –, o *amicus curiae* apresenta-se como elemento de colaboração com o processo. Admitido *irrecorrivelmente* que seja, cinge-se a sustentar ou a impugnar a existência da repercussão geral. E nada mais.

Por tudo isso – e tirante a duvidosa constitucionalidade de pronunciamento unipessoal *irrecorrível* –, reafirma-se a convicção de que se está frente a um auspicioso instituto, apto a sustentar a teleologia maior do Estado de Direito: a supremacia da Constituição.

Apresentação

Mais uma agradável surpresa me foi proporcionada pela leitura antecipada dos originais deste novo trabalho de Aderbal Torres de Amorim. Surpresa, não por ter partido do autor – pois os seus trabalhos jurídico-forenses me são conhecidos há décadas –, mas porque, mais uma vez, o Rio Grande do Sul se revela como celeiro que é de notáveis textos jurídicos, poucas vezes reconhecidos pelo centro do país.

Privilegiado leitor que fui, posso reforçar a sugestão com este novo livro de Amorim.

Ele e sua modéstia que me perdoem, mas dois nomes me acorreram à memória, quando da leitura. Ruy Barbosa, o olvidado mestre do nosso constitucionalismo, que escreveu – no fôro e para o fôro - as peças mais duradouras de seu imenso acervo e o melhor de seu pensamento jurídico. E o próprio Amorim, que conheci no foro também. Nada fácil era a tarefa do magistrado quando a decisão enveredava por caminhos contrários aos dos interesses de sua argumentação. Essas mesmas peças (ignoro se as arquivou) constituiriam imensa contribuição ao aprofundamento dos institutos jurídicos que defendeu. Porém, ele, como Ruy, poucos livros doutrinários nos legaram!

Por outro lado, fica-se com a impressão de que sua formação filosófica fá-lo usar a lógica tomista na metodologia seguida: expor o fato e o tema, opor as posições divergentes, oferecer a solução. O resultado, neste estudo fundamental, marcará nossa literatura como um roteiro seguro para os trabalhadores do foro.

Sua obra anterior, "Recursos Cíveis Ordinários", já se constituiu um recurso precioso para os trabalhadores processuais – advogados, promotores e magistrados – que puderam esmiuçar os conceitos debatidos diuturnamente no foro. Agora, penso que não poderão considerar-se atualizados sem debaterem as lições contidas neste abrangente tratado sobre "O novo recurso extraordinário". Concorde-se, ou não, com as suas conclusões.

Desejo ressaltar ainda o aspecto que valorizo como o mais importante do estudo: a abordagem do instituto processual dentro da estrita órbita do Direito

Constitucional. Extraordinário é este recurso na exata medida em que se buscar a sua matriz na vertente constitucional.

Este velho magistrado sente-se feliz ao registrar o nascimento de mais uma obra original na literatura jurídica do Rio Grande do Sul.

Nelson Oscar de Souza

1. Relevância constitucional do recurso extraordinário

Expressão tópica do controle repressivo judicial de constitucionalidade – tido por oriundo da genialidade do *Chief* John Marshall no famoso caso *Marbury vs. Madison*,[2] o recurso extraordinário é o mais grave remédio na composição dos litígios submetidos à apreciação judicial. Desaguadouro natural de *qualquer* ação, desde *qualquer* juízo, *sempre*, em tese, poderá o processo chegar ao Pretório Maior para apreciação do conteúdo constitucional que a questão encerra. Basta que esta contenha *repercussão geral*,[3] e a parte prejudicada – ou o terceiro assim também – exerça o direito formativo gerador[4] à reapreciação da "causa decidida".

Junto aos demais meios de controle da constitucionalidade, o recurso extraordinário é o resultado direto da supremacia da Constituição, princípio maior de qualquer ordem jurídica.[5] Isso porque "nulla é toda a lei opposta à Constituição".[6]

Diferente da ação direta de inconstitucionalidade e da ação declaratória de constitucionalidade – notadamente estas, ambas hipóteses de controle *concentrado* e *abstrato* da constitucionalidade pela via de *ação* –, é ele meio especial de

---

[2] "Marshall foi original na lógica imbatível de sua decisão, não porém quanto à substância da idéia. Ela já era correntia na jurisprudência, conforme os precedentes lembrados e outros que lhes foram seguindo. A Justiça do Estado de New Jersey, em 1780, declarou nula uma lei por contrariar a Constituição do Estado. Desde 1782, os juízes da Virgínia julgavam-se competentes para dizer da constitucionalidade das leis. Em 1787, a Suprema Corte da Carolina do Norte invalidou lei pelo fato de colidir com os artigos da Confederação". POLETTI, Ronaldo. *Controle da constitucionalidade das leis.* 2ª ed. Rio de Janeiro: Forense, 1995, p. 25.

[3] Lei nº 11.418, de 19 de dezembro de 2006, que regulamentou o disposto no § 3º do art. 102 da Constituição. Valendo também para o Processo Penal, o Supremo Tribunal Federal estabeleceu o dia 3 de maio de 2007 como marco inicial da eficácia da exigência da repercussão geral, data da entrada em vigor da Emenda Regimental nº 21 (adiante, item 3.2.1).

[4] Acerca do recurso como direito formativo gerador, veja-se, do autor, *Recursos cíveis ordinários*. Porto Alegre: Livraria do Advogado, 2005, p. 19.

[5] Não se desconhece a doutrina das "relações pós-modernas entre o direito interno e o direito externo das nações" para a qual, ambos os ramos do direito coexistem, sem predomínio absoluto de um sobre o outro. Entretanto, a posição remansosa do STF é de que a Constituição exclui as normas de direito internacional com ela incompatíveis, ainda que oriundas de tratados (v. item 7.1.2.1 – Declaração de inconvencionalidade).

[6] MARSHALL, John. *Decisões Constitucionaes de Marshall.* Rio de Janeiro: Imprensa Nacional, 1903, p. 1.

controle judicial *difuso* no exame do caso *concreto* de leis e atos do poder público. Resulta de questão incidental, pela via da *exceção* de inconstitucionalidade que qualquer juiz pode declarar. E por vezes, como também naquelas especialíssimas ações ocorre, sua eficácia, *agora*, torna-se *erga omnes*:

> "Note-se que o famoso caso Marbury v. Madison, no qual a Suprema Corte norte-americana afirmou que o Judiciário pode exercer o controle da constitucionalidade das leis, era caso concreto, vale dizer, tratava-se do reconhecimento da competência do Poder Judiciário para controlar, em concreto, a constitucionalidade das leis".[7]

Seja de que índole for, origine-se a causa nesse ou naquele grau de jurisdição, inexiste processo judicial aprioristicamente imune à interponibilidade do recurso extremo. A não ser, obviamente, causa julgada no próprio Supremo Tribunal Federal.[8] Tal decorre do fato de que *nenhum* outro juízo – tribunal ou não – possui as galas do Supremo. E isso a despeito da insistência teimosa com que se o inclui na expressão "tribunais superiores" (adiante, nota n° 24).

Por tudo isso – e juntamente com o recurso especial para o Superior Tribunal de Justiça –, a principal nota que o diferencia dos demais recursos é teleológica: volta-se ele não para o direito das partes propriamente dito, mas, muito antes, para o estrito direito como tal. Assim é que este remédio excepcional – recurso de *direito estrito*, insiste-se – tutela antes o direito objetivo posto do que o direito subjetivo carente de tutela. Não trata da *justiça* dos julgamentos, senão que da afirmação da norma pura. Daquela, ocupam-se os denominados recursos *ordinários*. Pela razão inversa, desta trata o *extraordinário*. Por isso, nada o envolve no exame ou no reexame de prova:

> "Para simples reexame de prova, não cabe recurso extraordinário".[9]

Não é ele, pois, recurso de terceira instância. E o ponto nodal que o separa vivamente do recurso especial – este igualmente de fundamentação vinculada – é a causa nele envolvida: ocupa-se o recurso extraordinário, exclusivamente, de matéria constitucional. Já o recurso especial, a seu turno, cuida das questões infraconstitucionais federais.

---

[7] NERY JUNIOR, Nelson. *Princípios do Processo Civil na Constituição Federal*. 7ª ed. São Paulo: RT, 2002, p. 27. Adiante, item 09, Efeitos do julgamento.

[8] MENDES, Gilmar Ferreira; COELHO, Inocêncio Mátires; BRANDO, Paulo Gustavo Gonet. *Curso de Direito Constitucional*. 4ª ed. São Paulo: Saraiva, 2009, p. 1367.

[9] Súmula da Jurisprudência do Supremo Tribunal Federal, verbete 279 (ver item 12 – Recurso extraordinário e direito sumular). O Superior Tribunal de Justiça, em sua Súmula, também repete a mesma impediência quanto ao recurso especial (verbete n° 7).

2. Feição histórica

Embora sem o adjetivo, o recurso surgiu no alvorecer da República, com a simultânea criação do Supremo Tribunal Federal (Decreto 848, de 11 de outubro de 1890). Este sucedia ao Supremo Tribunal de Justiça que, a sua vez, substituíra a Casa de Suplicação do Brasil. Era uma imposição do regime republicano-federal:

> "Reconhecida a soberania da União e proclamada a obrigatoriedade das leis federais em todo o território da República, forçoso é colocar essas leis sob a proteção de um tribunal federal que lhes possa reconhecer a supremacia, quando desconhecida ou atacada pela magistratura dos Estados".[10]

Pelo fato de que a mais concisa e duradoura de nossas Constituições republicanas previsse, para a Corte, "15 juízes de notável saber e reputação", chegou a compô-la o médico Barata Ribeiro:

> "Tem-se entendido que esse *notavel saber* diz respeito ás materias sobre que versam as funcções do Tribunal. Foi essa a doutrina firmada no parecer da commissão de justiça e legislação do Senado, adoptado em sessão secreta de 24 de setembro de 1894 e em virtude do qual deixaram de ser approvadas as nomeações de um medico e dois generaes para o Supremo Tribunal Federal".[11]

Ao introduzir o novel recurso no primeiro Texto Republicano, o constituinte inspirou-se no *Judiciary Act* de 1.789, criador formal do *writ of error* do direito norte-americano. Mas este já existia antes disso:

> "Na America do Norte, anteriormente à independencia, já era usado como ramo do direito inglez; com a proclamação da independencia americana, muito embora taxado de inconstitucional, foi o instituto acceito pela doutrina e pela jurisprudência em conseqüência dos poderes implicitos contidos na Constituição Federal americana, ou como consequencia tácita desta".[12]

---

[10] BATISTA, Zótico. *Código de Processo Civil Anotado e Comentado.* Volume II. Rio de Janeiro: Livraria Jacinto, 1940, p. 284.

[11] CASTRO, Araujo. *Manual da Constituição Brasileira.* Rio de Janeiro: Leite Ribeiro e Maurillo, 1918, p. 148. Finalmente, o Parlamento corrigiria a lacuna: ao substantivo "saber" acresceu-se o adjetivo "jurídico" (art. 56).

[12] GAMA, Vasco de Lacerda. *Recurso Extraordinário.* 1937 , p. 66.

2.1. A Constituição de 1891

A *Constituição da Republica Federativa dos Estados Unidos do Brazil*, de 24 de fevereiro de 1891, dispôs, em seu art. 59, § 1º:

"Das sentenças das justiças dos Estados em ultima instancia haverá recurso para o Supremo Tribunal Federal:

a) quando se questionar sobre a validade ou a applicação de tratados e leis federaes, e a decisão do tribunal do Estado fôr contra ella;

b) quando se contestar a validade de leis, ou de actos dos governos dos Estados em face da Constituição, ou das leis federaes, e a decisão do tribunal do Estado considerar validos esses actos, ou essas leis impugnadas."

O recurso extraordinário, então inominado, previa julgamento somente contra decisão de *última* instância. Não se havia ainda atentado o constituinte para a possibilidade de julgamento em instância *única*. Mas já se exigia o prequestionamento, a saber, que a questão objeto do recurso houvesse sido *ventilada* na decisão recorrida:

"A questão que deu margem ao pronunciamento do Tribunal, deve ter sido suscitada e decidida na ultima instancia da justiça estadual...".[13]

Embora distraído naquele passo – mas prevenido pelas advertências de Ruy Barbosa –, o constituinte de 91 não descuidou da grave mancha contida na Constituição norte-americana em que se inspirara. Esta deixara ao arbítrio do Poder Legislativo a fixação do número de membros da Suprema Corte, bem como as hipóteses recursais das justiças inferiores.

Nossa primeira Constituição republicana não incidiu no erro. Desde ali, jamais o número de membros e a competência do Supremo Tribunal Federal foram deixados ao legislador ordinário. Graças ao alerta, configuram até hoje cláusulas pétreas do Texto Maior:

"Se a Constituição brasileira as adoptasse, teriam anniquilado, aqui, a justiça federal, inutilisando-a no desempenho da mais necessaria parte da sua missão, no encargo de servir e escudo contra as demasias do Governo e do Congresso. Toda vez que o Supremo Tribunal adoptasse uma decisão contrária às exigências, aos attentados, ou aos interesses de uma situação política, seus potentados suas maiorias, uma lei, votada entre a sentença e os embargos, e executada incontinenti com as nomeações necessárias, augmentando o numero de membros daquella magistratura, operaria a reconsideração do julgado".[14]

---

[13] MAXIMILIANO, Carlos. *Commentarios á Constituição Brasileira*. 2ª ed. Rio de Janeiro: Jacinto Ribeiro dos Santos Editor, 1923, p. 596.

[14] BARBOSA, Ruy. *Comentarios á Constituição Federal Brasileira*. Volume 4, São Paulo: Saraiva, 1933, p. 8.

Também na jurisdição ordinária, Congresso e Executivo norte-americanos se davam as mãos para neutralizar a "inconveniência" de uma magistratura independente:

"Toda vez que a União receiasse perder, na segunda instância, uma causa de relevância excepcional para a sua política ou as suas finanças, já vitoriosa na primeira, o Congresso Nacional, alterando o regimen das appellações, e excluído esse recurso no gênero de casos, a que pertencesse a hypothese, inhibiria o Supremo Tribunal de entender no pleito, e, dest'arte, firmaria como definitivo o vencimento já obtido pelo governo, mas ainda sujeito a revisão".[15]

Felizmente, a tal ponto não chegamos. A competência e a composição da Corte Maior sempre foram matérias rigidamente constitucionais.

2.2. A Constituição de 1934

Já a *Constituição da Republica dos Estados Unidos do Brasil*, de 16 de julho de 1934, a par de alterar a designação do Supremo Tribunal Federal para Corte Suprema, previu o recurso com a denominação até hoje vigente. E ali incluiu a hipótese de julgamentos em instância *única*:

"Art 76. À Côrte Suprema compete:

(...)

2. julgar:

(...)

III, em recurso extraordinario, as causas decididas pelas justiças locaes em única e ultima instancia:

a) quando a decisão fôr contra literal disposição de tratado ou lei federal e sobre cuja applicação se haja questionado;

b) quando se questionar sobre a vigencia ou a validade de lei federal em face da Constituição, e a decisão do tribunal local negar applicação á lei impugnada;

c) quando se contestar a validade de lei ou acto dos governos locaes em face da Constituição, ou de lei federal, e a decisão do tribunal local julgar valido o acto ou a lei impugnada;

d) quando ocorrer diversidade de interpretação definitiva de lei federal entre as Côrtes de Appellação de Estados differentes, inclusive do Districto Federal ou dos Territorios, ou entre um destes tribunaes e a Corte Suprema, ou outro tribunal federal."

---

[15] BARBOSA, Ruy. *Comentarios á Constituição Federal Brasileira*. Volume 4, São Paulo: Saraiva, 1933, p. 9.

Resultado de duas revoluções – 1930 e 1932 – e inspirada na Constituição de Weimar de 1919 e na da República Espanhola de 1931, a Constituição de 1934 entregou ao Senado Federal funções estranhas à legislatura: o poder de suspender a execução de decretos do Executivo, competência nitidamente judicial. E ao também restringir a competência dos Estados-Membros no concernente à organização do Judiciário, foi acoimada de "antifederalista".[16]

Por outro lado, a Corte Suprema passou a ser composta por 11 ministros, número este irredutível, mas que poderia ser acrescido de até quatro, desde que a iniciativa para tal partisse do próprio Tribunal (art. 73 e seu § 1º).

2.3. A Constituição de 1937

Três anos mais tarde, "atendendo ao estado de apreensão criado no País pela infiltração comunista, que se torna dia a dia mais extensa e mais profunda, exigindo remédios de caráter radical e permanentes", Francisco Campos escreveu, e o presidente Getúlio Dornelles Vargas decretou a tristemente famosa Constituição "polaca" de 1937.

A justificativa era a mesma que, em 1964, viria a fundamentar novo golpe de estado. Eram pretextos tão procedentes quanto as inexistentes armas de destruição em massa que explicaram a criminosa invasão do Iraque pelos Estados Unidos da América e a destruição de monumentos milenares da Mesopotâmia, berço da civilização.

O governo de 37 dissolveu as assembleias legislativas e as câmaras de vereadores, decretou a censura à imprensa, fechou partidos e ordenou prisões políticas. A sociedade emudeceu.

Inspirada na Constituição polonesa de 1935, a Constituição fascista trouxe, entre outras novidades, a competência de o Parlamento, às instâncias do presidente da República – autoridade máxima da Nação –, reexaminar decisões do STF que declarassem a inconstitucionalidade de lei. Confirmada a lei pelas duas casas legislativas, ficaria sem efeito a decisão jurisdicional.

De fazedor de leis, o Congresso passava a controlador da própria constitucionalidade dessas:

"Já o Supremo Tribunal Federal não diz a última palavra sôbre a inconstitucionalidade das leis. Aliás, sob a Constituição de 1934, nas vésperas da sua queda, se estabelecera conflito entre a extinta Côrte Suprema e o Senado Federal, por uma das suas comissões (...) O legislador constituinte de 1937 (...) ousou deslocar do Poder Judiciário para o Parlamento a competência de exame supremo da constitucionalidade das leis".[17]

---

[16] TRIGUEIRO, Oswaldo. *Direito constitucional estadual*. Rio de Janeiro: Forense, 1980, p. 198.

[17] MIRANDA, Pontes de. *Comentários à Constituição Federal de 10 de novembro de 1937*. Tomo I. Rio de Janeiro: Irmãos Pongetti Editores, 1938, p. 194.

Quanto ao recurso extremo, assim dispôs a Constituição dos Estados Unidos do Brasil, de 10 de novembro de 1937:

"Art. 101. Ao Supremo Tribunal Federal compete:

(...)

III – julgar, em recurso extraordinário, as causas decididas pelas justiças locais em única ou última instância:

a) quando a decisão fôr contra a letra de tratado ou lei federal, sôbre cuja aplicação se haja questionado;

b) quando se questionar sobre a vigência ou validade de lei federal em face da Constituição, e a decisão do tribunal local negar aplicação à lei impugnada;

c) quando se contestar a validade de lei ou ato dos governos locais em face desta Constituição, ou de lei federal, e a decisão do tribunal local julgar válida a lei ou o ato impugnado;

d) quando decisões definitivas dos Tribunais de Apelação de Estados diferentes, inclusive do Distrito Federal ou dos Territórios, ou decisões definitivas de um dêstes Tribunais e do Supremo Tribunal Federal derem à mesma lei federal inteligência diversa."

2.4. A Constituição de 1946

Após longo período obscurantista, surgiu a *Constituição dos Estados Unidos do Brasil, de 18 de setembro de 1946*. Pretendia restabelecer os ideais democráticos das Constituições de 1891 e 1934. Presidencialista por excelência, ela criou no Legislativo processo para perda de cargo por conduta incompatível com o decoro parlamentar. E a providência não ficou no papel: já na primeira legislatura, a Câmara decretou a perda do mandato do Deputado Barreto Pinto. Ele frequentava a Casa trajando casaca e cuecas, e assim se deixava fotografar...

Para o Judiciário – entre outras novidades e a exemplo da Constituição de 1934 –, estabeleceu a possibilidade de elevação do número de ministros do Supremo Tribunal Federal (que eram onze), via lei de iniciativa do próprio Tribunal. E assim dispôs, no que interessa ao tema:

"Art. 101. Ao Supremo Tribunal Federal compete:

(...)

III – julgar em recurso extraordinário as causas decididas em única ou última instância por outros tribunais ou juízes:

a) quando a decisão fôr contrária a dispositivo desta Constituição ou a letra de tratado ou lei federal;

b) quando se questionar sôbre a validade de lei federal, e a decisão recorrida negar aplicação à lei impugnada;

c) quando se contestar a validade de lei ou ato de govêrno local em face desta Constituição ou de lei federal, e a decisão recorrida julgar válida a lei ou o ato;

d) quando na decisão recorrida a interpretação da lei federal invocada fôr diversa da que lhe haja dado qualquer dos outros tribunais ou o próprio Supremo Tribunal Federal."

Para não deixar dúvidas, ao lado de "outros tribunais", incluiu a expressão "ou juízes". Aí, pois – e de forma expressa –, a interponibilidade de recurso extraordinário contra pronunciamento judicial de primeiro grau.

2.5. A Constituição de 1967

Seguindo-se à fratura institucional de 1964, sobreveio a *Constituição da República Federativa do Brasil, de 24 de janeiro de 1967*. Era a "Constituição calvinista" – expressão cunhada por Aliomar Baleeiro, em sua aguda crítica à teleologia pouco humanista do novo Estatuto.

Embebida das ideias de Max Weber, destinada a preservar a "segurança do Estado" e a pretexto de evitar que os grandes estados definissem a eleição do Presidente da República, implantou o sistema indireto de votação. Pelo regime anterior, os cinco maiores estados disporiam de 60% do eleitorado; pela eleição indireta, 40%. Foi o argumento para a troca do sistema.

Regulando o recurso extraordinário, a Constituição de 1967 nele inseriu requisito especialíssimo de admissibilidade: a "relevância da questão federal". E aproveitando-se da nova atribuição – de índole nitidamente legislativa, note-se bem –, o Supremo Tribunal Federal instituiu a *Reclamação* "para preservar a competência do Tribunal ou garantir a autoridade de suas decisões".[18]

Não ficaram por aí as novidades: foi criado o Conselho Nacional da Magistratura, gérmen do Conselho Nacional de Justiça que viria a frutificar com a Emenda nº 45 à atual Constituição. Ao menos era constituído exclusivamente de membros vitalícios...

Perante a Constituição de 1967, assim ficou o recurso nobre:

"Art. 119. Compete ao Supremo Tribunal Federal:

(...)

III – julgar, mediante recurso extraordinário, as causas decididas em única ou última instância por outros tribunais ou juízes, quando a decisão recorrida:

a) contrariar dispositivo desta Constituição ou negar vigência de tratado ou lei federal;

---

[18] Hoje, a competência acerca da Reclamação está expressamente prevista no Texto Maior (art. 102, inc. I, alínea *l*). Assim também para o STJ (art. 105, inc. I, alínea *f*).

b) declarar a inconstitucionalidade de tratado ou lei federal;

c) julgar válida lei ou ato de governo local contestado em face da Constituição ou de lei federal; ou

d) der à lei federal interpretação divergente da que lhe tenha dado outro tribunal ou o próprio Supremo Tribunal Federal."

Escassos dois anos se passaram e "a Revolução brasileira reafirmou não se haver exaurido o seu poder constituinte". Através do Ato Institucional nº 6, de 1º de fevereiro de 1969, entre outras providências, suprimiu-se a referência a "juízes" posta no inc. III do art. 119 da Carta. O recurso extremo retornava à interponibilidade exclusiva contra causas oriundas de "tribunais".

2.6. A Constituição de 1969

Oito meses se passam e nova quebra do regime político ocorre no Estado de Direito: os ministros militares "promulgam" a denominada "Emenda" Constitucional nº 1, de 17 de outubro de 1969.[19] E excluem da apreciação judicial, dentre outros, os atos praticados pelo "Comando Supremo da Revolução de 31 de março de 1964" (art. 181).

No que pertine ao recurso extraordinário, as alterações de monta foram a supressão da *relevância da questão federal*, como requisito especial à admissibilidade do recurso, e a exclusão dos atos de "juízes" da recorribilidade extraordinária. Esta tornou-se cabível contra causas decididas "por outros tribunais", exclusivamente. No mais, com pequeno deslocamento de dispositivos, repetiu-se o que a Constituição de 1967 assentara. E já não se previu o Conselho Nacional de Magistratura, que viria a ser reinstituído pela Emenda Constitucional nº 7, de 13 de abril de 1977.

---

[19] Como tivemos ocasião de escrever, "na verdade, *de Emenda não se tratava*. Tratava-se, sim, de nova Constituição derivada do poder das armas e não da vontade popular. Isso porque, nos termos do disposto no artigo 51 da Constituição de 1967, a proposta de emenda constitucional (PEC) 'será discutida e votada em reunião do Congresso Nacional'. Ora, a 'emenda' não se originara no Parlamento. Conforme reza no preâmbulo, seus outorgantes decretaram: 'os Ministros da Marinha de Guerra, do Exército e da Aeronáutica Militar, usando das atribuições que lhes confere o artigo 3º do Ato Institucional nº 16, de 14 de outubro de 1969, combinado com o § 1º do artigo 2º do Ato Institucional nº 5, de 13 de dezembro de 1968 (...) Promulgam a seguinte Emenda à Constituição de 24 de janeiro de 1967'. Assim, se não derivou do processo legislativo constitucional previsto na Constituição que então vigia, Emenda não era e nunca haveria de ser. Era, sim, nova Constituição resultante dos poderes de que se auto-investiram os ministros militares, escondidos no biombo confortável dos atos institucionais. Ditadura" (*Recursos cíveis ordinários*. Porto Alegre: Livraria do Advogado, 2005, p. 198, nota de rodapé nº 325).

3. A Constituição, o STF e o atual recurso

A *Constituição da República Federativa do Brasil, de 5 de outubro de 1988*, contém mais de dois mil dispositivos. São-lhe comuns normas de eficácia limitada em profusão, regras de natureza nitidamente infraconstitucional – de índole regimental, inclusive – e remédios de eficácia alguma. Fruto dos "fatores reais de poder" (adiante, item 7.1.1.1. Contrariedade à Constituição e igualdade na Constituição), nosso heróico Estatuto Fundamental vem sendo emendado e mutilado como nunca antes se fizera:

> "Temos uma Constituição que mais parece uma loja de departamentos, porquanto tudo foi constitucionalizado, desde a exigência do juiz morar na Comarca até o direito a aviso proporcional, a par da afirmativa de ser viável a aplicação imediata de todos os preceitos constitucionais. Constitucionalizamos tudo e tudo foi constitucionalmente prometido".[20]

Com 250 artigos no texto permanente e quase uma centena no Ato das Disposições Constitucionais Transitórias, nosso Estatuto Maior materializa o mais extenso diploma constitucional de nossa história. É resultado de uma Assembleia Nacional Constituinte, especialmente convocada para tal fim. Mas não *exclusiva*, infelizmente.[21]

A propósito das incessantes mutilações – em geral atendentes de interesses não propriamente claros – e da constância com que é emendada e remendada, nossa Carta lembra as constituições flexíveis. Mas ela é convenientemente rígida; ao menos em teoria:

---

[20] PASSOS, J. J. Calmon de. *As razões da crise de nosso sistema recursal*. Estudos em homenagem a José Carlos Barbosa Moreira. Rio de Janeiro: Forense, 2007, p. 372.

[21] A Assembleia Nacional Constituinte nasceu espúria: em lugar de elaborarem uma Constituição e saírem de cena, convocando nova eleição para o Parlamento então *constituído*, seus membros permaneceram em seus mandatos. Disso resultou o copioso número de dispositivos de conveniência que mancharam gravemente os ideais dos que queriam uma Assembleia *exclusiva*, ou seja, que se dissolvesse ao fim dos trabalhos de *constituir* o novo Estado de Direito. Compunham-na 72 senadores (23 dos quais nomeados pelo "poder revolucionário") e 487 deputados federais. Distribuídos por 33 comissões e subcomissões, seus integrantes representavam, como sempre, os interesses dos detentores do poder. O projeto de nossa coletânea regimental – pomposamente chamada "cidadã" – recebeu mais de mil emendas parlamentares e cerca de uma centena de emendas populares.

"As vantagens das Constituições rígidas são magníficas. Capacitam-nos para definir, com alguma exatidão, a competência dos poderes governamentais: previnem a possibilidade de que capricho repentino da opinião pública transforme e desarraigue o que ao todo convém manter. Colocam o Direito acima da lei".[22]

Reflexo dessa verdadeira colcha de retalhos e de nosso desamor por sua integridade, ela lembra a Constituição Prussiana de 1848 da qual Ferdinand Lassalle, o grande precursor da sociologia jurídica e da social democracia, asseverava:

"Não existe bandeira, por muito velha e venerável que seja, por centenas de batalhas que tenha assistido, que possa representar tantos buracos e frangalhos como a famosa carta constitucional prussiana".[23]

Seja como for – e no que interessa ao tema central –, já no cabeço do art. 102 da denominada Constituição "cidadã", materializa-se a feição precípua do Supremo Tribunal Federal: *guardião* do Texto Maior. À semelhança da Suprema Corte norte-americana e nela inspirado, figura o STF na cúpula do Poder Judiciário. E sozinho, a despeito de o querem incluir no contexto de "tribunal superior".[24]

Da simples leitura dos dispositivos respectivos, quando de sua entrada no mundo jurídico, de logo já se notavam profundas alterações no tratamento até então dispensado ao recurso extremo:

"Art. 102. Compete ao Supremo Tribunal Federal, precipuamente, a guarda da Constituição, cabendo-lhe:

(...)

III – julgar, mediante recurso extraordinário, as causas decididas em única ou última instância, quando a decisão recorrida:

a) contrariar dispositivo desta Constituição;

b) declarar a inconstitucionalidade de tratado ou lei federal;

c) julgar válida lei ou ato de governo local contestado em face desta Constituição."

---

[22] MELLO, Oswaldo Aranha Bandeira de. *A teoria das constituições rígidas.* 2ª ed. São Paulo: José Bushatsky. 1980, p. 67. Ver ainda MENDES, COELHO e BRANDO. *Curso de Direito Constitucional.* 4ª ed., São Paulo: Saraiva, 2009, p. 19.

[23] LASSALE, Ferdinand. *A essência da Constituição.* Rio de Janeiro: Liber Juris, 1985, p. 47.

[24] Insista-se à náusea: o Supremo Tribunal Federal *não é* tribunal *superior*. Ele é *supremo*. Cabe-lhe, com primazia, a denominada *jurisdição constitucional*, ou seja, ele tem a última palavra em toda e qualquer questão dessa natureza. De seus julgados, nenhum recurso cabe para tribunal algum. E *nenhum* outro tribunal ou juiz tem suas decisões infensas ao exame da Corte Maior (CF, art. 102, incs. II e III e respectivas alíneas). A própria Constituição o separa de forma expressa dos tribunais ditos *superiores* (art. 92, § 2º) que são quatro (STJ, STM, TST e TSE). Mas nem o próprio legislador escapa à equivocidade da expressão, por vezes nela pretendendo incluir qualquer tribunal com jurisdição cível (CPC, art. 557, parágrafo único, na redação que lhe *dava* a Lei 9.139/1995).

Retornando ao regramento de 1946, o recurso extraordinário já não mais caberia apenas contra decisões de *tribunais*. Tornou-se interponível contra pronunciamentos judiciais de primeiro grau.

Mais dezesseis anos se passam e o legislador constituinte de segundo grau – após longa apatia, aqui e ali interrompida por sucessivas emendas constitucionais –, traz a lume a Emenda Constitucional nº 45, de 8 de dezembro de 2004. Entre louváveis providências, peca gravemente em recriar, logo abaixo do Supremo Tribunal Federal, um Conselho Nacional de Justiça. Nele inclui integrantes sem as garantias da magistratura. Bem por isso – fruto do "demônio da política", flagrado mais de cem anos antes –, o Conselho Nacional de Justiça é um verdadeiro *tribunal de exceção*: "juízes" sem vitaliciedade passaram a processar e a julgar juízes.

"Não se conhece, por toda a superfície do globo civilizado, nação nenhuma, em cuja legislação penetrasse a idea, que só ao demônio da política brasileira podia ocorrer, de criar fora da justiça, e incumbir á política uma corregedoria, para julgar e punir as suppostas culpas do Tribunal Supremo no entendimento das leis (...) nunca ninguém se lembrou de lhe armar um código especial de criminalidade, e, ainda menos, de submetter esse tribunal á jurisdicção de nenhum dos seus jurisdicionados".[25]

Os juízes, agora, submetem-se a jurisdicionados.

No que pertine ao recurso extraordinário, a Emenda 45 acrescentou mais uma alínea ao inc. III do art. 102 da Carta Maior, ampliando as hipóteses do mesmo e reduzindo as do recurso especial:

"d) julgar válida lei local contestada em face de lei federal".[26]

Zelando pela eficácia normativa do Texto Fundamental, o recurso extraordinário presta-se não só ao vigilante controle da constitucionalidade de leis e atos de governo como também ao desate do choque entre lei federal e lei local. Sem precedentes na história constitucional brasileira, seja inter-partes, seja com efeitos *erga omnes* – neste caso, tal qual ocorre com as ações direta de inconstitucionalidade e declaratória de constitucionalidade (Constituição, art. 102, § 2º) –, referida Emenda carreou para o recurso extremo a eficácia *vinculante*. E ainda adotou o veículo sumular, possível também *de ofício*, para irradiação de todos os efeitos que a decisão em sede extraordinária possa viabilizar (Constituição, art. 103-A).

Foi bem longe o constituinte: mesmo no controle *difuso* de constitucionalidade do caso concreto, os julgados em recurso extraordinário passaram a ter o notável efeito de embeberem a jurisprudência como um todo. Cresce de amplitude sua eficácia se o Pretório – instância de superposição que é – entender de

---

[25] BARBOSA, Ruy. *Comentarios á Constituição Federal Brasileira*. IV vol. São Paulo: Saraiva, 1939, p. 19.

[26] Adiante, item, 7.1.4. Lei federal *versus* lei local.

lhes incorporar mais forte musculatura. Basta sumulá-los com eficácia vinculante (adiante, item 9.2. Efeito *erga omnes* e súmula vinculante). Submetem, assim, a todos os órgãos jurisdicionais e administrativos, nas três esferas federativas, e às demais pessoas, físicas ou jurídicas, residentes ou domiciliadas no país.

É a nova feição transindividual do recurso extremo.[27] O que era julgamento interpartes tornou-se regra genérica *erga omnes*; uma "quase-lei". Mas que obriga tal qual a lei:

"Nos casos em que vier a incidir a súmula vinculante, desde logo o juiz terá de se curvar àquela interpretação que terá sido sumulada. Observe-se, todavia, que não estará deixando de decidir *de acordo com a lei*".[28]

Eis a pedra de toque do Estado Democrático de Direito, a gigantesca problemática político-jurídica: a independência entre os Poderes. De um lado, o Tribunal Maior, titulando, absoluto, a jurisdição constitucional. De outro, as funções prevalentes de cada qual, materializando o equilíbrio:

"Cada um dos poderes distingue-se dos demais, e o exorbitar de um com prejuízo para os demais assume figura específica de abuso de poder, para o qual – com o escopo de preveni-lo e reprimi-lo – existem, às vezes, institutos e procedimentos particulares".[29]

Da preeminência da Corte Maior, vem de longe velho e ainda atual ensinamento:

"A competencia do Supremo Tribunal para conhecer dos chamados *casos politicos* tem sido discutida, sendo corrente vencedora a de que os casos de natureza essencialmente política subtrahem-se á competência do Tribunal. Entretanto, ao próprio Tribunal, na qualidade de *juiz unico de sua competencia*, cabe definir quaes os pleitos d'aquella natureza. D'ahi o predomínio involuntario que tem sobre os outros poderes, conseqüência inevitavel do regimen que adoptámos".[30]

O Supremo Tribunal Federal é o *juiz único* de sua própria competência; também quanto a esta, tem a última palavra. É a culminância que dirime todas as questões e choques entre Poderes, incluindo-se ele próprio. No cenário político-jurídico, hoje mais do que nunca, exerce o mesmo papel do Poder Moderador da

---

[27] CAVALCANTE, Mantovanni Colares. *A Lei 11.672/2008 e o novo processamento de recursos especiais com identidade de matérias, em confronto com a feição transindividual do recurso extraordinário*. RePro 163/179.

[28] WAMBIER, Teresa Arruda Alvim. *Recurso Especial, Recurso Extraordinário e Ação Rescisória*. 2ª ed. São Paulo: RT, 2008, p. 229.

[29] ROMANO, Santi. *Princípios de Direito Constitucional Geral*. São Paulo: RT, p. 229.

[30] OCTAVIO, Rodrigo; VIANNA, Paulo D. *Elementos de Direito Publico e Constitucional Brasileiro*. 3ª ed., Rio de Janeiro: F Briguiet & Cia, 1927, p. 275

Constituição Imperial, a "chave de toda a organização da Nação".[31] O futuro dirá das consequências de tal predomínio:

> "Diante das mudanças que o futuro desenha, cumprirá desenvolver uma cultura do Judiciário no sentido de encarnar ele um dos poderes políticos da nação, de ser o depositário fundamental da distribuição dos direitos individuais e coletivos, da inserção nos seus procedimentos de regras modernas de administração, visando sempre ao produto final de sua atividade – a prestação jurisdicional efetiva, célere e competente".[32]

3.1. Função primordial e tribunal de exceção

A par desse "rejuvenescimento" a que se submetem a Constituição e o Supremo Tribunal Federal, outra providência que não mais pode fazer-se esperar diz com a extinção do medieval *foro especial* (a despeito da vedação expressa da própria Lei Maior, art. 5º, inc. XXXVII, muitos já o denominam "foro privilegiado"). Nele, os beneficiários da espúria competência atravancadora dos trabalhos do Pretório Maior – que para tal sequer é preparado –, autoridades da República detentoras do mais "nobre" *status*, escudam seus inconfessáveis desígnios.

Não sendo função própria de um tribunal constitucional, serve o Supremo, involuntariamente, a proteger a impunidade, resultado da lentidão dos processos dessa natureza. E a "segurança jurídica" repousa sobre o fato de que o censurável privilégio foi conferido pelo próprio constituinte originário. Em tese, pois, não se mostra inconstitucional, eis não há regra inconstitucional no Texto Maior *originário*. Não fora assim, porém, atentaria contra o princípio da igualdade, sem falar no da moralidade (adiante, item 7.1.1.1. Contrariedade à Constituição e igualdade na Constituição). A menos que se cogitasse de afronta ao direito das gentes.[33]

A Constituição – *mero pedaço de papel* – é manipulada a mais não poder pelos detentores dos *fatores reais de poder*. Para consecução de seus objetivos, ante sua "hierarquia", sustentam não poderem juízes comuns julgar senadores, deputados, ministros, secretários de estado, e assim por diante. E garantem tal "direito" no bojo da própria Constituição (art. 102, inc. I, alíneas *b*, *c* e *d*). Ou simplesmente reagem às saudáveis decisões judiciais em contrário:

> "Foro especial por prerrogativa de função (...) 1. O novo § 1º do art. 84 CPr-Pen constitui evidente reação legislativa ao cancelamento da Súmula 394 por decisão tomada pelo Supremo Tribunal no Inq 687-QO, 25.8.97, rel. o em. Ministro Sydney Sanches (RTJ 179/912), cujos fundamentos a lei nova

---

[31] Como expressamente dispunha a Constituição da República dos Estados Unidos do Brasil, de 24 de fevereiro de 1891, em seu art. 98.

[32] SOUZA, Nelson Oscar de. *Manual de Direito Constitucional*. 3ª ed. Rio de Janeiro: Forense, 2006, p. 264.

[33] Essa odiosa instituição do foro verdadeiramente "privilegiado" é mais um exemplo dos *fatores reais de poder* identificados por Lassalle. E isso a despeito de Konrad Hesse entender que a Constituição tem "vida própria" (adiante, item 9.2. Efeito *erga omnes* e súmula vinculante).

contraria inequivocamente. 2. Tanto a Súmula 394, como a decisão do Supremo Tribunal, que a cancelou, derivaram de interpretação direta e exclusiva da Constituição Federal. 3. Não pode a lei ordinária pretender impor, como seu objeto imediato, uma interpretação da Constituição: a questão é de inconstitucionalidade formal, ínsita a toda norma de gradação inferior que se proponha a ditar interpretação da norma de hierarquia superior".[34]

Ora, certos legisladores confundem princípios da magistratura com postulados da caserna. De fato, reza a Constituição, os militares organizam-se com base na *hierarquia* e na *disciplina*. Vige ali o postulado da *subordinação*: não há militar sem superior. Quanto à matéria disciplinar, sequer há *habeas corpus*. Da mesma forma, é na hierarquia que se organiza o serviço público em geral. Para a jurisdição, porém, sobrepaira o princípio do *juízo natural*, deste resultando o postulado da *independência*.

Não há juiz subordinado a quem quer que seja. Nem a outro juiz. De há muito passou o tempo em que juízes eram processados criminalmente e condenados por declararem a inconstitucionalidade de leis e atos do poder público.[35] Assim, por exemplo, se um ministro do Supremo Tribunal Federal move ação de despejo contra seu inquilino, ele recorre ao juiz de direito. Também da mesma forma, se o ministro for inquilino-réu. E se este for demandado em ação de alimentos, o processo corre perante juizado de idêntica hierarquia cuja sentença valerá tanto quanto a de qualquer tribunal. E até mandado de prisão pode o juizado singular expedir contra o membro do Supremo Tribunal Federal, se devedor remisso de alimentos. A prerrogativa, o odioso privilégio de certas autoridades serem processadas perante o próprio Supremo prevalece unicamente em matéria criminal.

Não faz muito, na Espanha, tribunal "inferior" processou e julgou os ministros do Tribunal Constitucional e os condenou a indenizar dano moral. A sentença foi prontamente cumprida. Registre-se igualmente o papel do juiz John Sílica frente ao presidente Nixon, no *affair* Watergate. Um juiz de primeiro grau de jurisdição levou o homem mais poderoso do mundo à renúncia.

Claro que não se está a comparar a relevância política, a expressão pública do membro do Supremo Tribunal Federal com a do juiz de direito, ou em face do juiz federal, ou perante o juiz do trabalho, ou em função do juiz militar. Mas nada disso infere *subordinação*. Quando um juiz decide, ele o faz como membro do Poder. Ele decide como o próprio Poder, não apenas representando-o, mas,

---

[34] ADI 2797, rel. Min. Sepúlveda Pertence, DJ 19.12.2006. O Congresso Nacional rebelara-se contra a revogação do verbete 394 da Súmula/STF que assim dispunha: "Cometido o crime durante o exercício funcional, prevalece a competência especial por prerrogativa de função, ainda que o inquérito ou a ação penal sejam iniciados após a cessação daquele exercício". Nossos parlamentares não abrem mão do foro "privilegiado"...

[35] É famoso o caso do juiz Alcides Mendonça Lima, condenado criminalmente por declarar a inconstitucionalidade de lei gaúcha que impunha o voto a descoberto dos membros do Tribunal do Júri (RODRIGUES, Lêda Boechat. *História do Supremo Tribunal Federal*. Volume I. Rio de Janeiro: Civilização Brasileira, 1965, p. 83).

antes de tudo, *presentando*-o. É o próprio Poder decidindo e aí projetando sua independência. E é tão saliente essa independência do juiz singular que ele pode o que nenhum membro de tribunal pode: declarar a inconstitucionalidade de lei ou ato do poder público (Constituição, art. 97).

Por tudo, poderia, sim, qualquer juiz processar e julgar autoridade qualquer. Mas a permanecer o presente estado de coisas – fruto do malsinado embuste do profissionalismo político –, o abominável foro "privilegiado" prosseguirá, assegurando impunidade a notórios malfeitores. Nesse passo, é atualíssimo ensinamento já septuagenário, comemorativo da introdução da igualdade eleitoral no Brasil:

> "De há muito, a nação reclamava de seus mandatários uma legislação que defendesse os princípios do regime contra os assaltos e embustes do profissionalismo político".[36]

3.2. Função primordial e conflito de competências

Por obra da ousada norma constitucional que entrega à Corte Suprema o poder de editar "semileis" (a súmula vinculante), é permanente a possibilidade de atrito entre Judiciário e Parlamento. Por alegada intromissão de um nas competências do outro, flagra-se aqui e ali certa convivência perturbadora: o Judiciário "legisla" na esteira da preguiça legislativa, consequência desta "constitucionalização de tudo". O resultado inevitável é o confronto entre Supremo Tribunal Federal e Congresso Nacional. Rusgas frequentes.

Há exemplos patéticos dessa denominada omissão *inconstitucional* legislativa e do consequente transbordamento das competências jurisdicionais. Sem lei que o permitisse – e rompendo sua tradição não concretista –,[37] o Supremo Tribunal Federal mandou aplicar à greve dos servidores públicos normas destinadas aos trabalhadores em geral.[38]

Ora, direito de greve dos trabalhadores não tem, em princípio, limitações. Ele figura em norma constitucional de eficácia *plena*; de aplicação imediata, pois. Por isso mesmo, independe de lei que o regule. Cabe à lei ordinária tão somente definir "os serviços e atividades essenciais, dispondo sobre o atendimento das necessidades inadiáveis da comunidade" (Constituição, art. 9º). Nessa

---

[36] KELLY, Octavio. *Codigo eleitoral anotado*. Rio de Janeiro: A. Coelho Branco Fº, 1932, p. 5.

[37] Para um exame dos diferentes posicionamentos da Corte Maior acerca dos graus de eficácia dos julgados em mandado de injunção, MORAES, Alexandre de. *Direito Constitucional*. 24ª ed. São Paulo: Atlas, 2009, p. 175.

[38] "Mandado de injunção (...) Greve no serviço público. Alteração de entendimento anterior quanto à substância do mandado de injunção. Prevalência do interesse social. Insubsistência do argumento segundo o qual dar-se-ia ofensa à independência e harmonia entre os poderes [art. 2º da Constituição do Brasil] e à separação dos poderes [art. 60, § 4º, III, da Constituição do Brasil]. Incumbe ao Poder Judiciário produzir a norma suficiente para tornar viável o exercício do direito de greve dos servidores públicos, consagrado no artigo 37, VII, da Constituição do Brasil" (MI 712, rel. Min. Eros Grau, DJ 06.11.2007).

contingência – e só aí –, mostra a regra constitucional feição de eficácia *contida*. Mas só aí. Nesse caso, primeiro a Constituição assegura o direito; as limitações, as *contenções* virão depois.

No serviço público, porém, o mesmo e ambicionado direito "será exercido nos termos e nos limites definidos em lei específica" (Constituição, art. 37, inc. VII). Não há aí direito de greve enquanto a lei não o regular; a regra é de eficácia *limitada*. Assim, decidindo que o direito dos trabalhadores é aplicável aos servidores públicos, o Tribunal Maior bate de frente com a Constituição. Transgride-a. Mesmo reconhecendo explicitamente que a lei estendida aos servidores públicos "a tanto não se presta, sem determinados acréscimos", o STF entendeu, em mais de uma ocasião, ser este o melhor remédio ao direito desamparado que o Legislativo, encarcerado em sua própria paralisia, teima em não curar.

Em outro julgado – e igualmente em mandado de injunção impetrado no vácuo legal –, reconheceu-se aposentadoria especial pelo exercício de atividade insalubre.[39] E o mesmo ocorreu em ação direta de inconstitucionalidade por omissão.[40] E nesta ocorreram votação unânime e votação majoritária.[41]

Outro exemplo que denota a mora legislativa e revela função nitidamente reguladora de direitos exercida pelo Supremo Tribunal Federal ocorreu no julgamento da Demarcação de Terras Indígenas Raposa/Serra do Sol. Por maioria, a Corte Maior assentou nada menos de 18 "condições impostas pela disciplina constitucional ao usufruto dos índios sobre suas terras". São verdadeiros comandos de lei.[42]

---

[39] O Tribunal julgou parcialmente procedente pedido formulado em mandado de injunção impetrado contra o Presidente da República, por servidora do Ministério da Saúde, para, de forma mandamental, assentar o direito da impetrante à contagem diferenciada do tempo de serviço, em decorrência de atividade em trabalho insalubre prevista no § 4º do art. 40 da CF (...). Salientando o caráter mandamental e não simplesmente declaratório do mandado de injunção, asseverou-se caber ao Judiciário, por força do disposto no art. 5º, LXXI e seu § 1º, da CF, não apenas emitir certidão de omissão do Poder incumbido de regulamentar o direito a liberdades constitucionais, a prerrogativas inerentes à nacionalidade, à soberania e à cidadania, mas viabilizar, no caso concreto, o exercício desse direito, afastando as consequências da inércia do legislador (MI 721, rel. Min. Marco Aurélio, DJ 30.11.2007).

[40] O Tribunal, por unanimidade, julgou procedente pedido formulado em ação direta de inconstitucionalidade por omissão ajuizada pela Assembleia Legislativa do Estado de Mato Grosso, para reconhecer a mora do Congresso Nacional em elaborar a lei complementar federal a que se refere o § 4º do art. 18 da CF, na redação dada pela EC 15/1996. Por maioria, estabeleceu o prazo de 18 meses para que este adote todas as providências legislativas ao cumprimento da referida norma constitucional (ADI 3.682, rel. Min. Gilmar Mendes, DJ 09.05.2007).

[41] É generalizado o equívoco de se considerar maioria simples o resultado da votação da "metade mais um". Ora, se o número for ímpar – os 11 membros do STF, por exemplo –, sendo a metade 5,5 e a esta adicionado "mais um", somar-se-iam 6,5. Não havendo "meio julgador", resultaria a maioria em sete e não em seis, como é usual. O correto é dizer-se que "a maioria simples resulta do número inteiro imediatamente superior à metade". Mas nem sempre foi assim.

[42] "1) O usufruto das riquezas do solo, dos rios e dos lagos existentes nas terras indígenas pode ser suplantado de maneira genérica sempre que houver, como dispõe o art. 231, § 6º, da CF, o interesse público da União, na forma de lei complementar; 2) o usufruto dos índios não abrange a exploração de recursos hídricos e potenciais energéticos, que dependerá sempre da autorização do Congresso Nacional; 3) o usufruto dos índios não abrange a pesquisa e a lavra de recursos naturais, que dependerá sempre de autorização do Congresso Nacional; 4) o

Já se vê, essas decisões judiciais resultam da omissão renitente do Congresso Nacional. Submerso na lentidão que o constrange e afogado na corrupção que o silencia, o Parlamento resta imóvel. É que, antes disso, inebriado pelos valores da cidadania, o constituinte nefelibata produzira torrentes de direitos que nada valem enquanto não promulgadas leis que os regulem. São direitos "para inglês ver". E na incurável mora do legislador, o Judiciário há de exercer suas funções, mesmo no silêncio da lei:

> "Pela posição concretista, presentes os requisitos constitucionais exigidos para o mandado de injunção, o Poder Judiciário através de uma decisão constitutiva, declara a existência da omissão administrativa ou legislativa, e implementa o exercício do direito, da liberdade ou da prerrogativa constitucional até que sobrevenha regulamentação do poder competente".[43]

Ora, no Estado de Direito, cabe unicamente à lei, por meio do Parlamento, atribuir direitos e impor deveres. Ao Judiciário, toca aplicar a lei ao caso concre-

---

usufruto dos índios não abrange a garimpagem nem a faiscação, dependendo, se o caso, ser obtida a permissão da lavra garimpeira; 5) o usufruto dos índios fica condicionado ao interesse da Política de Defesa Nacional. A instalação de bases, unidades e postos militares e demais intervenções militares, a expansão estratégica da malha viária, a exploração de alternativas energéticas de cunho estratégico e o resguardo das riquezas de cunho estratégico, a critério dos órgãos competentes – o Ministério da Defesa e o Conselho de Defesa Nacional –, serão implementados independentemente de consulta às comunidades indígenas envolvidas ou à FUNAI; 6) a atuação das Forças Armadas e da Polícia Federal na área indígena, no âmbito de suas atribuições, fica garantida e se dará independentemente de consulta às comunidades indígenas envolvidas ou à FUNAI; 7) o usufruto dos índios não impede a instalação pela União Federal de equipamentos públicos, redes de comunicação, estradas e vias de transporte, além das construções necessárias à prestação de serviços públicos pela União, especialmente os de saúde e de educação; 8) o usufruto dos índios na área afetada por unidades de conservação fica restrito ao ingresso, trânsito e permanência, bem como a caça, a pesca e o extrativismo vegetal, tudo nos períodos, temporadas e condições estipulados pela administração da unidade de conservação, que ficará sob a responsabilidade do Instituto Chico Mendes de Conservação da Biodiversidade; 9) o Instituto Chico Mendes de Conservação da Biodiversidade responderá pela administração da área de unidade de conservação, também afetada pela terra indígena, com a participação das comunidades indígenas da área, em caráter apenas opinativo, levando em conta os usos e os costumes dos indígenas, podendo, para tanto, contar com a consultoria da FUNAI; 10) o trânsito de visitantes e pesquisadores não índios deve ser admitido na área afetada à unidade de conservação nos horários e condições estipulados pela administração; 11) deve ser admitido o ingresso, o trânsito, a permanência de não índios no restante da área da terra indígena, observadas as condições estabelecidas pela FUNAI; 12) o ingresso, trânsito e a permanência de não índios não pode ser objeto de cobrança de quaisquer tarifas ou quantias de qualquer natureza por parte das comunidades indígenas; 13) a cobrança de tarifas ou quantias de qualquer natureza também não poderá incidir ou ser exigida na troca da utilização de estradas, equipamentos públicos, linhas de transmissão de energia ou de quaisquer outros equipamentos e instalações colocadas a serviço do público, tenham sido excluídos expressamente da homologação ou não; 14) as terras indígenas não poderão ser objeto de arrendamento ou de qualquer ato ou negócio jurídico, que restrinja o pleno exercício do uso e da posse direta pela comunidade jurídica ou pelos silvícolas; 15) é vedada, nas terras indígenas, a qualquer pessoa estranha aos grupos tribais ou comunidades indígenas a prática da caça, pesca ou coleta de frutos, assim como de atividade agropecuária extrativa; 16) os bens do patrimônio indígena, isto é, as terras pertencentes ao domínio dos grupos e comunidades indígenas, o usufruto exclusivo das riquezas naturais e das utilidades existentes nas terras ocupadas, observado o disposto nos artigos 49, XVI, e 231, § 3º, da Constituição da República, bem como a renda indígena, gozam de plena imunidade tributária, não cabendo a cobrança de quaisquer impostos, taxas ou contribuições sobre uns e outros; 17) é vedada a ampliação da terra indígena já demarcada; 18) os direitos dos índios relacionados as suas terras são imprescritíveis e estas são inalienáveis e indisponíveis" (Pet 3.388/RR, rel. Min. Carlos Britto, republicada no DJE nº 107, divulgado em 09/06/2009).

[43] MORAES, Alexandre de. *Direito Constitucional.* 24ª ed. São Paulo: Atlas, 2009, p. 177.

to ou – e de forma excepcional – decidir se uma lei é válida em face da Constituição. Mas no desvão da mora contumaz, não há outro remédio. A menos que o Judiciário se aliasse à contumácia legislativa.

A solução para tais impasses seria simples: por emenda constitucional, bastaria que o entorpecido Congresso Nacional *decidisse* que a mora tivesse prazo certo para ser curada. Não editada a lei em certo tempo, a casa respectiva estaria impedida de deliberar sobre qualquer outra matéria; como hoje se faz com as medidas provisórias, os projetos de lei com tramitação urgente e a apreciação dos vetos (Constituição, arts. 62, § 6º, 64, § 2º e 66, § 6º).[44] Mas isso dependeria do Parlamento.

Enquanto isso, o Judiciário faz de conta que não legisla; o Legislativo finge que não vê.[45]

---

[44] Decisão liminar em mandado de segurança assentou que o trancamento da pauta previsto no § 2º do art. 62 da Constituição não compreende as matérias pré-excluídas no § 1º do referido artigo. Assim, mesmo com a existência de medidas provisórias ainda não apreciadas pela Casa Congressual respectiva, podem ser votadas propostas de emenda à Constituição e projetos de resolução e de leis complementares: A deliberação emanada do Senhor Presidente da Câmara dos Deputados parece representar um sinal muito expressivo de reação institucional do Parlamento a uma situação de fato que se vem perpetuando no tempo e que culmina por frustrar o exercício, pelas Casas do Congresso Nacional, da função típica que lhes é inerente, qual seja, a função de legislar (...) Além de propiciar o regular desenvolvimento dos trabalhos legislativos no Congresso Nacional, parece demonstrar reverência ao texto constitucional, pois – reconhecendo a subsistência do bloqueio da pauta daquela Casa legislativa quanto às proposições normativas que veiculem matéria passível de regulação por medidas provisórias (não compreendidas, unicamente, aquelas abrangidas pela cláusula de pré-exclusão inscrita no art. 62, § 1º, da Constituição, na redação dada pela EC nº 32/2001) – preserva, íntegro, o poder ordinário de legislar atribuído ao Parlamento (MS 27.931, rel. Min. Celso de Mello, DJ 01.04.2009).

[45] Outros exemplos do crescente ativismo do Supremo Tribunal Federal – para alguns, "a judicialização da política"; para outros, "a supremocracia". Para nós, resposta a um verdadeiro estado de necessidade ocasionado pela omissão legislativa: a proibição do uso de cigarro em aviões, a liberação da pesquisa com células-tronco, a vedação de nepotismo na Administração Pública, a gratuidade de remédios contra o vírus da Aids, a união homoafetiva, a fixação de número de vereadores, o aborto dos anencefálicos, a fidelidade partidária, a criação de novos municípios, o exercício de atividade profissional proibida por Portarias Reservadas da Aeronáutica, que o constituinte prometera restabelecer em 12 meses, a proibição de importação[44] de pneus usados.

4. Juízo diferido de admissibilidade

Do ponto de vista da admissibilidade do recurso extremo, avulta de logo o fato de que é parcialmente dupla, e até tripla, sua apreciação. Em um primeiro momento – e após o prazo das contrarrazões, tanto no cível quanto no crime (CPC, art. 542, e Lei 8.038, de 28 de maio de 1990, art. 27, respectivamente) –,[46] exercê-la-á o representante do órgão onde prolatada a decisão recorrida, a saber, o tribunal respectivo, exclusivamente acerca dos pressupostos *comuns*.

Para o intitulado recurso extraordinário *cível*, a lei refere "o presidente ou o vice-presidente do tribunal recorrido" (CPC, art. 541, na redação da Lei 8.950, de 13 de dezembro de 1994). Para o denominado recurso extraordinário *criminal*, exclusivamente, em "presidente do tribunal recorrido" (Lei 8.038/1990, art. 26). Entretanto, aos regimentos internos dos tribunais cabe indicar as autoridades competentes para o juízo diferido de admissibilidade do recurso; tanto no crime quanto no cível.[47]

A despeito do silêncio legal, o mesmo fará o presidente ou o vice-presidente do tribunal a que estiver vinculado o juiz de primeiro grau, se aí prolatada sentença (cível!) de que não caiba apelação;[48] ou, nos juizados especiais, o respectivo presidente:

> "É cabível recurso extraordinário contra decisão proferida por juiz de primeiro grau ou por turma recursal de juizado especial cível e criminal".[49]

---

[46] "Para o RE e REsp no processo civil, o procedimento é regulado no CPC 541 e ss., reproduzidos no Código pela L 8.950/94. Em se tratando de RE e REsp interpostos no processo penal, continuam válidas as disposições sobre procedimento previstas na LR." – NERY JUNIOR, Nelson e NERY, Rosa Maria de Andrade. *Código de Processo Civil Comentado e Legislação Extravagante*. 10ª ed. São Paulo: RT, 2007, nota 1 ao art. 26 da Lei 8.038/1990.

[47] Assim, no Tribunal de Justiça do Rio Grande do Sul, ao 1º Vice-Presidente cabe o juízo de admissibilidade dos recursos extraordinários em matéria de direito público em geral; ao 2º Vice-Presidente, os recursos extraordinários estritamente criminais, e ao 3º Vice-Presidente, aqueles que envolvem matéria cível de direito privado (Res. 01/98, arts. 13, VI, *a;* 14, V, *a;* 15, V, *a,* respectivamente).

[48] No juizado criminal, caberá *apelação* para turma recursal (Lei nº 9.099, de 26 de setembro de 1995, art. 82).

[49] Súmula da Jurisprudência do Supremo Tribunal Federal, verbete nº 640. Adiante item 12. Recurso extraordinário e direito sumular, verbetes 527 e 640.

Após remetido o recurso ao Supremo Tribunal Federal, se o for, novamente a conhecibilidade será apreciada. Englobam-se aí o juízo diferido e o juízo exclusivo de admissibilidade. Este é *parcialmente* exercido pelo relator do remédio extremo (CPC, art. 544, e Lei 8038/1990, art. 38),[50] que não decide, entretanto, acerca do pressuposto da repercussão geral. Tal requisito sofrerá exclusivo exame pelo colegiado, num terceiro estágio da admissibilidade (adiante, item 5.1).

Constância imperturbável que ameaça o direito da parte, lavra séria desinteligência em matéria de admissibilidade do recurso extraordinário – como do recurso especial também. Ou o presidente (ou o vice-presidente) do tribunal *a quo* – ou ainda o presidente de turma recursal, se for o caso –, usurpando competência que lhe não pertence, (a) nega seguimento ao recurso por entender não se enquadrar este em qualquer das hipóteses postas na Lei Maior. Ou o próprio Supremo Tribunal Federal, de forma pouco diferente, pratica o mesmo erro, (b) também entendendo não preenchido qualquer dos casos fundantes da recorribilidade extrema, e *não conhece* do recurso.

Ora, (a) pertence ao tribunal recorrido o exame da admissibilidade do recurso extremo, exclusivamente no que se refere aos requisitos *comuns* aos demais recursos.[51] Não toca, pois, ao órgão *a quo* examinar se a irresignação se enquadra na casuística recursal. (b) Haver ou não haver contrariedade à Constituição (alínea *a* do inc. III do art. 102), estar correta ou não estar a declaração de inconstitucionalidade de tratado ou de lei federal (alínea *b*), ter ocorrido ou não o julgamento pela validade de lei ou ato de governo local em face da Lei Maior (alínea *c*), ou de lei local em face de lei federal (alínea *d*), são questões que materializam o próprio *mérito* do extraordinário. A competência, aqui, é exclusiva do Pretório Excelso:

> "Ao tribunal *a quo* cabe somente verificar se estão presentes os requisitos formais do RE e do REsp. A efetiva violação da CF ou a efetiva negativa de vigência da lei federal são mérito do recurso, cuja competência para decidir é dos tribunais federais superiores – *sic* – (STF e STJ). É vedado ao tribunal de origem dizer que não houve violação da CF ou que não existiu negativa de vigência da lei federal".[52]

---

[50] O Regimento Interno do Supremo Tribunal Federal assim dispõe, em seu art. 21, § 1º, na redação que lhe deu a Emenda Regimental n. 21/07: *Poderá o(a) Relator(a) negar seguimento a pedido ou recurso manifestamente inadmissível, improcedente ou contrário à jurisprudência dominante ou à Súmula do Tribunal, deles não conhecer em caso de incompetência manifesta, encaminhando os autos ao órgão que repute competente, bem como cassar ou reformar, liminarmente, acórdão contrário à orientação firmada nos termos do art. 543-B do Código de Processo Civil.*

[51] Acerca do juízo de admissibilidade recursal, do autor, *Recursos cíveis ordinários*. Porto Alegre: Livraria do Advogado, 2005, p. 51.

[52] NERY JUNIOR, Nelson e NERY, Rosa Maria de Andrade. *Código de Processo Civil Comentado e Legislação Extravagante*. 10ª ed. São Paulo: RT, 2007, p. 933. De se notar a insistência em se incluir o STF na expressão "tribunais superiores". V. nota de rodapé 24 retro.

Afronta a Constituição julgamento que, nesses casos, não conhece do recurso no Supremo Tribunal Federal. Se se afirma o desatendimento às hipóteses previstas, ter-se-á examinado o mérito. Se se o faz, nega-se-lhe ou se lhe dá provimento, ainda que parcial.

A problemática envolve enorme interesse: se o Tribunal Maior julga o mérito, dando ou negando provimento ao recurso, aí correrá futura ação rescisória (Constituição, art. 102, inc. I, alínea *j*). Todavia, nesse mesmo caso, embora decidindo sobre o mérito, se o Pretório *não conhecer* do recurso, a ação deverá ser processada no tribunal *a quo* onde poderá ser indeferida: a decisão de mérito teria ocorrido no próprio STF...

4.1. Pressupostos recursais comuns

Exclusivamente no juízo de delibação – em ambos os momentos –, o presidente do tribunal *a quo*, ou o vice-presidente, ou o presidente da turma recursal, e depois, já no STF, o relator, verificarão o atendimento aos requisitos intrínsecos, a saber, a *legitimidade* do recorrente (CPC, art. 499, e CPP, art. 577),[53] o *cabimento* do recurso (mas não o mérito!) e o *interesse* em recorrer, calcado este na indispensável existência de *prejuízo*. Da mesma forma, os pressupostos extrínsecos, quais sejam, a *regularidade formal* da peça recursal (CPC, art. 541, que reproduz os três incisos do art. 26 da Lei 8.038/1990, e ainda CPC, art. 543-A, § 2º) e o *preparo* (CPC, art. 511).[54] A *tempestividade* também (CPC, arts. 242, 505, inc. III, e 508, e Lei 8.038/1990, art. 26, *caput*).[55] Inclusive a do prazo reduzido,[56] a

---

[53] Verbete 208 da Súmula do STF: "O assistente do Ministério Público não pode recorrer, extraordinariamente, de decisão concessiva de *habeas corpus*". Verbete 210: "O assistente do Ministério Público pode recorrer, inclusive extraordinariamente, na ação penal, nos casos dos arts. 584, § 1º, e 598 do Código de Processo Penal". Adiante, item 12. Recurso extraordinário e direito sumular, verbetes 208 e 210.

[54] A lei processual penal é silente quanto ao prazo para o preparo. O Regimento Interno do Supremo Tribunal assim dispõe: "Art. 59. O preparo far-se-á: I – o de recurso interposto perante outros Tribunais, junto às suas Secretarias e no prazo previsto na lei processual; II – o processo de competência originária do *Supremo Tribunal Federal*, perante sua secretaria e no prazo de dez dias. § 1º – Nenhum recurso subirá ao *Supremo Tribunal Federal*, salvo caso de isenção, sem a prova do respectivo preparo e do pagamento das despesas de remessa e retorno, no prazo legal. § 2º – O preparo efetuar-se-á, mediante guia, à repartição arrecadadora competente, juntando-se aos autos o comprovante. § 3º – No *Supremo Tribunal Federal*, a conta será feita no prazo improrrogável de três dias, pela Secretaria, correndo, da intimação, o prazo para preparo."

[55] "A Constituição não se preocupou com o tempo dentro do qual se havia de interpor o recurso extraordinário. Como recurso, não seria possível imaginá-lo interponível a qualquer tempo. Seria, então, remédio processual de invalidade absoluta, e não recurso (...) Deixou-se, portanto, à legislação ordinária a fixação do prazo em que se há de interpor o recurso extraordinário. (A atitude do legislador constituinte foi igual a respeito de quaisquer meios de direito, remédios jurídicos ou recursos: não lhes fixou o prazo preclusivo. *E. g.*, hábeas-corpus, mandado de segurança, recursos ordinários.)". MIRANDA, Pontes de. *Comentários à Constituição de 1967 com a Emenda Constitucional nº 1*, tomo IV. São Paulo: RT, 1974, p. 125.

[56] Verbete nº 728 da Súmula da Jurisprudência Predominante do Supremo Tribunal Federal: "É de três dias o prazo para interposição de recurso extraordinário contra decisão do Tribunal Superior Eleitoral, contado, quando for o caso, a partir da publicação do acórdão, na própria sessão de julgamento, nos termos do art. 12 da Lei 6.055/1974, que não foi revogado pela Lei 8.950/1994". V. item 12 infra, Recurso extraordinário e direito sumular.

do prazo privilegiado[57] e a da via eletrônica para recorrer (Lei 11.419, de 19 de dezembro de 2006).

Note-se, dentre os requisitos formais, por vezes são descurados os *fundamentos* do recurso extraordinário:

"Sobretudo é preciso que seja clara e objetiva a fundamentação desses recursos, com a expressa referência à disposição constitucional que os autoriza e, ainda, aos textos da própria Lei Maior ou leis ordinárias que se relacionam às questões deduzidas".[58]

Também a ausência de assinatura na petição respectiva resulta no risco de não ser conhecido o recurso. Mas a questão é controvertida:

"Entendeu-se que a jurisprudência do STF quanto ao tema, de modelo defensivo, deveria ser superada, haja vista se tratar de mero erro material. Ademais, asseverou-se que o advogado interveio imediatamente para suprir essa falta, que não há dúvida quanto a sua identificação e que ele possui procuração nos autos. Vencidos os Ministros Joaquim Barbosa e Ellen Gracie que, mantendo a jurisprudência, negavam provimento ao regimental por considerar que a mencionada ausência de assinatura na petição de recurso extraordinário e nas suas razões não configuraria irregularidade sanável, mas defeito que acarreta a inexistência do próprio recurso".[59]

Ainda no juízo prelibatório,[60] verificar-se-á o atendimento ao pressuposto negativo, ou seja, não existir ato incompatível com a vontade de recorrer. Este pode configurar-se na desistência do recurso (CPC, art. 501), na renúncia ao mesmo (CPC, art. 502), na aceitação do *decisum* recorrido (CPC, art. 503), ainda que tácita (parágrafo único deste artigo), no inadimplemento de multa processual (CPC, art. 538, parágrafo único, e art. 557, § 2º), no reconhecimento do pedido, se o recorrente for o réu (CPC, art. 269, inc. II), na renúncia ao direito em que se funda a ação, se o recorrente for o autor (CPC, art. 269, inc. V). Ou se houver transação (CPC, art. 269, inc. III).[61]

---

[57] Súmula do STF, verbete 641: "Não se conta em dobro o prazo para recorrer, quando só um dos litisconsortes haja sucumbido." V. item 12 infra, Recurso extraordinário e direito sumular.

[58] GRINOVER, Ada Pellegrini; GOMES FILHO, Antonio Magalhães; FERNANDES, Antonio Scarance. *Recursos no Processo Penal*. 6ª ed. São Paulo: RT, 2009, p. 222, referindo-se aos recursos extraordinário e especial. .

[59] AI 519.125, rel. Min. Joaquim Barbosa (rel. para o acórdão Min. Gilmar Mendes), DJ 20.04.2005.

[60] Há quem distinga *prelibação* e *delibação*, para efeitos de juízo de admissibilidade no juízo *a quo* e no juízo *ad quem*, respectivamente: SILVA. Antônio Cesar. *Doutrina e prática dos recursos criminais*. 2ª ed. Rio de Janeiro: Aide, 1999, p. 211 e 212. Para os termos aqui postos, pensamos tratar-se de vocábulos sinônimos.

[61] Discordamos vivamente da classificação consagrada que ora coloca o requisito negativo entre os intrínsecos, ora o arrola entre os extrínsecos. Em outro sítio, afirmamos: "Os intrínsecos são a legitimidade, o cabimento e o prejuízo (ou interesse em recorrer). À sua vez, os pressupostos extrínsecos são a tempestividade, o preparo e a regularidade formal. Enquanto os três primeiros impõem existência *prévia* à peça recursal e reclamam exame *interno* desta, os três seguintes surgem com a interposição, ou depois, e basta-lhes investigação *externa*. Destarte, a legitimidade, o cabimento e o interesse *preexistem* à interposição. Os outros três ou ocorrem *no ato* desta

Ato unilateral do recorrente, direito potestativo inconteste, a desistência pode ocorrer até a última intervenção do advogado, mesmo em sustentação oral. Mas não depois:

"O pedido de desistência só é cabível antes do início do julgamento de mérito do processo. Com base nessa orientação, o Tribunal, resolvendo questão de ordem suscitada pelo Min. Ricardo Lewandowski, relator, indeferiu pedido de desistência formulado em duas reclamações, nas quais já proferido um voto de mérito no sentido da improcedência. Asseverou-se que, do contrário, facultar-se-ia à parte desistir do processo quando, no curso da votação, identificasse a existência de uma tendência que lhe fosse desfavorável. O Min. Cezar Peluso, em seu voto, acrescentou a esse fundamento que o julgamento colegiado seria ato materialmente fragmentado, mas unitário do ponto de vista jurídico. Em razão disso, sua interrupção, depois de proferidos um ou mais votos antes que todos fossem colhidos, equivaleria, do ponto de vista jurídico, a uma sentença que estivesse sendo proferida no curso de uma audiência e o juiz, de repente, interrompesse o seu ditado, o que não seria possível".[62]

Mas há entendimento diferente no Superior Tribunal de Justiça. Este recusou homologar desistência de recurso especial. Fê-lo, alegadamente, em nome do interesse público, a fim de servir o julgamento como precedente na disposição codificada relativa aos recursos especiais repetitivos (CPC, art. 543-C):

"RECURSO REPETITIVO. DESISTÊNCIA. A Corte Especial, ao prosseguir o julgamento, por maioria, entendeu que, submetido o recurso ao disposto na Resolução n. 8/2008-STJ e no art. 543-C do CPC, na redação que lhe deu a Lei n. 11.672/2008 (recurso repetitivo), não há como ser deferido pedido de desistência. Admitiu-se que, quando submetido o recurso ao regime daquela legislação, surge o interesse público ditado pela necessidade de uma pronta resolução da causa representativa de inúmeras outras, interesse esse que não se submete à vontade das partes. O Min. João Otávio de Noronha (vencido) entendia possível acolher a desistência, visto que é a lei quem a garante, além do fato de que a desistência, de acordo com a doutrina, é ato unilateral. Outros Ministros ficaram vencidos em parte, por entenderem diferir a análise da desistência para depois do julgamento da questão de direito tida por idêntica, garantindo, assim, a produção dos efei-

---

(preparo e regularidade formal) ou se verificam necessariamente *depois* (tempestividade e às vezes o preparo). O sétimo pressuposto – *inexistência de fato impeditivo ou extintivo do poder de recorrer* – configura verdadeiro *tertium genus*. O que o individualiza não é o *momento* em que ocorre. Tanto pode surgir antes da interposição do recurso (como os requisitos intrínsecos), quanto ser contemporâneo ou posterior a essa (a exemplo dos extrínsecos). E o dissídio doutrinário acerca de sua natureza resulta de não se o poder classificar puramente intrínseco ou exclusivamente extrínseco. Incluí-lo em um ou outro grupo resulta de esforço puramente artificial. Único requisito *negativo*, ele é *híbrido* e deve permanecer em separado". *Recursos cíveis ordinários*. Porto Alegre: Livraria do Advogado, 2005, p. 52.

[62] Rcl 1.519, rel. Min. Ricardo Lewandowski, DJ 07.04.2009.

tos previstos no § 7º do art. 543-C do CPC, solução que, segundo essa linha, atenderia tanto ao interesse público quanto ao das partes. Dessarte, os autos retornaram à Segunda Seção para o julgamento do recurso repetitivo".[63]

Uma vez não admitido o extraordinário no juízo *a quo* – em virtude de ausente qualquer desses pressupostos –, o recorrente tem dois caminhos: ou interpõe, desde logo, agravo de instrumento para o Supremo Tribunal Federal (CPC, art. 544 e seus parágrafos), ou impugna a denegação de seguimento, via embargos declaratórios, cabíveis contra qualquer pronunciamento judicial (CPC, art. 538; CPP, art. 619; Código Eleitoral, art. 275, § 1º, com seus respectivos prazos). Identicamente, no Superior Tribunal de Justiça, interrompe-se o prazo para a interposição de qualquer outro recurso:

> "Execução fiscal. Redirecionamento. Embargos de declaração. Oposição contra decisão que negou seguimento ao recurso especial. Cabimento. Interrupção do prazo recursal. Agravo de instrumento tempestivo. I – O prazo para interposição do agravo de instrumento, na hipótese dos autos, foi interrompido pela oposição de embargos de declaração à decisão que negou seguimento ao recurso especial, uma vez que é pacífico no âmbito desta Corte o entendimento de que os embargos de declaração podem ser opostos contra qualquer decisão judicial, interrompendo o prazo para interposição de outros recursos, salvo se não conhecidos em virtude de intempestividade. Precedentes: REsp nº 788.597/MG, Min. José Delgado, DJ de 22/05/06; REsp nº 762.384/SP, Min. Teori Albino Zavascki, DJ de 19/12/05 e REsp nº 653.438/MG, Min. Castro Meira, DJ de 07/11/05. II – Agravo de instrumento tempestivo. III – Agravo regimental improvido".[64]

Admitido que seja o extraordinário no juízo *a quo* – e a despeito da regra indicar a circunstância apenas se houver recurso especial –, subirá ao STF (CPC, art. 543 e seu § 1º). Se aí admitido pelo relator – e somente a partir daí –, seguir-se-á a apreciação da existência ou inexistência da repercussão geral, pressuposto recursal de competência exclusiva de um dos órgãos colegiados da Corte Maior (adiante, item 5.1).

4.2. Pressupostos recursais especiais

Ademais do atendimento aos requisitos comuns ou *genéricos* indispensáveis a qualquer recurso, outros há de índole especialíssima. Também eles incluem-se na dupla e até tríplice atividade jurisdicional do exame prévio à admissibilidade

---

[63] REsp 1.063.343, rel. Min. Nancy Andrighi, julgado em 17/12/2008. O acórdão desafiaria recurso extraordinário: a desistência é direito certo e líquido do recorrente. Mas enfrentaria o óbice da violação indireta do Texto Maior.

[64] AI 1.031.139, rel. Min. Francisco Falcão, DJ 29.08.2008.

do recurso extremo. São pressupostos específicos e exclusivos do extraordinário, mas, repita-se, ainda examináveis no juízo *a quo*.

Assim, no juízo de origem, será negado seguimento ao recurso se a decisão recorrida não for de *única* ou *última* instância, a dizer, se contra ela ainda restar algum recurso. Da mesma forma, se não constar da *causa decidida* a questão constitucional suscitada. Também ser-lhe-á negado seguimento se ao recurso faltar a preliminar de *repercussão geral*.

4.2.1. Julgamento em única ou última instância

A expressão tem em mira obviar o esgotamento de *todas* as possibilidades recursais, *antes* da interposição do extraordinário. Havendo outro recurso possível, o extraordinário, se manejado, não é conhecível. E isso ficou mais explícito quando se fez sobrestar o prazo para o extraordinário – e para o especial também – no caso de embargos infringentes de acórdão não unânime *e* majoritário em apelação provida ou em ação rescisória julgada procedente.[65]

Interposto, nesse caso, o recurso extremo apenas contra a parte unânime do acórdão da apelação ou do aresto da rescisória, a manifestação não unânime transitará em julgado ante a ausência do recurso cabível. Se manejado o recurso extremo unicamente quanto a essa, não será conhecido. O julgado recorrido não seria de "última instância":

"É inadmissível o recurso extraordinário quando couber, na Justiça de origem, recurso ordinário da decisão impugnada".[66]

Nesse passo, é preciso que a decisão recorrida seja a última *"possível* de ser proferida na instância local, o que leva ao necessário esgotamento dos recursos ordinários, aqui compreendidos quaisquer recursos".[67]

Quaisquer recursos.

Interessantes particularidades ocorrem no recurso extraordinário interposto na jurisdição criminal, inclusive a *militar*. Assim, quando o acórdão de apelação ou de recurso em sentido estrito for unânime para um réu e majoritário para outro:

"Se *A* e *B* foram condenados, e o Tribunal, em face dos apelos interpostos, manteve, à unanimidade, a condenação de *A*, e, por maioria, a de *B*, eviden-

---

[65] CPC, art. 498, na redação da Lei 10.352/2001: "Quando o dispositivo do acórdão contiver julgamento por maioria de votos e julgamento unânime, e forem interpostos embargos infringentes, o prazo para o recurso extraordinário ou recurso especial, relativamente ao julgamento unânime, ficará sobrestado até a intimação da decisão nos embargos". No sistema anterior, interpostos simultaneamente os três recursos, poderiam sobrevir contra o acórdão dos infringentes novos recursos extraordinário e especial. Teratologia.

[66] Súmula da Jurisprudência Predominante do Supremo Tribunal Federal, verbete 281. Adiante, item 12. Recurso extraordinário e direito sumular.

[67] Arruda Alvim, *apud* WAMBIER, Teresa Arruda Alvim. *Recurso Especial, Recurso Extraordinário e Ação Rescisória*. 2ª ed. São Paulo: RT, 2008, p. 270.

te que, se, na hipótese, couber recurso especial ou recurso extraordinário, *A* deverá interpor o extraordinário ou especial, conforme o caso, e *B*, os embargos infringentes, ficando, contudo, sobrestado aquele até o julgamento definitivo dos embargos e eventual recurso especial ou extraordinário interposto por *B*".[68]

Igualmente, no que diz com a legitimidade para interpor os embargos infringentes. Enquanto no cível é indiferente a posição processual do embargante, no processo penal *comum* [69] dá-se o contrário:

"Os embargos infringentes são recurso que só ao réu é dado interpor. Apenas o acusado está legitimado para a interposição do recurso. O Ministério Público ou o querelante, o ofendido ou o assistente não possuem qualidade *ad agendum* para interpor embargos infringentes".[70]

"Mas isso não exclui, entretanto, a possibilidade de interposição dos embargos pelo próprio órgão do Ministério Público (no caso, a Procuradoria-Geral), em favor do acusado, dada a ampla legitimidade conferida ao *parquet* pelo art. 577 CPP)".[71]

Nessa hipótese dos infringentes oferecidos pelo Ministério Público em favor do réu, excepciona-se o princípio da alternância dos pólos recursais nos embargos infringentes.[72] Mas tal só ocorre, insista-se, na jurisdição criminal.

Também quanto à tempestividade, os embargos infringentes criminais diferem do mesmo recurso no cível. Vigora naqueles o decêndio (CPP, art. 609, parágrafo único); no cível, o sesquidecêndio (CPC, art. 508).

No primeiro grau – na jurisdição *cível*, veja-se bem –, pode ocorrer julgamento em *única* instância. Cabível aí, pois, o recurso extraordinário, eis que o constituinte não limitou a interponibilidade do remédio extremo a partir da hierarquia do juízo prolator do *decisum* recorrível. Não restringiu o recurso a decisões de *tribunais*, como fez para o recurso especial (Constituição, art. 105, inc. III) e antes fizera a Constituição anterior, para o próprio recurso ora em estudo ("Emenda" Constitucional nº 1, de 17 de outubro de 1967, art. 119, inc. III. Item 2.6 retro). Bem por isso, de sentenças *cíveis* ditas "irrecorríveis", ainda assim caberá o remédio excepcional. Isso porque qualquer recurso *ordinário* porventura

---

[68] TOURINHO FILHO, Fernando da Costa. *Processo penal*. 4º volume, 31ª ed. São Paulo: Saraiva, 2009, p. 574.

[69] Diferentemente, na jurisdição penal *militar*, igualmente legitimam-se Ministério Público e réu, seja favorável ou desfavorável a este a decisão (CPPM, art. 538).

[70] MARQUES, José Frederico. *Elementos de direito processual penal*. Volume IV. Campinas: Bookseller, 1997, p. 289.

[71] GRINOVER, Ada Pellegrini; GOMES FILHO, Antonio Magalhães; FERNANDES, Antonio Scarance. *Recursos no Processo Penal*, 6ª ed. São Paulo: RT, 2009, p. 166.

[72] AMORIM, Aderbal Torres de. *Os efeitos antagônicos dos embargos infringentes. A alternância dos pólos recursais*. RePro 138/16.

ali interposto será decidido no próprio juízo prolator da sentença: (a) no juizado especial, "com recurso para o próprio juizado" (art. 41 da Lei nº 9.099, de 26 de setembro de 1995);[73] (b) na execução fiscal, com embargos infringentes ou declaratórios para o mesmo magistrado "que, dentro de 20 dias, os rejeitará ou reformará a sentença" (§ 3º do art. 34 da Lei nº 6.830, de 22 de setembro de 1980):

> "Recurso extraordinário. Cabimento de decisão singular em casos de alçada. Odontólogos. Reconhecimento de vinculo empregatício. Matéria dependente do exame de prova. Prequestionamento. 1- A recorribilidade extraordinária diretamente de decisão de juiz singular que, por força de alçada, são de única instância, já foi reconhecida pelo Supremo Tribunal Federal no julgamento do RE 136.174".[74]

Notadamente nas causas em que os pronunciamentos judiciais de primeiro grau chegam ao Supremo Tribunal Federal sem antes passar por qualquer outro juízo de mérito, é grave a competência do prolator da sentença. Entretanto, de um modo geral, nossos juízes não se ocupam da constitucionalidade das leis – múnus que membro de tribunal algum titula, individualmente. Vezes sem conta, chegam aos tribunais sentenças que ali são reformadas por inconstitucionalidade do petrecho legislativo que fundamentou o *decisum* recorrido. Mas o vício poderia ter sido flagrado já no grau inferior:

> "É fundamental que todos os juízes se empenhem na análise da constitucionalidade das leis que aplicam diuturnamente e deixem de aplicar aquelas que não ultrapassem o filtro constitucional. É insuportável para o cidadão a renitência dos magistrados em apreciar a constitucionalidade das leis antes de mecanicamente aplicá-las".[75]

A despeito de o legislador ordinário e, antes dele, o próprio constituinte, munirem a magistratura de primeiro grau com jurisdição constitucional plena, tal omissão também é fator de congestionamento de processos nos tribunais:

> "Pretensões de legislador, porém, nem sempre vingam. A história está aí para demonstrá-lo. Podem ser minadas, desde logo, pelos trabalhos exegéticos que se vão apresentando, em âmbito de maior abstração, bem como pela mais demorada atividade dos tribunais, no exame dos casos concretos".[76]

---

[73] Como visto no item 04 retro (Juízo diferido de admissibilidade), no juizado criminal, caberá *apelação* para turma recursal (Lei nº 9.099, de 26 de setembro de 1995, art. 82).

[74] RE 162.933, rel. Min. Ilmar Galvão, DJ 22.09.1955.

[75] PORTO, Sérgio Gilberto; USTÁRROZ, Daniel. *Manual dos recursos cíveis*. 2ª ed. Porto Alegre: Livraria do Advogado, 2008, p. 226, nota 361.

[76] DALL'AGNOL JÚNIOR, Antonio Janyr. *Embargos infringentes. Recentes modificações.* Aspectos Polêmicos e Atuais dos Recursos Cíveis. Coordenadores Nelson Nery Jr. e Teresa Wambier Arruda Alvim. São Paulo: RT, 2003, p. 30.

No primeiro grau de jurisdição, não temos a cultura do controle da constitucionalidade, antes de tudo, poder do Estado, dever do juiz:

"Esse *poder* do Estado de realizar a concretização das normas jurídicas abstratamente previstas, na solução dos conflitos e controvérsias ocorrentes em sociedade, ao ser ativado pelo demandante, transforma-se também num *dever*, justamente porque somente ao Estado cabe fazer atuar o direito subjetivo à pretensão de direito material posta na lide levada a juízo".[77]

4.2.2. *"Causas decididas"*

A expressão não significa, necessariamente, uma *ação*, como poderia aparentar. Nem se pense que deva envolver, impositivamente, sentença que julga o mérito da demanda, ou que ao menos extingue o processo sem resolução deste. É possível vislumbrar-se recurso extremo contra decisão interlocutória julgada pelo tribunal *a quo*, a partir de agravo de instrumento. A lei é expressa (CPC, art. 542, § 3º). Nesse caso, a "causa decidida" seria nada mais do que a *decisão* interlocutória agravada que redundara no acórdão do tribunal *a quo* contra o qual se esgrimiu o recurso extremo. "Causa", aí, há de ter interpretação ampliativa.[78] Ela é, em substância, a *questão* jurídico-constitucional que o recurso contém; é o *ponto* sobre o qual as partes *contendem* perante o Estado-jurisdição:

"Causa é qualquer questão sujeita à decisão judicial, tanto em processo de jurisdição contenciosa como em processos de jurisdição voluntária".[79]

O adjetivo "decidida", justaposto a "causa", significa a presença da questão ou da matéria – nesse específico caso, como se queira – viabilizadora do recurso extremo. Se, por um lado, o substantivo é entidade jurídica continente de mais de um significado, a adjetivação do instituto é de interpretação rigorosamente fechada. Não *decidida* a causa que se quer levar ao Pretório Maior, em outras palavras, não questionada no próprio pronunciamento judicial recorrido, não se conhece do recurso extremo. Envolva matéria impugnada (CPC, art. 515), trate de questão suscitada (CPC, art. 515, § 1º), arroste que seja fundamento do pedido ou da resposta (CPC, art. 515, § 2º), a presença da *causa* é o que viabiliza o remédio.

Mais ainda, não só a questão deve estar decidida: dessa decisão há de não caber qualquer outro recurso. Seja de *única*, seja de *última* instância, os dois novos adjetivos estão a indicar a irrecorribilidade do *decisum* por outros recursos *ordinários*, exceção obviamente feita aos embargos declaratórios, sempre possíveis – vezes sem conta, indispensáveis.

---

[77] DIAS, Beatriz Catarina. *A jurisdição na tutela antecipada*. São Paulo: Saraiva, 1999, p. 102.

[78] Entretanto, "não cabe recurso extraordinário contra acórdão que defere medida liminar." (verbete 735 da Súmula do Supremo Tribunal Federal). V. item 12 infra, Recurso extraordinário e direito sumular.

[79] SANTOS, Moacyr Amaral. *Primeiras linhas de direito processual civil*. Vol 3, 22ª ed. Rio de Janeiro: Saraiva, 2008, p. 165.

Em síntese, o remédio só é conhecível se nele coexistirem uma *causa*, com o atributo *decidida*, julgada pela *única* ou *última* vez, antes do próprio recurso extremo. Esses os limites temáticos do remédio extremo.

4.2.2.1. Causas decididas e prequestionamento

Fonte de generalizada inquietação, a ausência da questão constitucional na decisão recorrida tem levado recursos extraordinários sem fim ao insucesso. Vezes há que tal questão, a despeito de ventilada com anterioridade por qualquer das partes, não é abordada pela decisão recorrida; não é *decidida*. Em outras, ainda que em sede de embargos declaratórios se a queira fazer figurar no *decisum* recorrido, a censurável repulsa dos tribunais aos aclaratórios leva a um sem-número de decisões omissas quanto ao ponto nodal à utilidade do recurso extremo. E se o *ponto* não figura na decisão recorrida, recurso extraordinário não há. Nesse caso, o denominado *prequestionamento* é condicionante do conhecimento do recurso excepcional:

> "É inadmissível o recurso extraordinário, quando não ventilada, na decisão recorrida, a questão federal suscitada".[80]

Embora ausentes no acórdão recorrível, quaisquer *questões* podem, no entanto, ser suscitadas junto ao órgão *a quo* para que ali sejam *ventiladas*. Inclusive se a lacuna der-se em sentença:

> "O ponto omisso da decisão, sobre o qual não foram opostos embargos declaratórios, não pode ser objeto de recurso extraordinário, por faltar o requisito do prequestionamento".[81]

Se os embargos não forem suficientes para que se o supra de forma expressa, o ponto omisso não será apreciado no STF, não por falta de prequestionamento – este terá havido, com a oposição dos embargos –, mas por ausência pura e simples no aresto embargado. É o tormento do julgado lacunoso, quanto à questão não revelada.

Há julgados sustentando a oponibilidade de novos embargos declaratórios, por omissão dos primeiros em suprir a lacuna inviabilizadora do *extraordinário:*

> "PROCESSUAL CIVIL. Embargos de declaração. Cabíveis são embargos declaratórios de acórdão prolatado em idêntico recurso, se nele se aponta omissão, dúvida ou contradição. A rejeição pura e simples, por considerá-lo inadmissível, nega prestação jurisdicional. Recurso conhecido e provido".[82]

---

[80] Súmula do STF, verbete 282. V. item 12 infra, Recurso extraordinário e direito sumular.

[81] Súmula do STF, verbete 356. V. item 12 infra.

[82] RE 115.911, rel. Min. Carlos Madeira, DJ 03.06.1988.

Opostos os primeiros embargos, a omissão permanecera. Agitados novos aclaratórios a fim de prequestionar a vulneração à lei processual (CPC, art. 535, inc. II), o tribunal *a quo* não conheceu do recurso. Os primeiros embargos teriam tratado do ponto sobre o qual o acórdão embargado deveria ter-se pronunciado. Os segundos enfrentariam a negativa ao direito de suprimento da omissão, a desafiar recurso especial (Constituição, art. 105, inc. III, alínea *a*). Todavia, ante a intransigência do órgão prolator da decisão embargada e à luz do rigoroso entendimento do Superior Tribunal de Justiça, continuaria o recorrente sem possibilidade de levar a causa ao tribunal *ad quem*. E nada importaria fosse a questão *omitida* de natureza constitucional. Neste novo estágio recursal, a discussão já não feriria o ponto em si, mas sim o fato de não haver sido decidida a *quaestio* pelo tribunal de origem, a despeito da interposição dos embargos declaratórios.

Questão federal:

"Inadmissível recurso especial quanto à questão que, a despeito da oposição de embargos declaratórios, não foi apreciada pelo tribunal *a quo*".[83]

Ainda no exemplo em análise, a denegação dos segundos embargos violaria a Constituição em mais de um sítio. Também aí, pois, cabível recurso extraordinário por malferimento ao princípio do devido processo legal e da ampla defesa (Constituição, art. 5º, inc. LV).

Questão constitucional:

"Prequestionamento. Súmula 356. O que, a teor da Súm. 356, se reputa carente de prequestionamento é o ponto que, indevidamente omitido pelo acórdão, não foi objeto de embargos de declaração; mas, opostos esses, se, não obstante, se recusa o tribunal a suprir a omissão, por entendê-la inexistente, nada mais se pode exigir da parte, permitindo-se-lhe, de logo, interpor recurso extraordinário sobre a matéria dos embargos de declaração e não sobre a recusa, no julgamento deles, da manifestação sobre ela".[84]

Bem por isso, os embargos declaratórios hão de ser apreciados em sua dimensão teleológica. Antes de configurarem censura ao pronunciamento recorrido, buscam, sim, a correção deste. Seja pela integração do que for omitido, ou pelo esclarecimento do que obscuro, seja ainda pela dirimência do que for contraditório, a costumeira repulsa de certos juízos não se justifica:

"Os embargos declaratórios não consubstanciam crítica ao ofício judicante, mas servem-lhe de aprimoramento. Ao apreciá-los, o órgão deve fazê-lo com espírito de compreensão, atentando para o fato de consubstanciarem verdadeira contribuição da parte em prol do devido processo legal".[85]

---

[83] Súmula do Superior Tribunal de Justiça, enunciado 211.

[84] RE 210.638, rel. Min. Sepúlveda Pertence, DJ. 19.06.98.

[85] AI 163.047, rel. Min. Marco Aurélio, DJ 08.03.1996.

Pela eficiência sutil, é de se reproduzir a posição do Tribunal Superior do Trabalho em matéria de prequestionamento. Sua adoção certamente contribuirá para que se afastem os solavancos do imprevisto em matéria de admissibilidade do recurso extraordinário:

"1. Diz-se prequestionada a matéria ou questão quando na decisão impugnada haja sido adotada, explicitamente, tese a respeito. 2. Incumbe à parte interessada, desde que a matéria haja sido invocada no recurso principal, opor embargos declaratórios objetivando o pronunciamento sobre o tema, sob pena de preclusão. 3. Considera-se prequestionada a questão jurídica invocada no recurso principal sobre a qual omite o Tribunal de pronunciar tese, não obstante opostos embargos de declaração".[86]

Não poderia ser melhor regulado o tormentoso *prequestionamento*.

4.2.2.2. Causas decididas e questões de ordem pública

É séria a divergência que lavra acerca das questões de ordem pública em sede de recurso extraordinário, embora normas *legais* prevejam seu exame de ofício (CPC, arts. 267, § 3º, e 301, § 4º). O rígido mandamento *constitucional* se sobreporia e, afastando-as, as deixaria fora do alcance do recurso extremo, sempre que não figurassem no julgado recorrido. É o que se extrai de firme jurisprudência dominante, ainda que em sede de recurso especial:

"Recurso especial. Prequestionamento. Mesmo as nulidades absolutas não poderão ser examinadas no especial se a matéria pertinente não foi, de qualquer modo, cogitada pelo acórdão recorrido, excetuando-se aquelas que decorram do próprio julgamento".[87]

Também grande parte da doutrina inclina-se no mesmo sentido da estrita aplicação da norma:

"O prequestionamento é exigível mesmo quando a questão objeto do RE ou REsp seja de ordem pública (...) Se a matéria que o recorrente quer ver redecidida pelo STF ou STJ não se encontrar 'dentro' do acórdão ou decisão, sua tarefa é fazer inseri-la dentro do ato jurisdicional que pretende impugnar, o que pode acontecer, por exemplo, pela interposição de embargos de declaração".[88]

Da mesma forma:

"Não importa, pois, que o tema, trazido para fundamentar o recurso, diga com a ordem pública. Não considerada na decisão recorrida, inexistirá a

---

[86] Enunciado nº 297 da Súmula da Jurisprudência do Tribunal Superior do Trabalho.

[87] REsp nº 3.409, rel. Min. Eduardo Ribeiro, DJ 19.11.1990.

[88] NERY JUNIOR, Nelson. *Teoria geral dos recursos*. São Paulo: RT, 2004, págs. 288 e 291. O mesmo autor arrola vários exemplos na jurisprudência, dentre os quais: JSTF 154/144, 145/56 (incompetência absoluta); RTJ 98/754 (coisa julgada); RSTJ 28/543 (inépcia da petição inicial).

questão constitucional, ou simplesmente federal, capaz de ensejar o recurso, irrelevante a circunstância de que se exponha a conhecimento de ofício".[89]

Entretanto, o próprio STF dispõe, sumularmente, de forma contrária:

"O Supremo Tribunal Federal, conhecendo do recurso extraordinário, julgará a causa, aplicando o direito à espécie".[90]

É o que se verá adiante, em duas ocasiões, quando do exame do Efeito translativo e as questões de ordem pública (item 6.2) e do Recurso extraordinário e direito sumular (item 12, verbete 456).

4.2.3. Preliminar de repercussão geral

Se por um lado a existência ou a inexistência da repercussão geral é de exclusiva apreciação pelo STF, a existência ou a inexistência da *alegação* respectiva não é. Ausente da petição recursal a preliminar exigida, é incontornável que o juízo *a quo* negue desde logo seguimento ao recurso. Fora desatendido o requisito extrínseco da regularidade formal:

"(*omissis*) A ausência dessa preliminar na petição de interposição permite que a Presidência do Supremo Tribunal Federal negue, liminarmente, o processamento do recurso extraordinário, bem como do agravo de instrumento interposto contra a decisão que o inadmitiu na origem (13, V, c, e 327, *caput* e § 1°, do Regimento Interno do Supremo Tribunal Federal). Cuida-se de novo requisito de admissibilidade que se traduz em verdadeiro ônus conferido ao recorrente pelo legislador, instituído com o objetivo de tornar mais célere a prestação jurisdicional almejada. O simples fato de haver outros recursos extraordinários sobrestados, aguardando a conclusão do julgamento de ação direta de inconstitucionalidade, não exime o recorrente de demonstrar o cabimento do recurso interposto".[91]

O pressuposto segue o curso dos requisitos examináveis no juízo diferido de admissibilidade. Outra não é a orientação induvidosa do próprio Pretório Excelso, presente na página principal de seu endereço eletrônico:

"A verificação da existência da preliminar formal é de competência concorrente do Tribunal, Turma Recursal ou Turma de Uniformização de origem e do STF. A análise sobre a existência ou não da repercussão geral, inclusive o reconhecimento de presunção legal de repercussão geral, é de competência exclusiva do STF."

---

[89] RIBEIRO, Eduardo. *Prequestionamento. Aspectos polêmicos e atuais dos recursos cíveis de acordo com a Lei 9.756/98*. Coordenação de Teresa Arruda Alvim Wambier e Nelson Nery Junior. São Paulo: RT, 1999, p. 249.

[90] Verbete n° 456 da Súmula da Jurisprudência Predominante do Supremo Tribunal Federal.

[91] RE 569.476, Rel. Min. Ellen Gracie, DJ 25.04.2008.

5. Juízo exclusivo de admissibilidade

Vistos antes (item 04 – Juízo diferido de admissibilidade), os pressupostos recursais comuns e *alguns* dos especiais submetem-se ao duplo crivo – o da instância originária e o do próprio Supremo Tribunal Federal.[92] Assim, a *legitimidade* das partes, o *cabimento* do remédio extremo, o *interesse* em recorrer, a *tempestividade* do recurso, o *preparo* e a *regularidade formal* (aí incluída a *existência* da preliminar de repercussão geral), são requisitos examináveis desde o juízo *a quo*. Igualmente, a *inexistência* de ato incompatível com a vontade de recorrer. São também verificáveis em ambas as instâncias os requisitos de que a decisão recorrida seja de *única* ou *última* instância, e a causa decidida envolva *questão constitucional*.

Repita-se que a apreciação desses pressupostos é da competência tanto do tribunal ou turma recursal onde produzida a decisão recorrida, quanto do ministro relator do remédio extremo, quanto ainda do órgão coletivo a que se submeter o recurso no STF.

Há, porém – e ainda em sede de admissibilidade –, exame prévio à viabilidade do recurso exercível coletivamente e de forma exclusiva pelo Pretório Excelso: a repercussão geral.

5.1. Repercussão geral

No âmbito da notável metamorfose da natureza jurídica do recurso extraordinário, o legislador constituinte entronizou a repercussão geral como novo pressuposto a sua admissibilidade. Explicitando-a, a lei ordinária impôs à conhecibilidade do remédio "a existência, ou não, de questões relevantes do ponto de vista econômico, político, social ou jurídico, que ultrapassem os interesses subjetivos da causa".[93] Tal insistência inflexível com a "razoável duração do

---

[92] Três são os "estágios" normais do exame da admissibilidade do extraordinário: o do juízo *a quo*, o do ministro relator e o do órgão coletivo do STF (uma das turmas ou o próprio Pleno). E se a turma declinar para o Pleno o julgamento do recurso, um quarto exame poderá ocorrer no órgão plenário.

[93] Constituição, art. 102, § 3°, introduzido pela Emenda Constitucional n° 45/2004. CPC, art. 543-A, § 1°, na redação da Lei n° 11.418, de 19 de dezembro de 2006.

processo" fez com que a almejada celeridade processual produzisse saudáveis consequências.[94]

Inspirado na mesma matriz constitucional, o legislador ordinário previu, também para o primeiro grau de jurisdição, o emprego dos precedentes – a denominada *súmula impeditiva de recurso* (CPC, art. 518, § 1º, acrescido pela Lei 11.276, de 7 de fevereiro de 2006). E naqueles incluiu o próprio juízo destinatário da nova regra, facultando-lhe julgar segundo as denominadas *sentenças repetitivas* (CPC, art. 285-A, implantado pela Lei 11.277, de 7 de fevereiro de 2006).

À interposição do recurso extraordinário, a repercussão geral tornou indispensável que o processo contenha, a um só tempo, *relevância* e *transcendência*. Com isso, deixou a Alta Corte de ser refém de nossa prodigalidade recursal e, definitivamente, ficou para trás a incômoda situação de "juizado muito especial de pequenas causas" a que fora reduzida:

> "A introdução do conceito de repercussão geral como critério de admissibilidade do recurso extraordinário perante a Suprema Corte constitui afirmação da relevância desses julgados e o reconhecimento do que deve ser o tribunal das grandes questões nacionais. Hoje – soterrado sob uma centena de milhares de demandas –, não passa de um juizado muito especial de pequenas causas visando à solução de interesses meramente individuais e sem qualquer repercussão nacional".[95]

A questão constitucional que o recurso contiver há de identificar-se com algum ou alguns daqueles limites temáticos *e* tal projeção há de se derramar para fora dos interesses das partes em liça. Na relevância, flagra-se enganosa retroatividade atávica, *parecendo* ressuscitar a arbitrária arguição de relevância da questão federal. Na transcendência, materializa-se trabalho modelar do obreiro reformador, a exigir extrapolação subjetiva nos personagens da causa. É a dessubjetivização do recurso extremo:

> "Tais alterações sinalizam para uma mudança de perfil do Supremo Tribunal Federal, que vai abandonando a sua história secular de um Tribunal de atividade jurisdicional para galgar a condição de uma Corte Constitucional, desvinculada da justiça do caso concreto, ainda que mantida sua natureza de órgão do Poder Judiciário".[96]

---

[94] Constituição, art. 5º, inc. LXXVIII, adicionado pela EC 45/2004. A distribuição de recursos extraordinários perante o STF cresceu até 2005 e 2006, para decrescer, sensivelmente, nos anos de 2007 e 2008, especialmente neste (23.483, 54.575, 49.708 e 21.531, respectivamente). Assim também, quanto aos agravos de instrumento (44.691, 56.141, 56.909 e 37.783, referentes àqueles anos). O desafogo da Corte Maior mais se acentuou no ano de 2009. No primeiro semestre de 2008, foram distribuídos 64.262 processos; no primeiro semestre de 2009, pouco mais da metade: 23.372.

[95] SOUZA, Nelson Oscar de. *Manual de Direito Constitucional*. 3ª ed. Rio de Janeiro: Forense, 2006, p. 250.

[96] MACEDO, Elaine Harzheim. *Repercussão geral das questões constitucionais: nova técnica de filtragem do recurso extraordinário*. Revista Direito e Democracia, 1/6. Canoas: ULBRA, 2005, p. 79.

De alguma forma, o novel instituto aproxima-se daquele posto no § 1º do art. 119 da Constituição de 1967: a "relevância da questão federal". Nesta, previu-se competência legiferante à Suprema Corte, quanto ao disposto nas alíneas *a* e *d* do referido artigo. Ditas causas seriam indicadas no Regimento Interno, atendendo-se à natureza, à espécie, ao valor pecuniário e à relevância da questão federal. Surgia a *relevância* como requisito especialíssimo de admissibilidade do recurso extraordinário. O instituto visava a *incluir* na apreciação do STF recurso provavelmente inadmissível. E como no caso da repercussão geral, era também instituto com forte coloração de índole política:

> "O julgamento em tese da relevância, ou não, da questão federal é antes ato político do que, propriamente, ato de prestação jurisdicional, e isso porque não se decide o caso concreto, mas apenas se verifica a existência, ou não, de um interesse que não é o do recorrente, mas que é superior a ele, pois é o interesse federal de se possibilitar ao Tribunal Supremo do país a manifestação sobre a questão jurídica que é objeto daquele caso concreto mas que transcende a ele, pela importância jurídica, social, econômica ou política da questão mesma em julgamento, abstraídos os interesses concretos das partes litigantes".[97]

A repercussão geral – requisito que também se afigura conceito jurídico indeterminado, verdadeira cláusula aberta – tem objeto contrário: visa à *exclusão* do RE. Mesmo que atendidos os demais requisitos de admissibilidade, se não houver, além da relevância, também *transcendência* da questão envolvida, o recurso não tramitará:

> "Tal exigência demonstra a orientação gradativamente adotada no sentido de que o RE vem perdendo seu caráter eminentemente subjetivo, para assumir uma função de defesa da ordem constitucional objetiva. A Lei nº 11.418/06 confirmou esta tendência".[98]

Em decorrência do ditame constitucional – norma de eficácia *limitada*, veja-se bem –, o novel instituto tem em mira reduzir a torrente insuperável de processos que chegam diariamente ao Pretório Excelso, reduzindo a nada a programática "razoável duração do processo e os meios que garantam a celeridade de sua tramitação" (Constituição, art. 5º, inc. LXXVIII). Não há, porém, como defini-lo, abstratamente:

> "A definição de 'repercussão geral' deverá ser construída pela interpretação do STF. Contudo, é importante que se perceba que jamais será possível ao STF delinear, em abstrato e para todos os casos, o que é questão constitucional de repercussão geral, pois essa fórmula é dependente das circuns-

---

[97] ALVES, José Carlos Moreira. *Apud* MENDES, Raul Armando. *Da interposição do recurso extraordinário*. São Paulo: Saraiva, 1984, p. 129.

[98] NOVELINO, Marcelo. *Direito constitucional*. 2ª ed., São Paulo: Método, 2008, p. 610.

tâncias concretas – sociais e políticas – em que a questão constitucional, discutida no caso concreto, está inserida".[99]

A despeito de o Texto Maior prever a regulação do instituto *mediante lei*, para alguns, já com a entrada em vigor da Emenda, a nova arguição poderia ser manejada.[100]

Ora, o texto é límpido: caberia *à lei* regular o modo pelo qual o recorrente demonstrará a relevância da causa em liça. E se a lei o faria, nada poderia ser processado na ausência desta. O dispositivo configura, insista-se, norma de eficácia limitada, como outras tantas esparramadas pelo *programático* Texto Maior.[101]

Pá de cal na controvérsia, desarrazoada controvérsia: em votação unânime, o Supremo Tribunal Federal decidiu pela aplicação da repercussão de questões constitucionais às causas em geral somente a partir de momento bem posterior à publicação da referida Lei 11.418/2006. Assim dispôs, no que interessa ao tema:

> "*(omissis)* a exigência da demonstração formal e fundamentada no recurso extraordinário da repercussão geral das questões constitucionais discutidas só incide quando a intimação do acórdão recorrido tenha ocorrido a partir de 03 de maio de 2007, data da publicação da Emenda Regimental n° 21, de 30 de abril de 2007".[102]

Chegado o recurso ao Pretório Excelso, antes da própria distribuição, poderá o presidente da Corte, via questão de ordem, submeter o novo requisito diretamente ao Plenário.[103] Se ocorrer imediata distribuição, de logo o relator emitirá juízo monocrático de admissibilidade (requisitos gerais) e, independente de sua posição pessoal, submeterá a repercussão geral aos demais ministros, por meio eletrônico. No prazo de 20 dias, os juízes manifestar-se-ão.[104]

A disposição regimental é louvável. A simples troca de e-mails entre os integrantes do Plenário Virtual em nada afronta o princípio da publicidade dos

---

[99] MARINONI, Luiz Guilherme; ARENHART, Sérgio Cruz. *Manual do Processo de Conhecimento*. São Paulo: RT, 2005, p. 558.

[100] Constituição, art. 102, § 3°: "No recurso extraordinário, o recorrente deverá demonstrar a repercussão geral das questões constitucionais discutidas no caso, nos termos da lei, a fim de que o Tribunal examine a admissão do recurso, somente podendo recusá-lo pela manifestação de dois terços de seus membros."

[101] SILVA, José Afonso da. *Aplicabilidade das Normas Constitucionais*. 2ª ed. São Paulo: RT, 1982, p. 116.

[102] AI-QO 664.567. Pleno. Rel. Min. Sepúlveda Pertence. DJ 06.09.2007.

[103] "... Fica, nesse sentido, aprovada a proposta de adoção de procedimento específico que autorize a Presidência da Corte a trazer ao Plenário, antes da distribuição do RE, questão de ordem na qual poderá ser reconhecida a repercussão geral da matéria tratada, caso atendidos os pressupostos de relevância". (RE 580.108, rel. Min. Gilmar Mendes, DJ 19.12.2008).

[104] Regimento Interno do STF, art. 323: "Quando não for caso de inadmissibilidade do recurso por outra razão, o relator submeterá, por meio eletrônico, aos demais ministros, cópia de sua manifestação sobre a existência, ou não, da repercussão geral".

julgamentos (Constituição, art. 93, inc. IX). À referida informalidade, segue-se, necessariamente, a publicização do decidido.[105]

Ênfase especial diz com a competência para decidir sobre a existência da repercussão. Alegada que seja – e sempre em preliminar do recurso –, em julgamento exclusivo e irrecorrível (CPC, art. 543-A), o STF decidirá:

"Essa disposição, prevista no art. 543-A, § 3º, do CPC, tem por destinatário normativo o próprio Supremo Tribunal Federal, ao qual compete decidir acerca da existência, ou não, de jurisprudência dominante ou súmula capaz de configurar a repercussão geral presumida da matéria".[106]

Não resta, portanto – e repita-se ainda uma vez –, qualquer vestígio competencial ao juízo *a quo*. De se ressalvar, entretanto, quanto a essa "irrecorribilidade", o cabimento de embargos declaratórios:

"Ainda quando o texto legal, *expressis verbis,* a qualifique de 'irrecorrível', há de entender-se que o faz com a ressalva implícita concernente aos embargos de declaração".[107]

Ademais disso, nesse caso, a irrecorribilidade é imune a qualquer inconstitucionalidade pelo fato de referida decisão ser de índole *coletiva*. Se não há, constitucionalmente válida, decisão singular irrecorrível – e não pode haver –, pronunciamentos judiciais coletivos subsistem:

"A decisão do Supremo Tribunal Federal que não admite o recurso extraordinário à falta de uma questão que ofereça repercussão geral é, de acordo com o caput do art. 543-A, *irrecorrível.* A irrecorribilidade, no caso, não agride o 'modelo constitucional do direito processual civil' porque ela é colegiada".[108]

Não pode, pois, o juízo *a quo* sequer manifestar-se acerca do ponto, a não ser para certificar que a preliminar foi articulada na petição recursal. Ou que não foi. A despeito de sua atribuição legal de examinar a admissibilidade do remédio extremo nos demais requisitos – o denominado juízo diferido de prelibação –, repita-se à náusea, decidir acerca da efetiva existência da repercussão pertence exclusivamente ao Pretório Maior. E por *quorum* qualificado: somente pela

---

[105] RI/STF, art. 325, parágrafo único: "O teor da decisão preliminar sobre a existência da repercussão geral, que deve integrar a decisão monocrática ou o acórdão, constará sempre das publicações dos julgamentos no Diário Oficial, com menção clara à matéria do recurso." Ademais disso, reza o art. 93 do mesmo RI: "As conclusões do Plenário e das Turmas, em suas decisões, constarão de acórdão, do qual fará parte a transcrição do áudio do julgamento". E o parágrafo único do referido artigo, restritivamente, assim dispõe: "Dispensam acórdão as decisões de remessa de processo ao Plenário e de provimento de agravo de instrumento".

[106] AC 2.030, rel. Min. Cezar Peluso, DJ 03.02.2009.

[107] MOREIRA, José Carlos. *Comentários ao Código de Processo Civil*. Volume V. 13ª ed. Rio de Janeiro: Forense, 2006, p. 552.

[108] BUENO, Cassio Scapinella. *Curso sistematizado de direito processual civil*. Vol. 5. São Paulo: Saraiva, 2008, p. 260.

maioria de dois terços poderá ser *recusada* a repercussão, redundando em não conhecimento do recurso (Constituição, art. 102, § 3º). Por isso, sempre que quatro ministros – ainda que em sede de turma – optarem pela existência da relevância, a matéria sequer irá ao Pleno. Neste, quando muito, a repercussão receberia sete votos contrários, insuficientes para recusá-la (CPC, art. 543-A, § 4º).[109]

É a denominada "regra de quatro", referida no sistema constitucional argentino sob inspiração do *certiorari* da Suprema Corte norte-americana (tribunal composto de nove membros, note-se bem):

> "Si sobre nueve hombres, quatro pensam que el tema em debate merece ser analizado, los otros cinco estan obligados a realizar esse análisis y a decidir y fundar en derecho razonadamente bajo la forma de sentencia su decisión".[110]

Por tudo, perdeu qualquer sentido a discussão acerca de a repercussão geral preceder ou não ao exame dos demais requisitos de admissibilidade. Primeiro estes, pelo relator; depois aquela, pelos demais juízes. O que certamente não impede que o órgão coletivo – o Pleno ou uma das turmas –, posteriormente, no julgamento colegiado, decida pela inadmissibilidade do recurso por falto de algum outro pressuposto. Mas o presidente da Corte poderá, como visto, antes mesmo da distribuição e via questão de ordem, submeter o novo requisito diretamente ao Plenário.

Pode que o relator do extraordinário seja voto vencido no requisito da repercussão geral. Nesse caso, cabe ao primeiro ministro que vier a divergir de logo divulgar aos demais membros as razões da divergência. A matéria enfrentou questão de ordem:

> "(...) Considerando ser preciso uniformizar o procedimento de votação no Plenário Virtual, apontou-se a dificuldade surgida, pela sistemática atual de votação, quando o Ministro que diverge do relator deixa de encaminhar aos demais os fundamentos de sua manifestação e essa manifestação divergente resulta vencedora, visto que não há registro das razões da divergência e, segundo disciplinado no RISTF, o relator, ainda que vencido, permanece responsável por lavrar o acórdão. Em seguida, determinou-se o encaminhamento do presente recurso extraordinário ao Min. Menezes Direito, primeiro que divergira do relator, para os fins propostos na questão de ordem, e julgou-se prejudicado o pedido de reconsideração (...)".[111]

A mesma lei trouxe ao novel requisito hipótese de presunção *juris et de jure*: se o recurso impugnar decisão contrária à súmula ou à jurisprudência pre-

---

[109] De se notar, para *rejeição* da repercussão geral, são necessários oito votos; para *aprovação* de verbete da súmula vinculante, o mesmo *quorum* qualificado. Adiante, item 9.2 – Efeito *erga omnes* e súmula vinculante.

[110] CAEIRO, Silvia B. Palacio de. *El recurso extraordinário federal.* Buenos Aires: La Ley, 2002, p. 184.

[111] RE 559.994, rel. Min. Marco Aurélio, DJ 07.04.2009.

dominante do próprio Supremo Tribunal Federal, presume-se existente a repercussão geral:

> "Uma 'ponte' entre a súmula ou jurisprudência dominante do STF e o pressuposto genérico da 'repercussão geral da questão constitucional', no juízo de admissibilidade do recurso extraordinário (CF, § 3º do art. 102 – EC 45/2004), foi estabelecida pelo § 3º do art. 543-A do CPC (cf. Lei 11.418/2006): 'haverá repercussão geral sempre que o recurso impugnar decisão contrária a súmula ou jurisprudência do Tribunal'".[112]

Neste caso, em princípio, não haveria a antes mencionada comunicação aos demais ministros.[113] Com as cautelas devidas, poderia o relator, se assim entendesse, decidir monocraticamente. Mas não é o que o Pretório entende mais adequado:

> "Aplica-se, plenamente, o regime da repercussão geral às questões constitucionais já decididas pelo Supremo Tribunal Federal, cujos julgados sucessivos ensejaram a formação de súmula ou de jurisprudência dominante. Há, nessas hipóteses, necessidade de pronunciamento expresso do Plenário desta Corte sobre a incidência dos efeitos da repercussão geral reconhecida para que, nas instâncias de origem, possam ser aplicadas as regras do novo regime, em especial, para fins de retratação ou declaração de prejudicialidade dos recursos sobre o mesmo tema (CPC, art. 543-B, § 3º)".[114]

Reconhecida a *inexistência* de repercussão geral pela maioria qualificada dos membros do Tribunal Maior, seus efeitos estender-se-ão a todos os demais recursos extraordinários fundados em idêntico questionamento; estes não serão conhecidos.[115] Opera-se aí verdadeiro efeito *pan-processual*:

> "O não conhecimento da repercussão geral de determinada questão tem efeito pan-processual, no sentido de que se espraia para além do processo em que fora acertada a inexistência de relevância e transcendência da controvérsia levada ao Supremo Tribunal Federal".[116]

---

[112] MANCUSO, Rodolfo de Camargo. *Recurso extraordinário e recurso especial*. 10ª ed. São Paulo: RT, 2007, p. 103.

[113] RI/STF, art. 323, § 1º, b: "Tal procedimento não terá lugar, quando o recurso versar questão cuja repercussão já houver sido reconhecida pelo Tribunal, ou quando impugnar decisão contrária a súmula ou a jurisprudência dominante, casos em que se presume a existência de repercussão geral."

[114] RE 582.650, Rel. Min. Ellen Gracie, DJ 23.10.2008.

[115] RI/STF, art. 326: "Toda decisão de inexistência de repercussão geral é irrecorrível e, valendo para todos os recursos sobre questão idêntica, deve ser comunicada, pelo Relator, ao Presidente do Tribunal, para os fins do artigo subseqüente e do artigo 329".

[116] MARINONI, Luiz Guilherme; MITIDIERO, Daniel. *Repercussão Geral no Recurso Extraordinário*. São Paulo: RT, 2007, p. 52.

Finalmente – positivo ou negativo –, dito julgamento será, necessariamente, fundamentado; pena de nulidade (Constituição, art. 93, inc. IX). E nada impede que se fira no próprio Plenário Presencial.[117]

5.1.1. Repercussão geral e amicus curiae

Outra inovação no recurso extraordinário diz com forma mitigada de intervenção de terceiro. Remotamente inspirado no famoso precedente *Brandies-Brief*,[118] o instituto foi trazido da ação direta de inconstitucionalidade (Lei 9.868, de 10 de novembro de 1999, art. 7º, § 2º).

Embora não revista verdadeiramente o papel de parte, diferente do terceiro prejudicado, o *amicus curiae* apresenta-se como inédito elemento de colaboração com o julgamento do recurso extraordinário (CPC, art. 543-A, § 6º, introduzido pela Lei nº 11.418, de 19 de dezembro de 2006). O novo instituto tem em mira a teleologia maior do Estado de Direito que é colaborar no zelo à supremacia da Constituição:

> "A figura do 'Amigo da Corte' é um colaborador, de essência inteiramente diferente do terceiro interessado. O Amigo da Corte envolve-se na construção do tema em deslinde e na solução da espécie, sem a preocupação do resultado, em si, mas como auxiliar efetivo".[119]

Conquanto a auspiciosa intervenção *ad coadjuvandum* tenha recebido de logo intensos aplausos, a novidade tem sido desvirtuada. Com a indiferença do próprio Tribunal Maior, vezes sem conta não se limitam os *amici curiae* a sustentar a existência ou a inexistência da repercussão geral, como quer a lei. Com expressiva frequência, não poucos defendem o posicionamento de uma das partes, como se de assistentes, simples ou mesmo litisconsorciais, se tratassem.

Ora, o *amicus curiae* – que pode vir ao processo a requerimento ou a *convite* da Corte –[120] é admissível "na análise da repercussão" geral e só nesta. A lei que o introduziu como figurante no recurso extraordinário bem estabeleceu, em um só e único dispositivo, sua área de atuação. De igual sorte fez o Regimento

---

[117] "Em havendo necessidade, o relator do recurso poderá suscitar o exame da repercussão geral das matérias ainda não decididas, por questão de ordem, no Plenário Presencial" (AI-QO 664.567, rel. Min. Gilmar Mendes; AI-QO 715.423, rel. Min. Ellen Gracie).

[118] Manifestação autônoma apresentada em 1908 por Louis D. Brandies no processo *Müller Vs Oregan*, em que o dono de uma lavanderia (Curt Müller) obrigara uma de suas empregadas a trabalhar mais de dez horas diárias. No *writ of certiorari*, a intervenção do *amicus curiae* é regulada nas *Rules of the Supreme Court of the United States*, de 17 de julho de 2007 (*rule* 37).

[119] SOUZA, Nelson Oscar de. *Manual de Direito Constitucional*. 3ª ed. Rio de Janeiro: Forense, 2006, p. 381.

[120] Ganhou repercussão internacional o caso da extradição do general Augusto Pinochet em que a House of Lords britânica *convidou* o *amicus curiae* David Lloyd Jones para uma *independent expert opinion* em matéria de imunidade diplomática.

Interno do Supremo Tribunal Federal, a despeito da censurável irrecorribilidade da decisão da qual nem mesmo a lei cogitara.[121]

Por outro lado, a lei que trata do instituto na ação declaratória de inconstitucionalidade, se não delimitou a atuação do *amicus* na regra que o previu, fê-lo no cabeço do mesmo artigo, ao inadmitir, expressamente, a intervenção de terceiro. E aí também consagrou a reprovável irrecorribilidade.[122]

Insista-se: a "assistência", aqui, é bem diferente da do artigo 50 da lei processual civil. No processamento da repercussão, a intervenção limita-se a sustentar sua existência ou a defender sua inadmissibilidade.

Claro está, o novo figurante processual há de demonstrar o *interesse* em intervir na relação recursal, no que pertine à repercussão. Mas não se lho exigirá demonstre qualquer nexo de interdependência entre sua intervenção e a relação jurídica de fundo submetida à apreciação do STF: ele também não se confunde com o terceiro prejudicado (CPC, art. 499).

O *amicus* far-se-á representar por advogado, requerendo tempestivamente sua admissão.[123] Fundamentada a defesa ou a impugnação à preliminar oferecida pelo recorrente, poderá, tendo em vista o julgamento da repercussão, oferecer memoriais e oralmente sustentar suas razões. E a menos que venha a assumir posição processual de terceiro prejudicado, não poderá intervir no recurso propriamente dito. Mas não é, insista-se, o que vem acontecendo.

5.1.1.1. Amicus curiae *e questão constitucional*

O novo instituto traz consigo situação de aberta inconstitucionalidade: a regra regimental, como visto, prevê que a decisão monocrática é *irrecorrível*.

Ora, nem a própria Emenda Constitucional, nem sequer a lei de regência que regulou o instituto atreveram-se a afrontar a cláusula pétrea do contraditório e da ampla defesa. Princípios sensíveis do Estatuto da Cidadania (Constituição, art. 5º, inc. LV c/c art. 60, § 4º, inc. IV), o mínimo que se haveria de contraditar é que o deferimento da intervenção não é imune à omissão, ou à obscuridade, ou à contradição (CPC, art. 535 incs. I e II).

---

[121] RI/STF, art. 323, § 2º: "Mediante decisão irrecorrível, poderá o Relator admitir de ofício ou a requerimento, em prazo que fixar, a manifestação de terceiros, subscrita por procurador habilitado, sobre a questão da repercussão geral."

[122] Lei 9.868, de 10 de novembro de 1999, art. 7º: "Não se admitirá intervenção de terceiros no processo de ação direta de inconstitucionalidade." § 2º: "O relator, considerando a relevância da matéria e a representatividade dos postulantes, poderá, por despacho irrecorrível, admitir, observado o prazo fixado no parágrafo anterior, a manifestação de outros órgãos ou entidades."

[123] Por decisão plenária, em sede de ADI, o STF assentou a admissibilidade do *amicus curiae* somente até a liberação do processo para julgamento, por parte do relator: "Preliminarmente, o Tribunal, por maioria e nos termos do voto do Relator, rejeitou a admissão do *amicus curiae*, vencidos a Senhora Ministra Cármen Lúcia e os Senhores Ministros Carlos Britto, Celso de Mello e o Presidente. E, no mérito, por maioria, desproveu o recurso de agravo, vencidos os Senhores Ministros Marco Aurélio, Carlos Britto e Eros Grau" (ADI 4.071 rel. Min. Menezes Direito, DJ 06.05.2009).

Mas ela comporta muito mais, notadamente se oriunda de juízo monocrático de tão amplo espectro. Pode, por exemplo, que o pretenso *amicus curiae* não seja verdadeiro "amigo da corte". E isso pode bem ocorrer e até facilmente provado.

Em outro sítio – e bem antes da Constituição vigente, quando tais princípios não ostentavam as galas que hoje os vestem –, tivemos ocasião de escrever:

> "Pudesse o Juiz proferir decisões irrecorríveis, tornar-se-ia, verdadeiramente, o *führer* do processo, na insuperável expressão de Couture, protegendo atos profundamente lesivos a direito individual a pretexto de duvidosa atividade discricionária. É imperioso que se dê recurso processual a direito individual lesado. A própria teoria da ação tem aí sua nascente (...) O fato é que toda decisão que resolve questão incidente terá de ser recorrível, não tanto porque a lei instrumentária o quer, mas especialmente porque a Constituição o impõe".[124]

Volta e meia o legislador – e os juízes também – comete ousadias que contrariam velhos princípios que a cidadania a duras penas conquistou. Assim ocorre, por exemplo – e infelizmente ocorre –, no incidente de declaração de inconstitucionalidade, perante qualquer tribunal, e na sempre referida ação direta de inconstitucionalidade, em face do Supremo Tribunal Federal (CPC, art. 482, § 3º, introduzido pela Lei 9.868/1999, e § 2º do art. 7º dessa mesma Lei, respectivamente).

Definitivamente, não pode decisão singular, concessiva ou não de qualquer pretensão, restar imune a recurso algum. Mandato de otimização indiscutível, o princípio da ampla defesa deve ser cumprido *en la mayor medida posible*. Aqui não é:

> "Los principios son normas que ordenan que algo sea realizado en la mayor medida posible, dentro de las posibilidades jurídicas y reales existentes. Por lo tanto, los principios son mandatos de optimización, que están caracterizados por el hecho de que pueden ser cumplidos en diferente grado".[125]

Mais ainda – e é remansoso –, é defeso a regimento interno regular matéria processual. A competência é *privativa* da União, através do Congresso Nacional (Constituição, art. 22, inc. I, e parágrafo único, respectivamente):

> "Regimento interno de tribunal tem natureza jurídica de norma administrativa – e não de lei –, que regula o procedimento *interna corporis* do

---

[124] AMORIM, Aderbal Torres de. *Recorribilidade da Decisão Denegatória de Liminar em Mandado de Segurança*. Revista de Direito Constitucional e Ciência Política 2/189; AJURIS 31/195 e RBDP, 44/13.

[125] ALEXY, Roberto. *Teoría de los derechos fundamentales*. Trad. Ernesto Garzón Valdés. Madrid: Centro de Estudios Políticos y Constitucionales, 2002, p. 86.

tribunal não podendo criar direitos nem obrigações para os jurisdicionados (CF, 5°, II)".[126]

De há muito o constitucionalismo sadio operou o banimento da "legislação" não legislativa. É bem verdade, como visto, sob a égide da maldenominada Emenda Constitucional n° 1, competia ao Supremo Tribunal Federal "legislar" acerca do "processo e o julgamento dos feitos de sua competência originária ou recursal e da arguição de relevância da questão federal".[127] E o fazia via regimento interno. Mas isso passou, e as regras regimentais contrárias à nova ordem jurídica não foram recepcionadas pela nova Carta. Não é que deixaram de sobreviver por causa da anterioridade ou que se tornaram inconstitucionais pelo surgimento da Constituição. Esta as *revogou*:

"Todas as normas constitucionais – quer as de eficácia plena, quer as de eficácia contida, ou as programáticas inclusive – incidem nos limites de sua eficácia, salvo se a própria Constituição, expressamente, dispuser de outro modo".[128]

Vige o princípio da força *ab-rogativa* das normas constitucionais que a pouca ciência ainda conceitua "inconstitucionalidade superveniente":

"Se a lei, quando foi criada, não padecia de vício algum, quer do ponto de vista formal, quer pelo ângulo substancial, não é concebível que um ato de renovação da ordem jurídica a tenha contaminado. A inconstitucionalidade é, para nós, um vício contemporâneo ao nascimento da lei, que nela surge a partir de um confronto com o parâmetro constitucional".[129]

Não é diferente o remansoso entendimento do próprio Tribunal Supremo:

"Constituição. Lei anterior que a contrarie. Revogação. Inconstitucionalidade superveniente. Impossibilidade. 1. A lei ou é constitucional ou não é lei. Lei inconstitucional é uma contradição em si. A lei é constitucional quando fiel à Constituição; inconstitucional na medida em que a desrespeita, dispondo sobre o que lhe era vedado. O vício da inconstitucionalidade é congênito à lei e há de ser apurado em face da Constituição vigente ao tempo de sua elaboração. Lei anterior não pode ser inconstitucional em relação à Constituição superveniente; nem o legislador poderia infringir Constituição futura. A Constituição sobrevinda não torna inconstitucionais leis anteriores com ela conflitantes: revoga-as. Pelo fato de ser superior, a

---

[126] NERY JUNIOR, Nelson; NERY, Rosa Maria de Andrade. *Código de Processo Civil Comentado e Legislação Extravagante.* 8ª ed. São Paulo: RT, 2004, p. 1012.

[127] Constituição de 17 de outubro de 1969, art. 119, § 3°, alínea *c.*

[128] SILVA, José Afonso da. *Aplicabilidade das Normas Constitucionais.* 2ª ed. São Paulo: RT, 1982, p. 202.

[129] RAMOS, Elival da Silva. *A inconstitucionalidade das leis – Vício e sanção.* São Paulo: Saraiva, 1994, p. 69. Também sobre *revogação* de lei em face de nova Constituição, BASTOS, Celso Ribeiro. *Curso de direito constitucional.* 12ª ed., São Paulo: Saraiva, p. 116.

Constituição não deixa de produzir efeitos revogatórios. Seria ilógico que a lei fundamental, por ser suprema, não revogasse, ao ser promulgada, leis ordinárias. A lei maior valeria menos que a lei ordinária. 2. Reafirmação da antiga jurisprudência do STF, mais que cinqüentenária. 3. Ação direta de que se não conhece por impossibilidade jurídica do pedido".[130]

Ora, quem exerce com exclusividade o controle externo da constitucionalidade das leis não pode deter – nem subsidiariamente – sua elaboração. Nem sob o pálio da relativização das denominadas *funções prevalentes*, nem sob o resguardo de imaginada supremacia do Judiciário. A lição é velha e atualíssima:

> "Propriamente não existe a supremacia do Judiciário, a aristocracia de toga, de que falou Burgess. Os três poderes são independentes, posto que harmonicos. Os tribunaes, ao tomar conhecimento de casos concretos, não se sobrepõem ao Executivo nem ao Congresso. Evitam apenas incorrer na mesma falta de qualquer daquelles dous poderes, com o decidir em desaccôrdo com o estatuto fundamental (...) Forçados pela propositura da acção a restabelecer o direito violado e achando-se em face de dous textos em conflicto, optam, e de mau grado, com a mais discreta reserva, pelo que tem a preeminencia: applicam a Constituição em vez da lei ordinaria; preferem esta ao simples regulamento, decreto executivo, aviso ou portaria".[131]

Sábias palavras, premonição do que viria com a lamentável Constituição de 1937 e a transferência, do Supremo Tribunal Federal para o Parlamento, do controle da constitucionalidade das leis.

Exorbita, pois, o Poder que invade competência de outro. Se norma regimental estabelece onde a lei sequer ousou chegar, usurpa-a, atentando não só contra a harmonia dos Poderes, bem como, muito mais, ameaçando a independência:

> "Dizer que há harmonia antes de dizer que são independentes constituiria, fora de dúvida, inversão reprovável. O que é lógico e objetivo é que se lhes apontem o ser, inclusive a independência com que eles são, e depois a harmonia, que é como restrição, a limitação, a tal independência".[132]

Por tudo – e a despeito dessa renitência que assola os tribunais brasileiros e os fazem praticar desvios, como nos censuráveis "agravos regimentais" –, não se inove por essa via em matéria de processo. É inconstitucional e temerário.

---

[130] ADI 2, rel. Min. Paulo Brossard, DJ 21.11.1997.

[131] MAXIMILIANO, Carlos. *Comentarios á Constituição Brasileira*, 2ª ed. Rio de Janeiro: Jacinto Ribeiro dos Santos Editor, 1923, p. 108.

[132] MIRANDA, Pontes de. *Comentários à Constituição de 1967 com a Emenda nº 1*. Tomo I. São Paulo: RT, 1973, p. 558.

5.1.2. Repercussão geral e sobrestamento

Antes, o legislador determinara a retenção do recurso extraordinário, sempre que interposto contra acórdão de agravo de instrumento em processo de conhecimento, cautelar ou embargos à execução (CPC, art. 542, § 3°, na redação da Lei 9.756, de 17 de dezembro de 1998; adiante, item 11 – Recurso extraordinário retido). Agora, o sobrestamento ocorre na hipótese de multiplicidade de extraordinários oriundos de um mesmo juízo e com idêntica alegação de repercussão geral (CPC, art. 543-B, § 1° introduzido pela Lei 11.418 de 19 de dezembro de 2006). É a denominada decisão por *amostragem*:

> "Trata-se de uma técnica conhecida em diversos países, que a denominam de 'caso-piloto', 'caso-teste' ou 'processo-mestre'. Consiste o mecanismo em permitir que, entre várias demandas idênticas, seja escolhida uma só, a ser decidida pelo tribunal, aplicando-se a sentença aos demais processos, que haviam ficado suspensos".[133]

Nesse caso, deverá o juízo *a quo* encaminhar ao STF algum ou alguns deles, sobrestando o processamento dos demais, até pronunciamento final do Pretório:

> "A escolha para remessa ao Supremo Tribunal Federal tem de ser a mais dialogada possível a fim de que se selecione um ou mais recursos que representem adequadamente a controvérsia. Afigura-se apropriado que os Tribunais ouçam as entidades de classe para proceder à escolha (por exemplo, OAB, MP etc.), quiçá organizando sessão pública para tanto".[134]

Os recursos extraordinários antes remetidos ao Tribunal Maior, a exclusivo critério deste, poderão ser devolvidos aos tribunais *a quo* ou às turmas de juizados especiais de que provierem. E a ordem pode partir do próprio relator:

> "Recurso extraordinário. Repercussão geral. Reconhecimento. Sobrestamento dos feitos que versem sobre a mesma matéria. Admissibilidade. Medida que deve ser adotada pelo próprio relator, monocraticamente. Inteligência do art. 328 do RISTF".[135]

No juízo de origem, aguardarão o julgamento dos recursos selecionados e representativos da questão reputada relevante. Dentre aqueles, estarão igualmente os interpostos *antes* da Emenda Regimental n° 21/2007:

> "Recurso Extraordinário. Repercussão geral. Reconhecimento pelo Plenário. Recurso interposto contra acórdão publicado antes de 3.5.2007. Irrelevância. Devolução dos autos ao Tribunal de origem. Aplicação do art. 543-B

---

[133] GRINOVER, Ada Pellegrini; GOMES FILHO, Antonio Magalhães; FERNANDES, Antonio Scarance. *Recursos no Processo Penal*. 6ª ed. São Paulo: RT, 2009, p. 206.

[134] MARINONI, Luiz Guilherme; MITIDIERO, Daniel. *Repercussão Geral no Recurso Extraordinário*. São Paulo: RT, 2007, p. 60.

[135] RE 576.155, rel. Min. Ricardo Lewandowski, DJ 12.09.2008.

do CPC. Precedentes (AI nº 715.423-QO/RS, Rel. Min. Ellen Gracie, e RE nº 540.410-QO/RS, Rel. Min. Cezar Peluso, j. em 20.8.2008). Aplica-se o disposto no art. 543-B do Código de Processo Civil aos recursos cujo tema constitucional apresente repercussão geral reconhecida pelo Plenário, ainda que interpostos contra acórdãos publicados antes de 3.5.2007".[136]

Negada que seja a relevância do tema pelo STF, restarão automaticamente inadmitidos os recursos sobrestados. Assim dispõe a norma de regência;[137] complementarmente, também o Regimento Interno da Corte Suprema.[138]

Tem-se aí evidente efeito vinculante a partir da inexistência de repercussão geral reconhecida em algum ou em alguns recursos extraordinários, estes sim, apreciados pelo Sumo Pretório. Entendida a inexistência da repercussão, todos os demais extraordinários sobrestados restarão *prejudicados*. Tanto quanto se assim viessem a ser julgados pelo próprio STF.

Clara está a identidade entre tal situação e o fenômeno do *stare decisis* do direito anglo-americano. Neste, o *precedente* julgado da Corte Maior há de ser obedecido pelos demais juízos. É o *binding effect*, próprio do efeito vinculante trazido pela Emenda Constitucional nº 45 (adiante, item 9.2. Efeitos *erga omnes* e súmula vinculante).

Ressalvando a alteração de entendimento do próprio Tribunal, o indeferimento da repercussão geral pela maioria qualificada de oito membros do Pretório irradia plena *eficácia* (CPC, art. 543-A, § 5º). Por isso, vincula todo e qualquer recurso extraordinário em que se discutir idêntica matéria. Nesse caso, e somente aí, o juízo recorrido *deverá* negar seguimento aos demais recursos.

O novo requisito figura, assim, ao lado dos demais *pressupostos* recursais. Apenas que seu exame é de exclusiva competência do tribunal *ad quem*. E é inconfundível com as *hipóteses* de *cabimento* do remédio extremo. As demais

---

[136] RE 522.223, rel. Min. Cezar Peluso, DJ 12.12.2008. (Como visto, o Supremo Tribunal Federal estabelecera o dia 3 de maio de 2007, data da entrada em vigor da Emenda Regimental nº 21, como marco inicial da eficácia da exigência da repercussão geral).

[137] CPC, art. 545-B: "Quando houver multiplicidade de recursos com fundamento em idêntica controvérsia, a análise da repercussão geral será processada nos termos do Regimento Interno do Supremo Tribunal Federal, observado o disposto neste artigo. § 1º – Caberá ao Tribunal de origem selecionar um ou mais recursos representativos da controvérsia e encaminhá-los ao Supremo Tribunal Federal, sobrestando os demais até o pronunciamento definitivo da Corte. § 2º – Negada a existência de repercussão geral, os recursos sobrestados considerar-se-ão automaticamente não admitidos."

[138] RI/STF, art. 328: "Protocolado ou distribuído recurso cuja questão for suscetível de reproduzir-se em múltiplos feitos, o Presidente do Tribunal ou o Relator, de ofício ou a requerimento da parte interessada, comunicará o fato aos tribunais ou turmas de juizado especial, a fim de que observem o disposto no art. 543-B do Código de Processo Civil, podendo pedir-lhes informações, que deverão ser prestadas em 5 (cinco) dias, e sobrestar todas as demais causas com questão idêntica. Parágrafo único. Quando se verificar subida ou distribuição de múltiplos recursos com fundamento em idêntica controvérsia, o Presidente do Tribunal ou o Relator selecionará um ou mais representativos da questão e determinará a devolução dos demais aos tribunais ou turmas de juizado especial de origem, para aplicação dos parágrafos do art. 543-B do Código de Processo Civil."

ocorrências possíveis estão reguladas no Regimento Interno do Supremo Tribunal Federal e em instruções específicas.[139]

Releva notar que o disposto no § 5º do art. 543-B da lei processual alude a "outros órgãos" do Pretório Maior; algo além dos ministros e das turmas (não há referência ao Plenário).

De se acrescer, para o Superior Tribunal de Justiça o legislador adotou mecanismo semelhante ao sobrestamento dos recursos extraordinários com identidade de repercussão geral. Fê-lo para os denominados recursos especiais *repetitivos*, ou seja, naqueles com fundamento em idêntica questão de direito (CPC, art. 543-C, introduzido pela Lei 11.672, de 8 de maio de 2008).[140]

Finalmente, de se enfatizar o vulto que poderá tomar o generalizado sobrestamento de processos em decorrência da repercussão geral:

"É possível ao Relator, no STF, determinar o sobrestamento, nas instâncias de origem, de processos que versem sobre matéria com repercussão geral reconhecida, *ainda que não tenham chegado à fase de recurso extraordinário*" (*sic*).

5.1.3. *Repercussão geral e recurso extraordinário criminal*

Relativamente à jurisdição criminal, o instituto da repercussão geral carreou para os acusados certo desinteresse em relação ao apelo raro. Arregimentando adesões frente às enormes dificuldades para ver o recurso extremo subir ao Pretório Excelso, a ação de *habeas corpus* tomou-lhe o lugar. Para tanto, contri-

---

[139] "Procedimentos na Presidência do STF: a. Através da Secretaria Judiciária, identificam-se e devolvem-se à origem os recursos extraordinários múltiplos, interpostos de acórdãos posteriores a 3 de maio de 2007, e correspondentes agravos, de assuntos levados à discussão sobre repercussão geral, que, assim, nem serão mais distribuídos; b. Por meio da Secretaria Judiciária, identificam-se e devolvem-se à origem os recursos extraordinários múltiplos, interpostos de acórdãos publicados anteriormente a 3 de maio de 2007, desde que seus temas tenham repercussão geral reconhecida pelo STF; c. Nega-se seguimento aos recursos extraordinários e aos agravos de instrumento posteriores que não contêm preliminar formal a sustentá-la; d. Nega-se distribuição ou seguimento aos recursos extraordinários e agravos de instrumento posteriores que tiveram repercussão geral afastada; e. Prioriza-se a pauta dos processos com repercussão geral. f. Dá-se publicidade à decisão sobre repercussão geral no DJE e no portal do STF. Procedimentos nos Gabinetes dos demais Ministros do STF: a. Submete-se um único recurso extraordinário de cada matéria à análise da repercussão geral, em Plenário Virtual ou por Questão de Ordem no Plenário, podendo-se devolver os demais, sujeitos ao mesmo pressuposto, aos Tribunais ou Turmas Recursais de origem, ou sobrestá-los no STF; em se tratando de recurso anterior, a possibilidade de devolução fica condicionada ao reconhecimento da presença da repercussão geral da matéria; b. Negada a repercussão, recusa-se o recurso extraordinário (§ 3º do art. 102, da Constituição Federal). c. Reconhecida a repercussão, processa-se o recurso, pedindo-se, ao fim, dia para julgamento do RE selecionado ou de outro(s) sobre o mesmo tema. d. Eventuais recursos extraordinários múltiplos, que ainda sejam recebidos no Gabinete, podem ser devolvidos à origem ou permanecer sobrestados até decisão do mérito do *leading case*. e. É possível ao Relator, no STF, determinar o sobrestamento, nas instâncias de origem, de processos que versem sobre matéria com repercussão geral reconhecida, ainda que não tenham chegado à fase de recurso extraordinário. f. Julgado o mérito do *leading case*, os recursos extraordinários de decisões contrárias a este entendimento, que não forem objeto de retratação na origem, serão julgados no STF (CPC, art. 543-B, § 4º)."

[140] TAVARES JUNIOR, Homero Francisco. *Recursos especiais repetitivos: aspectos da Lei 11.672/2008 e da Res. 8/2008 do STJ.* RePro 166/190.

buiu decisivamente entendimento da Corte Maior que desestimula o manejo do recurso:

> "O Tribunal, por unanimidade e nos termos do voto do Relator, decidiu a questão de ordem da seguinte forma: 1) que é de exigir-se a demonstração da repercussão geral das questões constitucionais discutidas em qualquer recurso extraordinário, incluído o criminal...".[141]

Ora, se nem o direito fundamental de ir e vir resta infenso ao requisito da repercussão geral – podendo, portanto, recursos extraordinários criminais, por esta razão, restarem sobrestados no juízo *a quo* –, torna-se evidente a preferência pela ação mandamental. Para o *habeas corpus*, não há prazo de impetração, não há maiores dificuldades em sua tramitação, sequer o autor da ação deve necessariamente titular o direito postulado. E pode ser impetrado em lugar de *qualquer* recurso, constitucional ou legalmente previsto.

Bem antes, em típica hipótese de recurso extraordinário, o Tribunal Excelso já assentara o cabimento do remédio heróico contra acórdão do Superior Tribunal de Justiça lançado em recurso ordinário constitucional de *habeas corpus*:

> "Examinando questão de ordem, o Tribunal entendeu que o STF é competente para examinar pedido de *habeas corpus* contra acórdão do STJ que indeferiu recurso ordinário de *habeas corpus*. Considerou-se que o STF é a última instância de defesa da liberdade de ir e vir do cidadão, podendo qualquer decisão do STJ, desde que configurado o constrangimento ilegal, ser levada ao STF...".[142]

Qualquer decisão, mesmo se cabível agravo de instrumento:

> "Por outro lado, acolheu-se a assertiva da admissibilidade de *habeas corpus* contra a decisão que inadmitir o trâmite dos recursos extraordinário e especial, a despeito do cabimento do recurso de agravo de instrumento. Assentou-se que a jurisprudência do STF encontra-se consolidada no sentido de que eventual cabimento de recurso criminal não impediria a impetração do *writ*".[143]

O próprio recurso ordinário constitucional para o Superior Tribunal de Justiça tem cedido lugar à ação privilegiada. Ao invés de recorrer, o interessado impetra a ordem.[144]

---

[141] AI 664.567, rel. Min. Sepúlveda Pertence, DJ 26.06.2007. Assim também no AI 693.752, rel. Min. Ricardo Lewandowski, DJ 28.08.2008.

[142] HC 78.897, rel. Min Nelson Jobim, DJ 09.06.1999. Igualmente, no AI 693.752, rel. Min. Ricardo Lewandowski, DJ 28.08.2008, visto em a nota anterior.

[143] HC 968.64, rel. Min. Cármen Lúcia, DJ 25.06.2009.

[144] TOURINHO FILHO, Fernando da Costa. *Processo penal.* 4º volume, 31ª ed. São Paulo: Saraiva, 2009, p. 658.

Já se vê, ante o cotejo das rígidas exigências impostas pelo recurso extremo frente aos conhecidos privilégios procedimentais do *writ*, mais se acentua a preferência deste em lugar daquele.

A despeito de arrolado na lei processual penal como *recurso*, basta que se configure violência ou coação contra a liberdade de locomoção para que o remédio mandamental tenha eficácia imediata. Haja ou não recurso interponível, qualquer que seja a decisão recorrível, o *writ* substitui com vantagem qualquer outro remédio na jurisdição criminal. Daí o desinteresse dos acusados pelo recurso extremo nessa área do Estado-jurisdição.

Claro que se está a falar do interesse do titular do direito de locomoção ameaçado ou tolhido. No mais, é evidente que o extraordinário resta incólume para os outros atores da ação penal, a saber, o Ministério público, o assistente, o próprio querelante.

6. Efeitos da interposição

Do ato jurídico de interposição do recurso – qualquer recurso de qualquer jurisdição –, salvo se não conhecido, *forma-se* o direito ao reexame da decisão hostilizada. Denominam-se *efeitos* os diversos resultados daí emergentes.

Além de *devolver* à jurisdição a matéria a ser reapreciada, em certos casos *suspendendo* a execução do decidido, o recurso pode conduzir pretensão a, *modificando, constituir* posição processual nova, invertendo a sucumbência ou anulando o pronunciamento judicial recorrido. Ou a *assegurar* o exame da matéria e questões omitidas no *decisum*. Ou a *transferir* direitos, tal como no recurso do terceiro opoente. Ou a *extingui-los*, como no recurso com execução provisória em andamento. Outros reflexos são vislumbráveis no trato dos dispositivos legais que as leis processuais encerram. O mais importante deles é impedir, desde logo, o trânsito em julgado do pronunciamento recorrido.

Em matéria de efeitos derivados da *interposição* – que não se confundem com os efeitos do *julgamento* (adiante, item 09) –, o recurso extraordinário possui notáveis peculiaridades. Por ser remédio processual de fundamentação vinculada, estreita, seu efeito *devolutivo*, já se viu, restringe-se unicamente a questões constitucionais. Vai daí, em geral, o efeito *translativo* não abrange as questões antes suscitadas, mesmo as não decididas, e os fundamentos do pedido e os da defesa (CPC, art. 515, §§ 1º e 2º), *se* não integrantes do julgado recorrido. Numa palavra, se não *prequestionados*. Vezes há, entretanto, em que referido efeito abrange questões estranhas ao julgado, como as de ordem pública.

Também comporta exceções a regra geral de inexistência de efeito *suspensivo* no recurso (CPC, art. 498), agora excepcionada plenamente no juízo criminal, como se verá (adiante, item 6.3 – Âmbito do efeito suspensivo).

6.1. Âmbito do efeito devolutivo[145]

A expressão *efeito devolutivo* de há muito suscita discussões. Para alguns, nada é devolvido com o recurso porque, hierarquicamente – como visto no item

---

[145] Com as adaptações devidas, este item foi retirado do capítulo 3 do nosso *Recursos cíveis ordinários*. Porto Alegre: Livraria do Advogado, 2005, p. 41.

3.1 retro –, nenhum juiz está subordinado a outro. Ao dizer o direito, o julgador o faz com a mesma autoridade de um tribunal. A expressão seria adequada quando os tribunais representavam o soberano e recebiam *de volta* a jurisdição *delegada* aos juízes inferiores a fim de apreciarem seus julgamentos.[146] Por isso, dever-se-ia adotar a locução *efeito de transferência* porque ao juízo *ad quem* se transfere o conhecimento da irresignação.[147]

Seja como for, praticado o ato jurídico recursal, *devolve-se* ao Estado-jurisdição a competência decisória. O exercício do direito processual a ver reexaminado o decidido, ou parte do que foi decidido, gera o primeiro dos efeitos advindos da interposição do recurso: a devolução. Ao Estado-juiz *retorna* o conhecimento da matéria impugnada, ou da questão decidida, ou dos fundamentos do pedido, ou os da defesa. Ou todos a um só tempo. Outro órgão reexaminará o que houver sido devolvido pela via recursal. Não raro, o mesmo órgão o fará.

Irresignado com o *prejuízo* causado pela atividade judicial, o recorrente provoca o reexame do ato daí resultante. Este não o satisfaz, e o recurso *devolve* ao Estado a competência decisória. Nesse passo, qualquer recurso contém, intrinsecamente, o efeito devolutivo. Qualquer recurso, insista-se. Todos fazem *restituir* à jurisdição a matéria impugnada.

Quanto ao âmbito da devolução, esse varia conforme a natureza do recurso. Isso porque – e sempre dependendo da espécie do ato de que se recorre –, altera-se a extensão do efeito devolutivo, isto é, a amplitude maior ou menor da função revisora. É o vetusto *tantum devolutum quantum appellatum*, colocado no capítulo referente à apelação cível, mas não somente a esta aplicável (CPC, art 515).

Assim como na ação, em que o autor elege o objeto – o mais e o menos da pretensão levada a juízo –, também no recurso o recorrente escolhe os lindes da manifestação judicial a serem reexaminados no tribunal ou no próprio juízo onde essa se dera. Numa palavra, qual será, na peça recursal, a *matéria impugnada*.[148]

Observe-se uma pretensão tripartite. Nesta, o objeto da ação é múltiplo no sentido de que poderia comportar três ações autônomas, agora ligadas pelo liame da cumulação (CPC, art. 292). Estabeleça-se que a sentença julgue a ação procedente quanto ao pedido *a*. Assim como o réu poderia recorrer deste pedido – os outros foram julgados *improcedentes* –, poderia o autor apelar de *b* e *c*. Mas poderia, por igual, recorrer apenas de *b*, conformando-se quanto à perda de *c*.

Nesse caso, o âmbito da devolutividade seria indicado pelo réu, se recorresse de *a*, e pelo autor, tanto em *b* e *c*, quanto em *b* ou *c*. Se o réu não recorresse, o tribunal *ad quem* não apreciaria *a*. E se o autor recorresse apenas de *b*, o tribunal

---

[146] FROCHAN, Ibáñez. *Los Recursos en el Proceso Civil*. Buenos Aires: Sociedad Bibliografica Argentina, 1943, p. 45.

[147] LIMA, Alcides de Mendonça. *Introdução aos Recursos Cíveis*. São Paulo: RT, 1976, p. 287.

[148] Aqui, poder-se-ia falar em outro princípio, a *voluntariedade:* PINTO, Nelson Luiz. *Manual dos Recursos Cíveis*. 3ª ed. São Paulo: Malheiros, 2003, p. 91.

não julgaria *c*. Em qualquer caso, a *matéria impugnada* seria delimitada pelo próprio recorrente, ou recorrentes. É o escopo da lei processual civil: a amplitude do exame pelo tribunal fica inteiramente ao nuto de quem recorre (CPC, art. 515, *caput*). E tal se inclui, obviamente, no recurso extraordinário.

Vezes há, porém, que a própria lei – quando não a Constituição – limita o âmbito da devolutividade, restringindo o conhecimento do recurso a certas partes do julgado, ou a determinadas questões nele contidas, ou a alguns aspectos. Nos embargos declaratórios, por exemplo, restritivamente, os *aspectos* relativos à omissão ou à contradição ou à obscuridade. Nos embargos infringentes, a limitação legal importa em que se apreciem unicamente os *pontos* do acórdão constantes do voto vencido. No recurso extraordinário, por ordem da Constituição, exclusivamente a *questão constitucional ventilada*. São, todos esses, recursos de cognição *limitada*, ao contrário da apelação, por exemplo, cujo efeito devolutivo é o mais amplo dentre todos.

Também aqui, não se desconhece que lavra dissídio acerca da existência de devolutividade, quando o recurso for para o mesmo órgão da decisão recorrida. Os embargos declaratórios, por exemplo. Parte da doutrina sustenta não ocorrer aí verdadeiro efeito devolutivo:

> "Ao órgão *a quo* é vedado praticar qualquer ato que importe modificação, total ou parcial, do julgamento, ressalvada a possibilidade de corrigir *ex officio* ou a requerimento da parte, inexatidões materiais ou erros de cálculo (art. 463, nº I)".[149]

Não é assim. Em primeiro lugar, não se caracteriza o efeito devolutivo pela natureza do órgão julgador do recurso. Tal efeito, como a própria designação o diz, significa *restituir, recusar, mandar de volta*. E é precisamente o que ocorre: *devolve*-se ao Estado-juiz a manifestação que não se aceita. Busca-se alterá-la e melhor atender à pretensão de quem recorre.

Mais ainda: ao mesmo órgão *não* é vedado praticar ato que importe modificação do julgamento. Ao revés, tanto doutrina quanto jurisprudência serenaram acerca da velha discussão em torno dos efeitos infringentes dos embargos declaratórios. Fique afirmado, pois: graças ao efeito devolutivo dos aclaratórios, é possível modificar o julgado em aspectos que não apenas inexatidões materiais ou erro de cálculo. Basta que o recorrente os haja *devolvido* com a irresignação.[150]

No estrito âmbito do recurso extraordinário, especificamente, vê-se a rígida limitação constitucionalmente imposta ao efeito devolutivo. Tirante a questão de ordem pública (adiante, item 6.2), exclusivamente as hipóteses contidas nas

---

[149] MOREIRA, José Carlos Barbosa. *Comentários ao Código de Processo Civil*. Vol. V. 15ª ed. Rio de Janeiro: Forense, 2009, p. 261.

[150] A alterabilidade da sentença pelo próprio prolator consagrou-se a partir da Lei 8.952, de 13 de dezembro de 1994, que deu nova redação ao art. 296 da lei processual civil.

quatro alíneas do inc. III do art. 102 da Constituição hão de merecer o timbre da devolutividade. E assim mesmo, como visto, se contiverem repercussão geral (Constituição, art. 102, § 3º). Por isso, unicamente questões de direito – e de direito *constitucional*, note-se bem – terão trânsito recursal extraordinário. É afastada, portanto, toda e qualquer matéria probatória:

"Para simples exame de prova não cabe recurso extraordinário".[151]

Mas nem sempre o Sumo Pretório pode manter estrita coerência com o texto sumular que veda a apreciação de provas e de fatos em sede de recurso extremo:

"A válvula de escape mais comum ao óbice consiste na possibilidade de rever a qualificação jurídica dos fatos. E o STF precisará atentar aos comemorativos do processo para julgar a espécie. Por exemplo, alegando o recorrente que o tribunal *a quo* infringiu a regra do *full bench* (art. 97 da CF/1988), parece inevitável que o STF verifique a ocorrência ou não desse fato no processo. Idêntico raciocínio presidirá a investigação sobre se certa prova foi ou não obtida por meio ilícito (art. 5º, LVI)".[152]

Em matéria de prova testemunhal, igualmente ocorrem discrepâncias:

"Avaliar o conteúdo de um depoimento e, portanto, se determinada testemunha falou a verdade, e em que grau, compete ao juiz de primeira instância e, posteriormente, ao tribunal de segundo grau. Porém, indeferir o depoimento da testemunha, arrolada pelo acusado, sem qualquer justificativa, mantida a decisão pelo tribunal, pode ensejar recurso extraordinário, pois fere a garantia constitucional da ampla defesa".[153]

O mesmo se dá no que concerne à prova documental e o tratamento que lhe conferir o juízo *a quo*:

"Determinado documento era necessário à formação da prova, por se tratar de documento de interesse comum das partes, e o juiz dispensou a exibição (cf. Código de Processo Civil, art. 218, inc. III). Tal atitude nega a existência de regra jurídica sobre pretensão à exibição, criando, em seu lugar, regra jurídica de arbítrio judicial. Não se trata, aí, de *quaestio facti*, mas de *quaestio iuris*".[154]

---

[151] Súmula da Jurisprudência do Supremo Tribunal Federal, verbete 279. Adiante, item 12 – Recurso extraordinário e direito sumular.

[152] ASSIS, Araken de. *Manual dos recursos*. 2ª ed. São Paulo: RT, 2008, p. 727.

[153] NUCCI, Guilherme de Souza. *Código de Processo Penal Comentado*. 6ª ed. 2ª tiragem. São Paulo: RT, 2007, p. 976.

[154] MIRANDA, Pontes de. *Comentários à Constituição de 1967 com a Emenda Constitucional nº 1*, tomo IV. São Paulo: RT, 1974, p. 134. O dispositivo mencionado corresponde ao inc. III do art. 358 do CPC vigente.

Em sede de contratos – arrostem ou não provas propriamente ditas –, é remansosa a jurisprudência da Corte, afastando radicalmente qualquer possibilidade de exame:

"Simples interpretação de cláusulas contratuais não dá lugar a recurso extraordinário".[155]

Em síntese apertada, o juízo de admissibilidade do extraordinário mantém estreita relação com as hipóteses de cabimento, constitucionalmente fincadas no Texto Maior. Mas não se confundem: (a) a admissibilidade versa sobre os *pressupostos* recursais, aí incluída a repercussão geral. É algo estranho ao mérito, bem se vê. Não atendido qualquer deles, o recurso *não* será *conhecido*; (b) as hipóteses constitucionais dizem com o *mérito* mesmo do remédio. Em caso de violação do Texto Maior que essas preveem, se conhecido, o recurso é de ser *provido*.

Mas é preciso atentar para que *todos* os fundamentos da decisão sejam igualmente *devolvidos* ao Tribunal:

"É inadmissível o recurso extraordinário quando a decisão recorrida assenta em mais de um fundamento suficiente e o recurso não abrange todos eles".[156]

6.2. Efeito translativo e questões de ordem pública

Visto acima, o efeito devolutivo depende da *vontade do recorrente*; este delimita o quanto de extensão terá a atividade do tribunal. O mesmo não se passa com as questões suscitadas ao longo do processo. Nem com os fundamentos, sejam estes do pedido, sejam da defesa. Tanto àquelas quanto a estes, opera-se estrito automatismo; impera a *vontade da lei*. O interesse público passa à frente e diz da profundidade do que será devolvido ao conhecimento do órgão competente para apreciar o recurso. É o que a boa doutrina intitula, com propriedade, efeito translativo.[157]

De se notar, nos recursos ditos *ordinários*, este efeito opera-se sem restrições (CPC, art. 496, incs. I a V). Todavia, tal não ocorreria nos recursos excepcionais – recurso especial, recurso extraordinário e embargos de divergência em recurso especial e em recurso extraordinário (CPC, art. 496, incs. VI a VIII).

Nos dois primeiros recursos excepcionais, a interponibilidade limitar-se-ia a questões infraconstitucionais federais e constitucionais (Constituição, arts. 105, inc. III, e 102, inc. III; CPC, arts. 496, incs. VI e VII, respectivamente, e 541 e

---

[155] Súmula do STF, verbete 454. Adiante, item 12 – Recurso extraordinário e direito sumular.

[156] Súmula do STF, verbete 283 comentado no item 12 – Recurso extraordinário e direito sumular.

[157] NERY JUNIOR, Nelson. *Teoria geral dos recursos*, 6ª ed. São Paulo: RT, 2004, p. 482. Para o mesmo autor, existe ainda o efeito *expansivo* que pode ser tanto *objetivo* quanto *subjetivo*, *interno* e *externo* (p. 477).

segs.). E por derivar desses recursos de estrito direito, o recurso de embargos de divergência cingir-se-ia às questões aí decididas (CPC, art. 546). Assim, se a manifestação judicial levada pelo recurso extraordinário não houvesse *decidido* a questão suscitada – inclusive a de ordem pública, normalmente conhecível de ofício –, não poderia o STF dela conhecer. Não teria sido ventilada no órgão *a quo*. O que só poderia ocorrer, se opostos embargos declaratórios para fins de prequestionamento:

> "É inadmissível o recurso extraordinário, quando não ventilada, na decisão recorrida, a questão federal suscitada".[158]

Em conclusão: do aparente conflito entre as normas constitucionais que estabelecem o recurso extraordinário, de um lado, e, de outro, as regras legais acerca da questão de ordem pública (CPC, arts. 267, § 3º, e 301, § 4º), aquelas prevaleceriam. Nesses casos, não incidiria a norma processual infraconstitucional.

Mas não é bem assim.

Em meio ao turbilhão que tais questões arrostam – e a contrapor-se a tal limitação –, o próprio Pretório Excelso dispôs:

> "O Supremo Tribunal Federal, conhecendo do recurso extraordinário, julgará a causa, aplicando o direito à espécie".[159]

É o reconhecimento de que não pode o Órgão guarda da Constituição simplesmente ignorar as graves ocorrências processuais que em outras instâncias levariam, por vezes, à nulidade do processo. Seria a entronização da injustiça não poder a Suprema Corte conhecer, em nome de repugnante imobilidade procedimental, dessas relevantes questões. Nesse caso, conhecido o recurso extremo, o Tribunal apreciará as questões de ordem pública, tanto quanto o faz a jurisdição ordinária, segundo os comandos infraconstitucionais.

Como dissemos alhures, referentemente a tais questões, ainda que *não suscitadas* no bojo da apelação, ou de outro recurso ordinário qualquer:

> "Se o tribunal entender ausente algum pressuposto processual ou certa condição da ação, ou presente litispendência ou coisa julgada, por exemplo, tal fato contaminará na integralidade o plano recursal. Mesmo o que não foi objeto do recurso igualmente será atingido pelo automatismo que leva ao juízo *ad quem* a questão que vulnera a ação como um todo. E isso é imprecluível. O julgamento do tribunal, avançando sobre pedidos não devolvidos

---

[158] Súmula da Jurisprudência do Supremo Tribunal Federal, verbete 282, comentado no item 12 – Recurso extraordinário e direito sumular.

[159] Súmula do STF, verbete nº 456, item 12 infra.

pelo recurso, os tomará também em consideração no exame de questão de ordem pública. E não se haverá de falar em *reformatio in pejus*".[160]

Foi o que o STF fez, sumulando a matéria e tornando conhecíveis de ofício as questões de ordem pública, *desde que conhecido o recurso extremo*, enfatize-se bem.[161]

Tal situação, entretanto, não se estende ao conjunto probatório dos autos, pena de travestir-se o recurso extraordinário em remédio de terceira instância:

"Recurso Extraordinário. Provimento. Aplicação da súmula 456 desta Corte. Impossibilidade. Supressão de instância. Apreciação do conteúdo fático-probatório e aplicação de normas infraconstitucionais. Agravo regimental não provido. Não é possível a aplicação dos termos da súmula 456, quando ocorrer supressão de instância e forem necessárias a apreciação do conteúdo fático-probatório e a aplicação de normas infraconstitucionais".[162]

A controvérsia no julgamento das questões de fato em sede de recurso extraordinário vem de longe. É o que se extrai da longínqua Constituição de 1937:

"Chegamos ao momento de levantar o problema, dentro do Direito constitucional brasileiro: no *iudicium* do recurso extraordinário, tem o Supremo Tribunal Federal o exame *in iure*, tão só, ou o duplo exame, *in iure* e *in facto*?"[163]

E ele próprio respondia:

"Tudo aconselha a que o Supremo Tribunal Federal não transforme o recurso extraordinário numa apelação, fazendo-se um tribunal de recursos ordinários das Justiças locais (...) O que é essencial é que o Supremo Tribunal Federal tenha a matéria de facto como definitivamente apreciada pelas jurisdições inferiores, não lhe sendo permitido passar à apreciação de outros *errores iuris in iudicando* ou à crítica e reforma do julgamento das provas, pois a cognição que tem é limitada ao ponto de direito, que serviu de fundamento para a interposição do recurso extraordinário".[164]

No examinar questões de ordem pública, a limitação há de ser, unicamente, o *conhecimento* do recurso extraordinário. Conhecido este, não podem ser ignora-

---

[160] *Recursos cíveis ordinários*. Porto Alegre: Livraria do Advogado, 2005, p. 39.

[161] Vejam-se ROSA, Pérsio Thomaz Ferreira. *O efeito translativo no âmbito dos recursos extraordinários*. RePro 138/27, e OLIVEIRA, Guilherme Peres de. *A Súmula 456. Histórico e tendências jurisprudenciais atuais: STJ e STF*. RePro 163/282.

[162] RE 557.731, rel. Min. Cezar Peluso, DJ 31.10.2007.

[163] MIRANDA, Pontes de. *Comentários à Constituição Federal de 10 de novembro de 1937*. Tomo III. Rio de Janeiro: Irmãos Pongetti editores, 1938, p. 111.

[164] Ob. cit., p. 112 e 113.

das. Fazê-lo, seria grave atentado à própria cidadania, fundamento do Estado Democrático de Direito que a Carta Maior consagrou (Constituição, art. 1º, inc. II).

Após os novos ares trazidos com a profunda reformulação sofrida pelo recurso extremo, a Suprema Corte tornou-se permeável, jogando para o lado a rigidez com que tratava a questão:

> "(...) II. Recurso extraordinário: letra a: alteração da tradicional orientação jurisprudencial do STF, segundo o qual só se conhece do RE, a, se for para dar-lhe provimento: distinção necessária entre o juízo de admissibilidade do RE, a – para o qual é suficiente que o recorrente alegue adequadamente a contrariedade pelo acórdão recorrido de dispositivos da Constituição nele prequestionados – e o juízo de mérito, que envolve a verificação da compatibilidade ou não entre a decisão recorrida e a Constituição, ainda que sob prisma diverso daquele em que se hajam baseado o Tribunal *a quo* e o recurso extraordinário...".[165]

Mercê do efeito translativo, os novos tempos propiciaram não só prover o extraordinário por fundamento *não ventilado* na decisão recorrida, como também a adequada conhecibilidade recursal necessariamente *anterior* ao juízo de mérito. Sem peias, contanto que conhecido, o RE submete-se às inteiras às questões de ordem pública:

> "Sucede que, se o recurso extraordinário/especial for interposto por outro motivo, e for conhecido (examinado/admitido), poderá o STF/STJ, ao julgá-lo, conhecer *ex officio* ou por provocação de todas as matérias que podem ser alegadas a qualquer tempo (aquelas previstas no § 3º do art. 267 e a prescrição ou decadência)".[166]

E até mesmo para corrigir erro material no próprio acórdão, mesmo que sem recurso da parte interessada.[167]

---

[165] RE 298.695, rel. Min. Sepúlveda Pertence, DJ 01.08.2008 (ementa similar à do RE 298.694, rel. Min. Sepúlveda Pertence, Pleno, DJ 23.04.2004, ítem 7.1.1 infra, Critério axiológico, a contrariedade à Constituição).

[166] DIDDIER Jr. Fredie. *Regras processuais no novo código civil.* 2ª ed. São Paulo: Saraiva, 2004, p. 18.

[167] "O Tribunal, por maioria, resolveu questão de ordem suscitada pela Min. Cármen Lúcia em dois recursos extraordinários, dos quais relatora, para tornar sem efeito o julgamento desses recursos, em razão da ocorrência de erro material. Na espécie, os recursos foram interpostos contra acórdão que determinara a revisão do benefício de pensão por morte do segurado, de modo a atingir o patamar de 100% (cem por cento) do salário de benefícios do regime geral de previdência social, com efeitos financeiros incidentes a partir da vigência da Lei 9.032/95, independentemente do que dispunha a norma vigente ao tempo do óbito do segurado. Na sessão de julgamento de 09.02.2007, foram incluídos, equivocadamente, em lista de recursos extraordinários, interpostos pelo INSS, que tratavam de outra questão relativa à pensão previdenciária, tendo sido, naquela ocasião, providos – v. Informativo 486. Entendeu-se que, por se tratar de erro material, poder-se-ia corrigi-lo a qualquer tempo, questão esta inclusive de economia processual. Vencidos os Ministros Marco Aurélio, Joaquim Barbosa e Cezar Peluso, que reputavam incabível a retificação, asseverando que ela seria possível somente se houvesse a oposição de embargos de declaração, já que se teria modificação substancial do que decidido (RE 492.837, rel. Min. Cármen Lúcia, DJ 19.05.2009).

6.3. Âmbito do efeito suspensivo

De regra, seria da natureza de qualquer recurso a suspensividade dos efeitos do ato recorrido, a privação de sua eficácia.[168] Se o ato pode ser reexaminado na via recursal – e às vezes *deve* sê-lo, mesmo sem recurso (CPC, art. 475) –, não haveria, em princípio, sentido em dele se extraírem, desde logo, consequências jurídicas. Se ainda modificável, não haveria razão para dele se irradiarem efeitos, enquanto não qualificado pela definitividade.

Mas o Direito é a sistematização de realidades. Nesse passo, não se pode, *a priori,* afastar que de uma decisão, tão logo publicada, resultem consequências. Ao menos algumas. Em certos casos, o risco de lesão provocada pelo cumprimento antecipado de um ato judicial sobrepõe-se à conveniência de que o pronunciamento produza efeitos somente quando dele não mais caiba recurso.

Tome-se, por exemplo, sentença de procedência em ação de alimentos. A apelação aí interposta comporta unicamente efeito devolutivo. Assim, pode o autor alimentando logo passar à fase de cumprimento do *decisum,* ainda que pendente recurso do réu (CPC, art. 520, inc. II).

O legislador poderia ter incluído referida demanda na regra geral do duplo efeito. Preferiu, entretanto, a carência presumida do alimentando que o possível dano ao devedor. Se o beneficiário dos alimentos tivesse de aguardar o trânsito em julgado da sentença que os concedera, a satisfação do direito seria retardada. Haveria privações, quem sabe fome. Em contrapartida, se o réu viesse a se vitoriar na apelação interposta, teria, durante o iter procedimental do recurso, desembolsado valores reconhecidamente indevidos.

Entre a circunstância nociva e a lesão injusta, escolheu-se a primeira, a da parte presumivelmente necessitada. Ainda que, ao depois, venha a esta ser declarado direito nenhum. Disfarçada a ruga da incerteza, o legislador evitou o peso do remorso. Como é na maioria dos casos.

Ponto de extrema importância é salientar que o efeito suspensivo não surge com a interposição do recurso. É bem verdade, enquanto não é julgado, ele faz com que a suspensividade se *prolongue.* Mas esta nasce inerente ao ato judicial que a comporta; não com o recurso. A irradiação de efeitos jurídicos advindos do ato recorrido não se inicia com a publicação deste e se interrompe com o surgimento daquele. Mesmo na ausência de recurso, o ato recorrível só gera efeitos depois de esgotado o prazo de interposição.

De outro lado, frise-se, o efeito suspensivo não tem o absolutismo que aparenta na via ordinária. Essa paralisação de eficácia sempre é parcial, eis não englobar *todos* os efeitos extraíveis do ato de que se recorre. Na apelação cível, por exemplo, ainda que recebida no efeito suspensivo, *alguns* efeitos da sentença podem surgir. A constituição de hipoteca é um deles (CPC, art. 466). Nesse

---

[168] MIRANDA, Pontes. *Comentários ao Código de Processo Civil.* Tomo VII. Rio de Janeiro: Forense, 1975, p. 241.

passo, sem prejuízo do recebimento do apelo no duplo efeito, não resta afetado o direito de o recorrido promover a especialização da garantia e sua inscrição no registro público competente.

Com o recurso extraordinário, *em princípio*, passa-se diferente. No juízo cível, sua interposição não impede a denominada execução do julgado recorrido (CPC, arts. 542, § 2°, e 497). Vezes há, entretanto, que tal fato, como nos casos dos vários incisos do art. 520 do CPC, pode trazer ao devedor dano de impossível ou, no mínimo, de difícil reparação. Assim, aliada à fumaça de bom direito, a ameaça de grave lesão à parte torna indispensável o socorro ao poder cautelar geral do juízo (CPC, art. 798. Mais especificamente, art. 558, que poder cautelar também é). E o recurso extremo, então, passa a correr, excepcionalmente, com efeito suspensivo.

Em matéria recursal extraordinária no juízo criminal, todavia, a *exceção* não mais ocorre como tal; tornou-se regra. A despeito do direito em sentido oposto e da tradição assentada (CPP, art. 637, Lei 8.038/1990, art. 27, § 2°, e jurisprudência remansosa), operou-se profunda alteração no entendimento do Supremo Tribunal Federal acerca da denominada *presunção de inocência* ou, para muitos, *presunção de não culpabilidade*. Em outras palavras, o direito do réu recorrer em liberdade na pendência de qualquer recurso, ou seja, enquanto não transitada em julgado a sentença penal condenatória.

Em decisão histórica – e alterando posicionamento consolidado de há muito –, em *habeas corpus* impetrado contra ato do Superior Tribunal de Justiça, a Corte Maior deu nova interpretação ao contido no inc. LVII do art. 5° da Constituição.[169]

O novo posicionamento, tomado por maioria de votos, assegura a liberdade enquanto não julgados todos os recursos possíveis. Doravante, não mais como exceção, o recurso extraordinário dito criminal, se interposto em favor do condenado, será sempre recebido no efeito suspensivo. Impede-se, com isso, a execução da sentença, ainda que, como no caso em apreço, o recorrente seja réu confesso, condenado por duplo homicídio.[170]

---

[169] Rezava o acórdão do tribunal coator: "É assente a diretriz pretoriana no sentido de que o princípio constitucional da não culpabilidade não inibe a constrição do *status libertatis* do réu com condenação confirmada em segundo grau, porquanto os recursos especial e extraordinário são, em regra, desprovidos de efeito suspensivo. Precedentes do STF e do STJ".

[170] "Prisão Preventiva: Pendência de recurso sem efeito suspensivo e Execução Provisória – Ofende o princípio da não culpabilidade a execução da pena privativa de liberdade antes do trânsito em julgado da sentença condenatória, ressalvada a hipótese de prisão cautelar do réu, desde que presentes os requisitos autorizadores previstos no art. 312 do CPP (...) os preceitos veiculados pela Lei 7.210/84 (Lei de Execução Penal, artigos 105, 147 e 164), além de adequados à ordem constitucional vigente, sobrepõem-se, temporal e materialmente, ao disposto no art. 637 do CPP (...) quanto à execução da pena privativa de liberdade, dever-se-ia aplicar o mesmo entendimento fixado, por ambas as Turmas, relativamente à pena restritiva de direitos, no sentido de não ser possível a execução da sentença sem que se dê o seu trânsito em julgado (...) a supressão do efeito suspensivo desses recursos seria expressiva de uma política criminal vigorosamente repressiva, instalada na instituição da prisão temporária pela Lei 7.960/89 e, posteriormente, na edição da Lei 8.072/90. Citou-se o RE 482.006 no qual declarada a inconstitucionalidade de lei estadual mineira que impunha a redução de vencimentos de servi-

Os efeitos da novidade não se fizeram esperar: mesmo antes da publicação do acórdão, em sessão de 12 de fevereiro de 2009, cinco *habeas corpus* foram concedidos a um condenado por tentativa de estupro, outro por estelionato continuado, outro mais por roubo qualificado e dois ainda por apropriação de bens e rendas públicas.[171] E a maioria dos ministros decidiu que os relatores não mais remetam ao Plenário os *habeas corpus* que tratem da execução criminal provisória, os referentes à prisão civil por dívida e os que envolvam direito de os advogados terem vista dos autos de inquérito policial.[172] Este último foi convertido na denominada súmula vinculante nº 14:

> "É direito do defensor, no interesse do representado, ter acesso amplo aos elementos de prova que, já documentados em procedimento investigatório realizado por órgão com competência de polícia judiciária, digam respeito ao exercício do direito de defesa".[173]

Nesses casos, a despeito das normas regimentais em contrário, os próprios relatores julgarão as impetrações, não mais as remetendo ao Plenário.[174] A decisão é antirregimental.

6.3.1. *Efeito suspensivo e medidas cautelares*

Com apreciável frequência, tanto no juízo cível, quanto no foro eleitoral e ainda na jurisdição trabalhista, o recurso extremo é precedido, ou acompanhado, de postulação cautelar para que tramite no efeito suspensivo (no âmbito criminal, como se vê, em princípio, cessou o interesse na medida). A pretensão em foco é de índole constitucional e busca evitar o processo ilegal e conjurar a decisão injusta:

> "No direito brasileiro, o poder do juiz conceder medidas provisórias (o 'poder geral de cautela' ou 'poder geral acautelatório', nele incluídas medidas

---

dores públicos afastados de suas funções por responderem a processo penal (...), se a Corte, nesse caso, prestigiara o disposto no preceito constitucional em nome da garantia da propriedade, não o poderia negar quando se tratasse da garantia da liberdade. Vencidos os Ministros Menezes Direito, Cármen Lúcia, Joaquim Barbosa e Ellen Gracie, que denegavam a ordem" (HC 84.078, rel. Min. Eros Grau, DJ 17.02.2009).

[171] HC 91.671, HC 92.578, HC 92.691, HC 92.933, HC 93.172.

[172] "O Tribunal, por maioria, autorizou o relator a decidir, monocraticamente, pedido de *habeas corpus*, nos seguintes casos: prisão civil por dívida, acesso do patrono a procedimento investigatório policial e execução provisória de pena criminal. Vencido o Min. Marco Aurélio, tendo em conta o disposto no art. 21 do RISTF" (RHC 93.172, rel. Min. Carmem Lúcia, DJ 25.02.2009).

[173] Com base em seis precedentes (HC 82.354, HC 88.520, HC 90.232, HC 88.190, HC 92.331 e HC 87.827), o STF atendeu proposta do Conselho Federal da Ordem dos Advogados do Brasil, assim enunciada: "O advogado constituído pelo investigado, ressalvadas as diligências em andamento, tem o direito de examinar os autos de inquérito policial, ainda que estes tramitem sob sigilo" (PSV 1/DF, rel. Min. Menezes Direito, 02.02.2009, Informativo nº 534).

[174] RI/STF, art. 21: "São atribuições do Relator: XI – remeter *habeas corpus* ou recurso de *habeas corpus* ao julgamento do Plenário. Art. 6º. Também compete ao Plenário: II – Julgar c) os *habeas corpus* remetidos ao seu julgamento pelo Relator."

cautelares e antecipatórias) tem sua origem, sua fonte de legitimidade e seu âmbito de eficácia demarcados diretamente da Constituição. É, em suma, um fenômeno de estatura constitucional e não simplesmente legal".[175]

O juízo competente para a concessão da medida dependerá do estágio em que se encontrar o recurso extraordinário. Se ainda em fase de admissibilidade, no juízo *a quo*, a este caberá apreciar a cautela demandada.[176] Admitido o recurso na origem, porém, não mais pode aí ser ela provida. A partir de então, decidirá o ministro relator, ou o presidente do Supremo Tribunal Federal, ou ainda outro ministro que esse designar.[177]

Mas nem sempre é assim.

Em recurso extraordinário já admitido na instância ordinária, o Tribunal Maior inovou em seu próprio entendimento. Sobrestado no juízo *a quo*, em decorrência de repercussão geral reconhecida em outro remédio extremo, foi então demandada medida cautelar para o recurso tramitar com efeito suspensivo. Nesse caso, nos termos da matéria sumulada, caberia ao próprio Supremo Tribunal Federal o exame da pretensão à tutela em referência.[178] A Alta Corte, porém, firmou posição no sentido de que o juízo de origem continua competente para decidir os pedidos cautelares nos recursos extraordinários sobrestados, mesmo que já ali admitidos (543-B, § 1º, do CPC, e art. 328 do Regimento Interno da Corte):

> "O Tribunal, por maioria, decidiu que, quando reconhecida repercussão geral sobre a questão, for sobrestado recurso extraordinário sobre ela, admitido ou não na origem, é da competência do tribunal local conhecer e julgar ação cautelar tendente a dar-lhe efeito suspensivo e, em consequência, deu-se por incompetente, determinando devolução dos autos ao Superior Tribunal de Justiça, vencidos a Senhora Ministra Cármen Lúcia e o Senhor Ministro Marco Aurélio, que só reconheciam a competência do tribunal local quanto a recurso ainda não admitido na origem, como se deu no caso. O Senhor Ministro Marco Aurélio não conhecia das demais hipóteses. Votou o Presidente, Ministro Cezar Peluso (Vice-Presidente)".[179]

A súmula teve sua interpretação abrandada.

---

[175] ZAVASCKI. Teori Albino. *Antecipação de tutela*. 3ª ed. São Paulo: Saraiva, 2000, p. 58.

[176] "Não compete ao Supremo Tribunal Federal conceder medida cautelar para dar efeito suspensivo a recurso extraordinário ainda pendente do seu juízo de admissibilidade" (verbete 634 da Súmula do STF). "Cabe ao presidente do tribunal de origem decidir o pedido de medida cautelar em recurso extraordinário ainda pendente do seu juízo de admissibilidade" (verbete 635).

[177] Regimento Interno do Supremo Tribunal Federal, art. 21, incs. IV e V, e art. 13, inc. VII e seu parágrafo único, respectivamente.

[178] A ação cautelar fora proposta no STJ e remetida ao Supremo, ao fundamento de que seria impossível a realização do primeiro juízo de admissibilidade do apelo extremo, diante do reconhecimento da existência de repercussão geral da matéria pelo Supremo no julgamento do RE 577.302, rel. Min. Ricardo Lewandowski, DJ 30.04.2008.

[179] AC 2.177, rel. Min. Ellen Gracie, DJ 19.11.2008.

Em compensação – e ainda em matéria competencial –, decisão diametralmente oposta foi tomada pela 2ª Turma.

No tribunal *a quo*, demorava a solução da cautelar ali pretendida e a despeito da admissibilidade não ter sido apreciada na origem, o STF deferiu nova tutela perante ele formulada e contrariou o próprio direito sumulado:

"Medida cautelar – Recurso extraordinário – Concessão de liminar visando à suspensão de eficácia do acórdão recorrido, na hipótese em que o Tribunal de origem ainda não exerceu juízo de admissibilidade do apelo extremo – Admissibilidade (...). Situação extraordinária que autoriza a não incidência das Súmulas 634 e 635 do STF – Exercício do poder geral de cautela que se impõe".[180]

6.4. Efeito ativo e medidas cautelares

Normalmente empregada para propiciar efeito suspensivo ao recurso – como se dava anteriormente com o mandado de segurança em relação ao agravo de instrumento, notadamente este –,[181] a cautelariedade há de incluir igualmente o denominado *efeito ativo*. Pode que a pretensão recursal vise a evitar dano grave ao recorrente, se não antecipada tutela para efetivar-se o direito que a decisão recorrida denegara.

A providência – de natureza vividamente discricionária e de caráter jurisdicional –[182] é idêntica àquela prevista na lei processual civil para o agravo de instrumento, cuja interposição pode de logo resultar em total ou parcial antecipação da tutela recursal pretendida (CPC, art. 527, inc. III). O mesmo se dá com a ação rescisória (CPC, art. 489), embora trinta anos se passassem até que o legislador embutisse no seu âmbito a possibilidade de suspensão cautelar dos efeitos do pronunciamento judicial rescindendo:

"A coisa julgada não constitui presunção absoluta em prol do vencedor. Em sistemas que adotam a revisão, ou a ação rescisória, como o nosso, tal presunção assume caráter relativo, enquanto não expirado o prazo de decadência".[183]

Insista-se: em nome do direito ao processo justo, não se haverá de unicamente conceder medida cautelar para *suspensão* dos efeitos de decisão fustigada pelo extraordinário, e o mesmo não se fazer para adiantar a própria pretensão

---

[180] AC 1.810, rel. Min. Celso de Mello, DJ 31.10.2007.

[181] A despeito do contido na Lei do mandado de segurança nº 1.533, de 31 dezembro de 1951, art. 5º, inc. II.

[182] LACERDA, Galeno. *Comentários ao Código de Processo Civil*, vol. VIII, tomo I. Rio de Janeiro: Forense, 1980, p. 137.

[183] Idem, idem, p. 63. Também de Galeno Lacerda, veja-se *Ação rescisória e suspensão cautelar da execução do julgado rescindendo*. Revista Jurídica da Procuradoria da Assembleia Legislativa do Estado do Rio Grande do Sul, coord. Aderbal Torres de Amorim. Porto Alegre: CORAG, 1982, p. 73.

recursal, extraordinariamente articulada. Nesse passo, presentes o *fumus* de bom direito e o *periculum* do dano, é ilimitado o poder cautelar do juiz na persecução da justiça:

> "O dano grave de incerta reparação que submete a risco a eficácia do futuro julgamento do recurso extraordinário ou do recurso especial pode ter origem tanto em decisões de conteúdo 'positivo', quanto nas de conteúdo 'negativo'. Sendo assim, os princípios da instrumentalidade e da efetividade do processo podem ficar comprometidos, não apenas quando a decisão recorrida acolheu a pretensão da parte, comportando, assim, *execução* (= mudança no plano dos fatos), mas também quando ela, por negar a pretensão posta em causa, impede qualquer forma de execução".[184]

E a medida, prevista em verdadeira norma em branco, não se confunde com arbítrio:

> "No exercício desse imenso e indeterminado poder de ordenar 'as medidas provisórias *que julgar adequadas*' para evitar o dano à parte, provocado ou ameaçado pelo adversário, a discrição do juiz assume proporções quase absolutas. Estamos em presença de autêntica norma em branco que confere ao magistrado, dentro do Estado de Direito, um poder puro, idêntico ao do pretor romano, quando, no exercício do *imperium*, decretava os *interdicta*. Não é sem motivo que se considere tal atribuição como a mais importante e delicada de quantas confiadas à magistratura".[185]

Oxalá, no desempenho dessa importante e delicada atribuição, a Corte Maior consagre definitivamente a possibilidade de adotar na tramitação do recurso extraordinário a antecipação da tutela recursal pretendida. Já há alvissareiros precedentes:

> "A Turma referendou, em maior extensão, decisão proferida pelo Min. Celso de Mello que concedera antecipação dos efeitos da tutela jurisdicional postulada em recurso extraordinário, do qual relator, interposto pelo Ministério Público Federal e pelo Ministério Público do Distrito Federal e Territórios. No caso, o *parquet* requerera a antecipação dos efeitos da tutela com objetivo de preservar condições mínimas de subsistência e de dignidade a menor impúbere, a quem reconhecido, pela Turma, o direito à indenização, em decorrência de ato imputável ao Distrito Federal".[186]

---

[184] ZAVASCKI. Teori Albino. *Antecipação de tutela*. 3ª ed. São Paulo: Saraiva, 2000, p. 135.

[185] LACERDA, Galeno. *Comentários ao Código de Processo Civil*, vol. VIII, tomo I. Rio de Janeiro: Forense, 1980, p. 135.

[186] RE 495.740, rel. Min. Celso de Mello, DJ 15.06.2009.

7. Juízo de mérito e hipóteses de interposição

Há na doutrina – e também na jurisprudência do próprio Supremo Tribunal Federal – visível incompreensão acerca do juízo de mérito do recurso extraordinário. Aqui e acolá, tomam-se as *hipóteses de interposição* previstas nas alíneas do inc. III do art. 102 da Constituição (o *mérito* do recurso) como *pressupostos recursais* (= requisitos de *admissibilidade*). Ocorreria aí o fenômeno da *superposição* entre juízo de mérito e juízo de admissibilidade: para se chegar a este, haver-se-ia de, necessariamente, examinar aquele. E a desinteligência tornou-se tão acesa que a Corte Maior, ainda sob o regime da Constituição anterior, pensando solver a controvérsia, assim dispôs:

> "É competente o Supremo Tribunal Federal para a ação rescisória quando, embora não tendo conhecido do recurso extraordinário, ou havendo negado provimento a agravo, tiver apreciado a questão federal controvertida".[187]

O equívoco consagrou-se. Como poderia o STF, *não conhecendo* do recurso, apreciar o mérito, a saber, a "questão federal"? Se não se conhece de um recurso, não se aprecia o mérito; se este se apreciou, antes se o conhecera.

A ácida crítica ao confuso verbete tem plena vigência:

> "Em boa técnica, a 'questão federal' nada mais é que o mérito do recurso: resolvida ela, com efeito, nada mais resta que deva (ou nem sequer possa) ser examinado; por conseguinte, apreciá-la importa, por definição, conhecer daquele. Assim, a proposição sumulada não resiste à análise: afinal de contas, o que nela se estabelece é que o tribunal tem competência para a rescisória sempre que, julgando embora o mérito do recurso, haja dito que não o julgava...".[188]

As denominadas "hipóteses de cabimento" que o constituinte embutiu na Carta dizem respeito ao *mérito* do recurso, somente a esse. É a partir delas que se

---

[187] Súmula da Jurisprudência do Supremo Tribunal Federal, verbete 249.

[188] MOREIRA, José Carlos Barbosa. *Julgamento do recurso especial ex art. 105, III, a, da Constituição da República: sinais de uma evolução auspiciosa.* RF 349/77.

dá ou que se nega provimento, isto é, que se entende o recurso "procedente" ou "improcedente", como se diz para as ações. Antes disso, porém, há de se esgotar o atendimento aos requisitos recursais, a saber, sua *viabilidade*.[189]

No mesmo trabalho, é contundente a lição aplicável também ao recurso extraordinário. Retrata a teratologia em que se encontra a controvérsia:

"Acontece que, se o Superior Tribunal de Justiça, embora haja adotado a fórmula do 'não conhecimento', na verdade apreciará o conteúdo da impugnação (isto é, o mérito do recurso), o entendimento por ele consagrado vai sujeitar-se à revisão e à eventual correção ... do órgão *a quo*!"[190]

Bem entendido, o juízo de admissibilidade limita-se a decidir previamente da probabilidade de posterior análise do mérito do recurso. Nele, há – e sempre há – *declaratividade*. À sua vez, o juízo de mérito arrosta igualmente possibilidade declaratória (o improvimento), mas pode trazer consigo *constitutividade* (o provimento). O primeiro juízo é sempre *declaratório*, mas não diz quem tem razão no mérito. O juízo de mérito, além de declarar no improvimento, pode constituir; basta que dê procedência à pretensão recursal. Aquele é a primeira fase; o outro é o passo seguinte:

"O que se persegue no exame da admissibilidade nada tem a ver com o *mérito* da impugnação. Isso fica para o passo seguinte. Nessas circunstâncias, o recurso há de atender a exigências legais condicionantes do julgamento de seu objeto propriamente dito. Em tal fase, portanto, ainda não interessa saber se o recorrente *tem razão*. Eis porque o atendimento (ou o não atendimento) a esses pressupostos resulta sempre em juízo *declaratório*".[191]

Em resumo: dos *pressupostos* – nestes incluída a repercussão geral –, trata a lei codificada; das *hipóteses* de mérito e também da repercussão geral, a Constituição. Mas das hipóteses, insista-se, só esta trata.

7.1. Âmbito de recorribilidade

Da regra que regula o recurso extremo deixou de constar a expressão "por outros tribunais" (Constituição, art. 102, inc. III). Cabível também, pois, o remédio contra sentença prolatada no primeiro grau de jurisdição.

Aqui, mais uma vez, é sensível a diferença relativamente ao recurso especial para o Superior Tribunal de Justiça. Enquanto este é cabível unicamente em causas decididas nos tribunais regionais federais, nos tribunais de justiça esta-

---

[189] WAMBIER, Teresa Arruda Alvim. *Recurso Especial, Recurso Extraordinário e Ação Rescisória*. 2ª ed. São Paulo: RT, 2008, p. 248, referindo Gilson Miranda e Patrícia Pizzol.

[190] Ob. e p. cits.

[191] AMORIM. Aderbal Torres de. *Recursos cíveis ordinários*. Porto Alegre: Livraria do Advogado, 2005, p. 51.

duais, no Tribunal de Justiça do Distrito Federal e Territórios e nos três tribunais militares estaduais (Constituição, art. 105, inc. III), o recurso extremo, como visto, não limita sua conhecibilidade a partir da natureza do órgão judicial em que se processa a causa:

> "É cabível recurso extraordinário contra decisão proferida por juiz de primeiro grau nas causas de alçada, ou por turma recursal de juizado especial cível e criminal".[192]

7.1.1. Critério axiológico – a contrariedade à constituição[193]

Da primeira das alíneas do referido inc. III, retirou-se a expressão "ou negar vigência de tratado ou lei federal", que a Constituição de 1969 previra. A alteração deveu-se ao novel Superior Tribunal de Justiça, Corte *nacional* a que o constituinte de 1988 transferiu parte da competência recursal que sempre pertencera ao Pretório Excelso. Por não configurar matéria propriamente constitucional, o texto suprimido saiu da esfera do *Supremo*, passando à do Tribunal *Superior* encarregado da aplicação do direito infraconstitucional federal (Constituição, art. 105, inc. III, alínea *a*).[194]

Frente às demais, a presente hipótese de cabimento encerra clara *subjetividade*, verdadeiro juízo de valor. Naquelas – de cunho nitidamente *objetivo* –, basta que a decisão recorrível *declare* a inconstitucionalidade de certa regra jurídica ou que a *julgue* válida frente a alguma outra regra, para que se preencha automaticamente o requisito. A *declaratividade* é suficiente. No presente caso, diversamente, exige-se *contrariedade*.

A diferença é gritante: (a) a alegação de que o *decisum* declarou inconstitucionalidade de logo é verificável. Não se conhece do recurso se a decisão recorrida *não declarou*; porém, (b) para saber-se se a decisão *contrariou* a Constituição, vai-se adiante do juízo de simples admissibilidade – há de se examinar o mérito. E nesse ponto, como antes referido, chega-se ao absurdo: para ser conhecido, o recurso necessitaria ser provido. É insistente a justa crítica:

> "Não se pode condicionar a admissibilidade à procedência, pois esta *pressupõe* aquela, e para chegar-se à conclusão de que um recurso merece provimento é logicamente necessário que, *antes*, se haja transposto a preliminar

---

[192] Súmula do STF, verbete 640. Adiante, item 12 – Recurso extraordinário e direito sumular.

[193] Constituição, art. 102, inc.III, alínea *a*: "contrariar dispositivo desta Constituição."

[194] Note-se que o argumento não valeu em face da Emenda Constitucional n° 45. Esta deslocou do STJ e restituiu para o rol do inc. III do art. 102 a competência para julgar o confronto entre *lei* local e lei federal (alínea *d*), deixando ao STJ apenas o conflito entre *ato* de governo local e lei federal (art. 105, inc. III, alínea *b*). Para a Emenda, o conflito entre aquelas *leis* é matéria constitucional; o litígio entre lei federal e *ato* local, não é. A insuficiência do pretexto é evidente.

(...). Do contrário, insista-se, estaremos exigindo, ao arrepio da técnica e da lógica, que o recurso seja procedente para ser admissível".[195]

Dificuldade de caracterização da hipótese de *afronta* ao Texto Maior também está no fato de que a Carta é prolífica em cláusulas gerais, preceitos abertos, conceitos indeterminados:[196]

"É certo que o § 2º do art. 5º consagra o princípio de que o rol de direitos não é taxativo, guardando um grau de generalidade ou amplitude, mas, se se desejar usar esse dispositivo como ensejador do extraordinário, deve haver expressa referência a ele e também qual o princípio constitucional que ele agasalha, por exemplo, o princípio federativo, o da autonomia dos poderes, o dos valores da pessoa etc. Não é admissível, ainda, a alegação de inconstitucionalidade indireta, ou seja, a inconstitucionalidade por violação do princípio da legalidade (art. 5º, II), porque teria havido violação de lei federal, estadual ou municipal. A violação da Constituição deve ser direta para permitir o recurso extremo".[197]

A Constituição é igualmente prenhe em direitos não expressamente arrolados:

"Nem todos os direitos supra-estatais estão explícitos na *Constituição*... A própria Constituição é que o diz. Seria assim se o não tivesse dito e, em se tratando de direitos supra-estatais, se tivesse dito que só existem os explícitos. O *direito de resistência* é exemplo disso. A Constituição não fala dele, mas ele existe...".[198]

Conquanto expressos, não menos grave é a ausência de definição efetiva de outros tantos institutos caríssimos à cidadania, como as garantias e os direitos individuais. É tormento de mais de século saber-se, v. g., por que razão o constituinte autorizou a suspensão de *garantias* no estado de sítio, e silenciou acerca de *direitos* (Constituição, art. 138). O problema subsiste, hoje como antes:

"O problema não é acadêmico; o seu valor pratico é inestimável. Basta lembrar que o estado de sítio suspende garantias. Como se trata de preceito

---

[195] MOREIRA, José Carlos Barbosa. *Comentários ao Código de Processo Civil*. Volume V. 15ª ed. Rio de Janeiro: Forense, 2009, p. 601.

[196] Cláusulas gerais e conceito jurídico indeterminado, vejam-se WAMBIER, Teresa Arruda Alvim. *Recurso Especial, Recurso Extraordinário e Ação Rescisória*. 2ª ed. São Paulo: RT, 2008, p. 161, e MARIOTTI, Alexandre. *Medidas provisórias*. São Paulo, Saraiva, 1999, p. 74.

[197] GRECCO FILHO, Vicente. *Direito processual civil brasileiro*. Vol. 2, 20ª ed. São Paulo: Saraiva. 2009, p. 376.

[198] MIRANDA, Pontes de. *Comentários à Constituição de 1967 com a Emenda Constitucional nº 1*, tomo IV. São Paulo: RT, 1974, p. 625.

restrictivo da liberdade, não se pode ahi interpretar com amplitude o termo garantia, e, pois, releva distinguir com cuidado entre garantia e direito".[199]

Fica o impasse que nem a melhor doutrina resolveu, a despeito de se entender que o vocábulo *garantia* equivale aos *instrumentos* de que dispõe o titular de *direitos* de vê-los respeitados, ou seja, as ações constitucionais postas no art. 5º da Carta. Mas isso não resolve a controvérsia: fica em aberto saber-se se a restrição a garantias constitucionais durante o estado de sítio exclui ou não a redução de direitos. E nesse passo, em que extensão.

A inviolabilidade do domicílio – que não há de ser confundida com *instrumento* –, por exemplo, incluir-se-ia no rol das garantias? Ou ela seria puro direito constitucional material?

Esse direito, ou essa garantia, como se queira, é pré-constitucional; vem do direito natural e pode ser defendido, em legítima defesa, mesmo em plena vigência de estado de sítio. E até pela força:

"Los jurisconsultos, los tratadistas y las legislaciones de todos los pueblos han reconocido la legítima defensa como Derecho Natural y como Derecho subjetivo o facultad reconocida al hombre para rechazar el ataque y a la agresión mediante la fuerza, cuando no pueda ser protegido por la organización social encargada de velar por el mantenimiento del orden y por los fueros de Justicia".[200]

Nesta hipótese, no estado de sítio, poderia ser suspenso o direito à inviolabilidade domiciliar? De mais de dois séculos, por tudo, é inteiramente atual a sempre lembrada lição:

"Não se presume que uma cláusula inserta na Constituição seja destinada a não produzir nem um effeito, e, pois, tal interpretação é inadmissível, salvo quando fôr imposta litteralmente".[201]

Para agravar tal estado de coisas, nossa Carta é prenhe de regras de eficácia limitada, verdadeiros preceitos institutivos. Ora, como precisar-se cirurgicamente a afronta a tais preceitos? Como demonstrar-se, como reiteradamente quer o Sumo Pretório, a lesão a conceitos indeterminados como, por exemplo, o devido processo legal? E para veiculação do recurso extremo, o que será, precisamente, o devido processo legal? Nesses casos, sempre se dirá que o malferimento à

---

[199] DORIA, Sampaio. *Principios constitucionaes.* São Paulo: São Paulo Editora, 1926, p. 118. O grande jurista referia-se ao art. 80 da Constituição da República dos Estados Unidos do Brasil, de 24 de fevereiro de 1891: "Poder-se-á declarar em estado de sítio qualquer parte do território da União, suspendendo-se aí as garantias constitucionais por tempo determinado, quando a segurança da República o exigir, em caso de agressão estrangeira, ou comoção intestina (art. 34, nº 21)".

[200] PEÑA, Enrique Luño. *Derecho natural.* Segunda edición. Barcelona: La hormiga de oro, 1950, p. 378.

[201] MARSHALL, John. *Decisões Constitucionaes.* Rio de Janeiro: Imprensa Nacional, 1903, p. 23.

Constituição é meramente reflexo; se afronta houver, será a texto de lei. E não se aviará o recurso por entreter, antes de tudo, matéria infraconstitucional.

Inúmeros julgados do Supremo Tribunal Federal não conhecem de recurso extraordinário pela alínea *a* a pretexto de que a ofensa é *indireta*. A decisão recorrida fere, sim, lei federal, antes de violar o Texto Maior; seria caso de recurso especial. De outra banda, muitos são os arestos do Superior Tribunal de Justiça que deixam de julgar o mérito do recurso especial porque, antes de violar a lei federal, a decisão recorrida contrariaria a Constituição; seria cabível o extraordinário...

Acerca desses inquietantes fatos que envolvem a ofensa *indireta* à Constituição – a afastar o conhecimento do recurso extremo –, é procedente a crítica que os denomina "contrassensos":

"Esta regra, em nosso entender, leva a um paradoxo: a Constituição Federal consagra certo princípio e se, pela relevância, a lei ordinária o repete, *por isso*, o tribunal, cuja função é zelar pelo respeito à Constituição Federal, abdica de examinar a questão (...). Nesses e em outros casos deixa-se para trás a razão de ser dos tribunais superiores, a natureza jurídica do recurso extraordinário e do recurso especial, e se fixam restrições (e aí são de fato *restrições!*) sem o indispensável apoio dogmático".[202]

Outro aspecto fundamental do dispositivo está em delimitar-se o alcance do vocábulo "contrariar":

"Contrariar dispositivo da Constituição é, essencialmente, ofender a norma constitucional mediante a sua não aplicação ao caso concreto, quando deveria fazê-lo, ou com o desvirtuamento do preceito constitucional, quando de sua utilização no julgado".[203]

Na condição de *guarda* da Constituição, quando da apreciação do extraordinário pela alínea *a*, o Pretório Excelso poderá desbordar, sim, do fundamento em que se assentou o recurso ou a decisão recorrida, ir para mais além e decidir com outra motivação, dando ou negando provimento. No primeiro caso, buscará fundamento outro que não o articulado no recurso, para dar provimento a este. No segundo, encontrará novo motivo para arrimar a decisão recorrida; o recurso será improvido. Num caso e noutro, extravasará do direito posto na peça recursal. Num caso e outro, trará para o processo questão de ordem pública nunca antes ventilada:

"Recurso extraordinário: letra *a*: possibilidade de confirmação da decisão recorrida por fundamento constitucional diverso daquele em que se alicer-

---

[202] WAMBIER, Teresa Arruda Alvim. *Recurso Especial, Recurso Extraordinário e Ação Rescisória.* 2ª ed. São Paulo: RT, 2008, p. 268.

[203] CAVALCANTE, Mantovanni Colares. *Recursos especial e extraordinário.* São Paulo: Dialética, 2003, p. 81. (Grifos no original).

çou o acórdão recorrido e em cuja inaplicabilidade ao caso se baseia o recurso extraordinário: manutenção, lastreada na garantia da irredutibilidade de vencimentos, da conclusão do acórdão recorrido, não obstante fundamentado este na violação do direito adquirido. II. Recurso extraordinário: letra a: *alteração da tradicional orientação jurisprudencial do STF, segundo a qual só se conhece do RE, a, se for para dar-lhe provimento: distinção necessária entre o juízo de admissibilidade do RE, a* – para o qual é suficiente que o recorrente alegue adequadamente a contrariedade pelo acórdão recorrido de dispositivos da Constituição nele prequestionados – *e o juízo de mérito, que envolve a verificação da compatibilidade ou não entre a decisão recorrida e a Constituição, ainda que sob prisma diverso daquele em que se hajam baseado o Tribunal a quo e o recurso extraordinário....".*[204]

Não deixa de ser aplicação do direito já sumulado segundo o qual, conhecido o recurso, a Corte julgará a causa, alegado ou não o fundamento em que escorará o *decisum*.[205] Nesse caso, afastada qualquer outra restrição à possibilidade do julgamento, pode a Egrégia Corte desbordar dos lindes traçados na pretensão recorrente e entrar, sem limitação, até mesmo no direito infraconstitucional. Tal já ocorre nas questões de ordem pública. Daí a pertinente indagação:

"Conseguirá o Supremo Tribunal apreciar todos os recursos extraordinários de forma desprendida e flexível, examinando a Constituição como um todo, independentemente do preenchimento de requisitos como o prequestionamento?"[206]

Mais grave se torna o *munus* da Corte Maior na medida em que, no confronto entre princípios, constitucionais ou não, ora prevalecerá um, ora outro; não há hierarquia entre eles.[207] Mas a violação de qualquer deles, isoladamente tomado, gera inconstitucionalidade:

"Uma Constituição não é apenas a sua letra, o seu texto literal, mas também os princípios que a informaram e que, sob certa forma, permanecem no seu corpo. É inconstitucional a lei violadora da Constituição, quer ela disponha

---

[204] RE 298.694, rel. Min. Sepúlveda Pertence, DJ 23.04.2004 (ementa similar à do RE 298.695, rel. Min. Sepúlveda Pertence, DJ 01.08.2008, posto no ítem 6.2 retro, grifou-se).

[205] Verbete nº 456 da Súmula do STF: "O Supremo Tribunal Federal, conhecendo do recurso extraordinário, julgará a causa, aplicando o direito à espécie". Adiante item 12 – Recurso extraordinário e direito sumular.

[206] CÔRTES, Osmar Mendes Paixão. *O cabimento do recurso extraordinário pela alínea "a" do art. 102 da Constituição Federal e a "causa de pedir aberta"*. Aspectos polêmicos e atuais dos recursos cíveis e assuntos afins. Coordenação de Nelson Nery Jr. e Teresa Arruda Alvim Wambier. São Paulo: RT, 2007, p. 256.

[207] Princípio como "mandamento nuclear de um sistema", veja-se MELLO, Celso Antônio Bandeira de. *Curso de Direito Administrativo*. 14ª ed. São Paulo: Malheiros, 2002, p. 807. Para um breve exame das diferentes correntes acerca de princípios e regras e sua evolução no direito constitucional brasileiro, THEODORO, Marcelo Antonio. *A Constituição como um sistema de princípios e regras*. RDCI 65/ 179. Para um apanhado acerca de "os princípios constitucionaes, na opinião dos escriptores", veja-se LEME, Ernesto. *O artigo 63 da Constituição*. São Paulo: São Paulo Editora Ltda. 1926, p. 49.

contrariamente à letra, quer ela fira o espírito constitucional, presente nos princípios deduzíveis da expressão de seus dispositivos".[208]

Por isso mesmo, o princípio da *igualdade* há de merecer tratamento especial. É o que se passa a ver.

7.1.1.1. Contrariedade à Constituição e igualdade na Constituição

"Não foi por acaso ou arbitrariamente que o legislador constitucional iniciou com o direito à igualdade a enumeração dos direitos individuais. Dando-lhe o primeiro lugar na enumeração, quis significar expressamente, embora de maneira tácita, que o princípio de igualdade rege todos os direitos em seguida a ele enumerados".[209]

A despeito dessa destacada posição que sempre tomou em nossos Estatutos Fundamentais, o princípio da igualdade materializa nossa grande falácia. Embora assim, nossa Corte Maior, com inusitada insistência, vem adotando a corrente de pensamento jurídico-filosófico de Konrad Hesse, como se a Constituição tivesse vida própria:

"A constituição jurídica não significa simples pedaço de papel, tal como caracterizada por Lassalle. Ela não se afigura impotente para dominar, efetivamente, a distribuição de poder, tal como ensinado por Georg Jellinek e como, hodiernamente, divulgado por um naturalismo e sociologismo que se pretende cético. A constituição não está desvinculada da realidade concreta do seu tempo. Todavia, ela não está condicionada, simplesmente, por essa realidade".[210]

Não é assim.

Flagra-se aí mera tentativa de sobrepor o ideal, o imaginário, ao real. Não passa de mero *pedaço de papel* a preconizada "constituição jurídica" sustentada por Hesse e seus seguidores. Como quer Lassalle, toda Constituição resulta, sim, dos fatores reais de poder:

"Onde a constituição *escrita* não corresponder à *real*, irrompe inevitavelmente um conflito que é impossível evitar e no qual, mais dia menos dia, a constituição escrita, a *folha de papel*, sucumbirá necessariamente, perante a constituição real, a das verdadeiras forças vitais do país".[211]

Nossa primeira e mais durável Carta, por exemplo, prevista para resultar da Assembleia Constituinte então convocada e eleita para tal, foi *outorgada* por

---

[208] POLETTI, Ronaldo. *Controle da constitucionalidade das leis.* 2ª ed. Rio de Janeiro: Forense, 1995, p. 181.

[209] CAMPOS, Francisco. *Direito Constitucional.* 2º vol. Rio de Janeiro: Freitas Bastos, 1956, p. 12.

[210] HESSE, Konrad. *A força normativa da Constituição.* Porto Alegre: Sergio Antonio Fabris Editor. 1991, p. 25.

[211] LASSALE, Ferdinand. *A essência da Constituição.* Rio de Janeiro: Liber Juris, 1985, p. 41.

Pedro I. Contrariado pelo enfraquecimento de seus poderes em face do novel Texto Maior que se pretendia promulgar, ele próprio dissolveu a Assembleia e outorgou a Carta de 1824. Fruto dos referidos *fatores reais de poder*, como quer Lassalle, nosso primeiro golpe de estado entronizou, ao lado dos três Poderes do Império, um superpoder enfeixado pelo Imperador:

> "O Poder Moderador é a chave de toda a organização política, e é delegado privativamente ao Imperador, como Chefe Supremo da Nação, e seu Primeiro Representante, para que incessantemente vele sobre a manutenção da independência, equilíbrio e harmonia dos mais Poderes Políticos".[212]

Já então, tirante os sonhos despegados da realidade palpável – que colocam o desejável à frente do verdadeiro –, a fragilidade dos textos constitucionais era notória. Nada podiam contra os desígnios das forças dominantes:

> "Era uma Constituição liberal em matéria de direitos individuais, mas centralizadora e autoritária na soma dos poderes que concedia ao monarca constitucional".[213]

E isso ocorre hoje em dia, tanto nos regimes de exceção quanto no próprio Estado de Direito. Diz de si a desconcertante frequência com que as constituições mundo afora são desfiguradas:

> "Cerca de dois terços das 160 Constituições em vigor ou foram adotados ou foram revisados depois de 1970. Só 14 delas, ou seja, menos de 10%, são anteriores à Segunda Guerra Mundial. E mais da metade ou, precisamente, 53,5% dos Estados independentes tiveram mais de uma Constituição desde o conflito mundial de 1945".[214]

Desse descompasso entre a constituição real e a constituição de papel, veja-se o que afirmava eminente juiz de nosso Tribunal Maior acerca da maldenominada "Emenda" Constitucional nº 1 de 1969 – ela própria fruto dos fatores reais de poder –, no que se referia à liberdade de iniciativa (art. 160) e à iniciativa privada (art. 170):

> "Basta a leitura do texto para verificar a distância que vai entre a norma constitucional e a realidade. Enquanto aquela delineia um capitalismo liberal, digamos mesmo, clássico, digno dos liberais do século XIX, recusando a intervenção do Estado, que se fará, como diz o art. 163 (...), o que se vê, na realidade, é a intervenção do Estado em todas as áreas da economia nacional, monopolizando atividades, subsidiando empresas estatais na disputa

---

[212] Constituição Brasileira de 25 de março de 1824, art. 98.

[213] BONAVIDES, Paulo; ANDRADE, Paes. *História constitucional do Brasil*, 2ª ed. Brasília: Paz e Terra, 1990, p. 80.

[214] NOGUEIRA, Octaciano. *Constituições brasileiras: 1824*. Brasília: Senado Federal e Ministério de Ciência e Tecnologia, 2001, p. 13.

da concorrência com particulares (...) Há, pois, que optar entre o sistema do texto escrito e o regime da realidade. Mas, ao que parece, os mudancistas não pretendem nem um nem outro".[215]

Aquele juiz distinguia a norma constitucional expressa e a realidade – o papel e o real –, reflexo dos fatores reais de poder então vigentes que ignoravam a constituição escrita.[216]

A esse descaso com as constituições, no paroxismo da doença da ameaça externa, a mais poderosa democracia do mundo rasgou a veneranda Constituição dos Estados Unidos da América do Norte. Com motivação no terrorismo, simplesmente baniu o *habeas corpus* que ali fora incorporado pela histórica 4ª Emenda, autorizando, sem mandado judicial algum, busca e apreensão em residências. E o fez por simples lei, a que a opinião pública logo denominou "The Big Lie".[217]

Fatores reais de poder...

A recente crise econômica mundial confirma a mesma realidade. Deixando de lado velhos princípios liberais, grandes aglomerados buscaram socorro nos governos para elidir o estado falimentar a que a economia de mercado os levou. E a despeito da flagrante contrariedade às respectivas constituições de papel, receberam dos cofres públicos enormes quantias de dinheiro das quais, a título de "bônus", parcelas apreciáveis foram embolsadas pelos amigos do poder.

Fatores reais de poder...

Na promessa constitucional escrita de igualdade frente à realidade efetiva de nossos dias, tenham-se em conta, por exemplo, as denominadas cotas raciais. Leis várias, inclusive municipais, têm buscado implantar no sistema de ensino – e na de admissão de servidores no setor público também – políticas pró-ativas, ou ações afirmativas. Isso porque, o princípio da isonomia não comporta perspectiva unicamente *formal*; a igualdade há de ser *material*:

> "O princípio da igualdade jurisdicional, ou perante o juiz, apresenta-se, portanto, sob dois prismas: 1) como interdição ao juiz de fazer distinção entre situações iguais, ao aplicar a lei; 2) como interdição ao legislador de editar

---

[215] CORRÊA, Oscar Dias. *A crise da Constituição, a Constituinte e o Supremo Tribunal Federal*. São Paulo: RT, 1986, p. 18.

[216] E ainda assim, afirma-se que a "Constituição não está condicionada à realidade concreta de seu tempo", como quer Hesse.

[217] "This is the first regime in well over two hundred years to allow searches and seizures in people's homes without judicial warrant. New methods of broad electronic surveillance and trawling for information among ordinary American destroy the Fourth Amendment wich forbids not only 'unreasonable searches and seizures' but also requires a precise description of the 'place to be searched, and the person or things to be seized'. This presidency (*George Bush*) has even dared put an end to *habeas corpus* and authorize torture of anyone considered an enemy. If your aim is to throttle democracy, lies can work". GEORGE, Susan. *Hijacking America*. Malden: Polity Press, 2008, p. 4.

leis que possibilitem tratamento desigual a situações iguais ou tratamento igual a situações desiguais por parte da Justiça".[218]

Ora, "erradicar a pobreza e a marginalização, reduzindo-se as desigualdades sociais e regionais" são *objetivos fundamentais* da República Federativa do Brasil e princípios gerais da atividade econômica (Constituição, arts. 3°, inc. III, e 170, inc. VII). No exemplo em análise – e para se ficar apenas em um exemplo –, a exclusão do negro na sistemática marginalização econômica e cultural e no próprio gozo dos direitos e liberdades fundamentais viola seriamente, e desde sempre violou, o tão decantado princípio da *igualdade*:

> "O negro no Brasil, nas suas relações com a cultura e o tipo de sociedade que aqui vem se desenvolvendo, deve ser considerado principalmente sob o *critério* da história social e econômica. E da antropologia cultural. Daí ser impossível – insistamos nesse ponto – separá-lo da condição degradante de escravo, *dentro da qual abafaram-se nele muitas* das suas melhores tendências criadoras e normais, para acentuarem-se outras, artificiais e até mórbidas".[219]

Mais de trezentos anos se passaram e veio a abolição. Ao degredo social seguiu-se a marginalização econômica e cultural, ainda hoje prevalente. E a despeito de outro *objetivo fundamental* da República centrado numa sociedade *solidária* (Constituição, art. 3°, inc. I),[220] a obscena retórica da *proibição do excesso* e o mito hipócrita da democracia racial não explicam porque, nas universidades brasileiras, há apenas 2% de negros estudantes e 1% de docentes negros.[221]

Em decorrência do chamado *princípio da oportunidade equitativa*, sustenta-se estar o negro, *hoje*, em idêntica situação dos demais cidadãos.[222] E alega-se, as leis instituidoras das cotas raciais contrariam o princípio da *proporcionali-*

---

[218] SILVA, José Afonso da. *Curso de Direito Constitucional Positivo*. 19ª ed. São Paulo: Malheiros, 2001, p. 221.

[219] FREYRE, Gilberto. *Casa Grande & Senzala – A Formação da Família Brasileira sob o Regime de Economia Patriarcal*. 8ª ed. Rio de Janeiro: José Olympio, 1954 , volume II, p. 546.

[220] Veja-se TAKOI, Sérgio Massaru. *Breves comentários ao princípio constitucional de solidariedade*. RDCI, 66/293.

[221] Os índices internacionais de desenvolvimento humano (IDH) – longevidade, nível educacional e renda – colocam os brancos brasileiros em 44° lugar no concerto mundial, enquanto os negros ocupam a 105ª posição. Enquanto 10,5% dos brancos possuem diploma de curso superior, o índice entre os negros é de 2,5%, o mesmo da África do Sul, ao tempo do *apartheid,* e o dos Estados Unidos, durante a segregação explícita. No ano de 2000, enquanto 25% dos negros no Brasil eram analfabetos e somente 13,3% concluíam o ensino médio, o número de brancos que não sabiam ler caía para 10%, enquanto 22,7% deles terminavam o segundo grau.

[222] "A aplicação consistente do *princípio da oportunidade equitativa* exige que consideremos as pessoas independentemente das influências derivadas de sua posição social. Mas até que ponto devemos levar essa tendência? (...) O reconhecimento do *princípio da diferença* é o que redefine *os fundamentos para as desigualdades sociais,* da forma como são concebidas no *sistema de igualdade liberal.* E quando os *princípios da fraternidade e da reparação* recebem o seu *peso adequado,* a distribuição natural de dotes e as contingências das circunstâncias sociais podem ser mais facilmente aceitas." (JOHN RAWLS. *Uma Teoria da Justiça*. São Paulo: Martins Fontes, 1997, p. 568).

dade, ou do *devido processo legal em sentido substantivo*, ou da *proibição do excesso*. Seriam normas inadequadas, desnecessárias e desproporcionais.

Argumentos de tal ordem, certamente, são escorados na doutrina alienígena mais autorizada e em correntes jusfilosóficas estranhas à realidade social brasileira.[223]

Vem de longe esse "direito":

"Negros e brancos estavam separados no uso de escolas, igrejas, cemitérios, bebedouros, restaurantes e todos os lugares de acomodação e diversão públicas. Um estado decretou uma lei que providenciava do separado armazenamento dos livros utilizados por crianças brancas e negras. Outro requereu à companhia telefônica o fornecimento de cabines telefônicas separadas para os usuários brancos e negros".[224]

Veja-se o conteúdo do ensino, nitidamente eurocêntrico, reflexo do "branqueamento" da população levado a efeito entre 1880 e 1910.[225] Em apenas 30 anos, quatro milhões de brancos para cá foram trazidos, o mesmo número de negros aqui aportados ao longo de mais 300 anos do repugnante comércio. O branco recebeu terras e outros bens; ao negro foi concedida errática "liberdade". Mas isso não deve ser noticiado ao mundo, dizem os mesmos que fazem o "direito" que ora preconiza as ações afirmativas, por "convenientes", ora as repele, por inconstitucionais.[226]

Por tudo, a *competência* para legislar, a *igualdade* a buscar e a *proporcionalidade* a atingir são os fundamentos pelos quais as leis de cotas não afrontam a dignidade da Constituição. Desafiam, porém, os vigentes fatores reais de poder que se podem sobrepor ou que podem desconhecer impunemente a Constituição:

---

[223] Embebido dessas, nosso sistema jurídico ainda está, nas palavras de Vilian Bollmann, "fechado num universo formal e abstrato, sem nenhuma pesquisa de campo ou contato com a realidade prática". E assevera o jusfilósofo: "O sistema fechado também produz o sentimento, sem paralelo em outros países, de que a boa petição, a boa sentença ou boa manifestação é aquela que, declamando teses doutrinárias de além-mar, se espraia por dezenas de páginas (...) Buscar caminho diverso dentro da cultura jurídica atual é arriscar-se a, no mínimo, ter sua razão ou decisão considerada nula e, no limite, ter contra si a pecha de falta de conhecimento, com as conseqüências próprias de um etiquetamento social, no sentido dado pela criminologia".(RePro, 167/159).

[224] FRANKLIN, John Hope. *Raça e História*. Rio de Janeiro: Rocco, 1999, p. 175.

[225] A História excluiu o negro dos grandes acontecimentos da humanidade. Dizem os manuais, foi Colombo quem "descobriu" a América. Não foi. Provas do carbono 14 demonstram, navegadores de Mali vieram para cá muito antes. Navegavam na Corrente África Ocidental-Mar das Antilhas, entre junho e novembro, e na Corrente África Ocidental-Brasil e Guianas, de novembro a maio, que empurram para a América tudo que se jogue n'água e flutue. SERTIMA, Ivan van. *They came before Columbus*. New York: Randon House, 1976, págs. 144, 159 e 255 (esculturas negróides *pré-cristãs*, p. 138). CORNELL, Jimmy. *World Cruising routes*. Maine: International Marine. 4ª ed., págs. 82 e segs.

[226] TUSHNET. Mark. *A Court divided*. New York – London: W. W. Norton & Company, 2005, cap. 9 (*Race, Affirmative Action, and Crime*, p. 223.)

"Ou bem a Constituição submete a todos os governantes, membros do Poder do Estado, tal como o faz com os governados num Estado Constitucional, no qual o Direito prevalece, ou bem há parcelas ou manifestações do poder estatal que se podem sobrepor ou que podem desconhecer impunemente a Constituição. Esta é a situação que lesa o primeiro de todos os direitos no Estado Constitucional: o direito à constitucionalidade de todos os comportamentos, máxime os do Poder Público".[227]

A igualdade ainda não passa de mero pedaço de papel.

7.1.2. Declaração de inconstitucionalidade[228]

A regra da alínea *b* é a mais objetiva dentre todas as hipóteses do recurso extraordinário. É de conferência imediata.[229]

Reflexo do controle incidental de constitucionalidade, qualquer decisão que declare a invalidade de tratado ou lei federal, ao fim e ao cabo, há de chegar ao Supremo Tribunal Federal. Provenha do juízo que provier, ao menos em tese, bastará a declaração e o extraordinário será conhecido. Claro está que se lhe exigirá o atendimento dos demais requisitos recursais gerais, bem ainda o especial pressuposto da repercussão geral. Mas para o inicial exame do recurso, basta que a decisão fustigada declare.[230]

A declaração recorrida há de ser *incidenter tantum*: o único juízo competente para declarar, finalisticamente, a inconstitucionalidade de lei federal ou de tratado é o Supremo Tribunal Federal. Os demais só o fazem como fundamento do *decisum*; jamais como objeto do decreto sentencial. Embora com outra roupagem, a lição é mais que centenária:

> "Uma coisa é declarar a nullidade. Outra, annullar. Em taes casos, declarar a nullidade, isso fazem os tribunaes, legitimamente, a respeito de leis ordinárias, quando inconciliáveis com a lei fundamental. Declarar nulla uma lei é simplesmente consignar a sua incompossibilidade com a Constituição, lei primaria e suprema. Há de fazer, porém, na exposição das razões do julgado, como consideração fundamental da sentença, e não, em hypothese nenhuma, como conclusão da sentença e objecto do julgado".[231]

---

[227] ROCHA, Carmem Lúcia Antunes. *O princípio da coisa julgada e o vício de inconstitucionalidade*. Constituição e segurança jurídica. Carmem Lúcia Antunes Rocha (coord). Belo Horizonte: Forum, 2004, p. 171.

[228] Constituição, art. 102, inc.III, alínea *b*: "declarar a inconstitucionalidade de tratado ou lei federal."

[229] MIRANDA, Pontes de. *Comentários à Constituição de 1967 com a Emenda Constitucional nº 1*. Tomo IV. São Paulo: RT, 1974, p. 86.

[230] *Aliter*, Pontes de Miranda, para quem a inconstitucionalidade não se declara; *decreta-se* (ob. cit., p. 44). Contraditoriamente, porém, a "decretatividade" não faz parte da classificação quinária dos atos sentenciais de constante quinze, de autoria do imortal jurista.

[231] BARBOSA, Ruy. *Comentarios á Constituição Federal Brasileira*. Volume 4. São Paulo: Saraiva, 1933, p. 373.

Como objeto de ação própria, os tribunais de justiça podem declarar a inconstitucionalidade de leis locais frente à Constituição Estadual (Constituição, art. 125, § 2°). Mas a restrição é nítida: esses tribunais só podem "consignar a incompatibilidade entre Constituição e lei" – isto é, declarar a nulidade desta –, se ambas apresentarem natureza local. Quanto à lei federal ou tratado, só o STF pode fazê-lo:

> "Assim, foi assegurada a representação de inconstitucionalidade de leis ou atos normativos estaduais e municipais em face da constituição estadual, com a única ressalva de que a propositura da ação não poderia ser confiada a um único órgão ou entidade".[232]

Se oriunda de tribunal a declaração (incidental) de inconstitucionalidade,[233] tal pronunciamento há de ser do plenário ou do órgão especial (Constituição, art. 93, inc. XI). É a regra do *full bench* (Carta da República, art. 97). Todavia, pode que o incidente haja ocorrido em órgão fracionário. Recebido neste, porém, e atendido o comando legal, subirão os autos, necessariamente, ao plenário do respectivo tribunal, ou ao órgão especial, que deliberará (CPC, arts. 480 a 482).[234] Acolhida a arguição, dois acórdãos irão ao Supremo Tribunal Federal, a saber, o do órgão fracionário que julgou a causa e o do pleno ou órgão especial que decidiu pela inconstitucionalidade:

> "A decisão que enseja a interposição de recurso ordinário ou extraordinário não é a do plenário que resolve o incidente de inconstitucionalidade, mas a do órgão (câmaras, grupos ou turmas) que completa o julgamento do feito".[235]

Se já houver pronunciamento anterior do pleno ou do órgão especial acerca da matéria questionada no colegiado fracionário, este não encaminhará a arguição a qualquer daqueles (CPC, art. 481, parágrafo único). Todavia, não se dispensa, nesse caso, o envio ao STF de dois acórdãos, a saber, o do precedente estabelecido no tribunal local e o do julgamento do órgão fracionário:

> "A exigência justifica-se porque a hipótese é de uma só manifestação de dois órgãos jurisdicionais diversos e porque a fundamentação quanto à in-

---

[232] GIUSTINA, Vasco Della. *Leis municipais e seu controle constitucional pelo Tribunal de Justiça*. Porto Alegre: Livraria do Advogado, 2001, p. 66. Acerca da autonomia dos parâmetros do controle de constitucionalidade, RE 171.343, rel. Min. Moreira Alves, DJ 04.06.1999.

[233] Pode sê-lo de juízo singular também (item 4.2.1 – Julgamento em única ou última instância).

[234] "Súmula vinculante", verbete 10: "Viola a cláusula de reserva de plenário (CF, artigo 97) a decisão de órgão fracionário de Tribunal que, embora não declare expressamente a inconstitucionalidade de lei ou ato normativo do poder público, afasta sua incidência, no todo ou em parte." (RE 482.090, rel. Min. Joaquim Barbosa, DJ 12.03.2009. Outros precedentes: RE 240.096, DJ 21.05.1999; RE 544.246, DJ 08.06.2007; RE 319.181, DJ 28.06.2002; AI 472.897, DJ 26.10.2007). Adiante item 12 – Recurso extraordinário e direito sumular.

[235] Súmula da Jurisprudência do Supremo Tribunal Federal, verbete 513. V. item 12 – Recurso extraordinário e direito sumular.

constitucionalidade da lei ou do tratado federal está no acórdão proferido por força da incidência do art. 97 da Constituição Federal, e não do que julga o recurso, observando-o".[236]

Mas se o precedente for do próprio Supremo Tribunal Federal, bastará a indicação do repositório onde se encontra.

7.1.2.1. Lei federal de efeitos locais

Questão não bem resolvida em sede doutrinária está em saber-se a amplitude do que o constituinte quis dizer com a expressão "lei federal". Há quem estenda a compreensão do dispositivo de maneira alargada:

"Antes de quaisquer outros comentários, frisemos que a expressão 'lei federal' empregada pelo art. 119, III, se refere a qualquer regra jurídica federal (*lex, regula iuris*). Assim, a emenda constitucional é lei, a lei é lei, lei complementar é lei, lei delegada é lei, decreto-lei é lei, decreto legislativo é lei, resolução é lei, decreto é lei, aviso é lei e a própria portaria é lei".[237]

Por outro lado, a despeito de tratar de recurso especial, há entendimento predominante, restritivo, a admitir a interponibilidade do recurso referente à lei federal somente se esta ostentar abrangência *federal*:

"Nesse sentido, fala-se em 'leis federais de função local', para excluí-las da incidência do controle através de recurso especial: são federais apenas pela *origem*, pela ubicação *federal* do Parlamento de onde provieram; não assim em sua essência, porque não tratam de *assunto federal*. Nesse sentido as opiniões de Pedro Batista Martins, Pedro Lessa e José Afonso da Silva. *Aliter*: Pontes de Miranda, Castro Nunes".[238]

Adotando expressamente as opiniões de Martins, Lessa e Silva, afirma o mesmo ilustrado autor:

"Seria equivocado admitir que a lei emanada da União, que, v. g., organiza o serviço judiciário do Amapá, é *lei federal*, apenas por causa daquela origem, para o efeito de desafiar recurso especial quando fosse contrariada".[239]

Ficamos com a minoria.

---

[236] BUENO, Cassio Scapinella. *Curso sistematizado de direito processual civil*. Vol. 5. São Paulo: Saraiva, 2008, p. 255.

[237] MIRANDA, Pontes de. *Comentários ao Código de Processo Civil*. Tomo IV. 3ª ed. Rio de Janeiro: Forense, 1997, p. 111.

[238] MANCUSO, Rodolfo de Camargo. *Recurso extraordinário e recurso especial*. 10ª ed. São Paulo: RT, 2007, p. 274.

[239] MANCUSO, Rodolfo de Camargo. Ob. cit., p. 275.

Em primeiro lugar, quisesse o constituinte restringir a abrangência da expressão "lei federal", telo-ia feito expressamente; excluiria da apreciabilidade, em sede de recurso extraordinário, a "lei federal de efeitos locais". De outra banda, se não submetida lei federal dessa espécie ao crivo da Corte Maior, em sede de recurso extremo, ela ficaria também imune ao controle concentrado da ação declaratória de constitucionalidade (segunda parte da alínea *a* do inc. I do art. 102 da Constituição). Nesse caso, se se a repelisse na ADC por ser 'lei estadual', ter-se-ia de concebê-la também assim na denominada representação de inconstitucionalidade em face da Lei Orgânica do Distrito Federal, que Constituição local também é (Constituição, art. 125, § 2°):

> "Quanto ao conteúdo da *lei orgânica do Distrito Federal*, a competência do Poder Legislativo central tem de conter-se nos mesmos limites que se impõem aos legisladores constituintes estaduais".[240]

Resultaria, pois, em sede de controle concentrado, tribunal estadual – ou, no exemplo dado, o Tribunal de Justiça do Distrito Federal e Territórios – decidindo da constitucionalidade de lei emanada do parlamento federal. Mas isso não só não tem previsão constitucional como ainda bateria de frente com a própria "representação de inconstitucionalidade de leis ou atos normativos estaduais ou municipais em face da Constituição do Estado". A absurda emenda sairia pior do que o soneto.

Ora, não é porque a legislação do Distrito Federal é híbrida (federal e distrital) que se o haverá como ente inferior aos Estados-Membros. O Distrito Federal não é senão um especialíssimo Estado-Membro da República Federativa do Brasil. Nele há senadores, deputados e governador cujas eleições e mandatos coincidem com os mandatos e as eleições *estaduais*. Não há vereadores. A diferença de vulto entre o DF e os Estados está na impossibilidade de desmembramento, subdivisão ou incorporação, permitidas a estes, mas aos Municípios também.

Se a atividade legislativa do Distrito Federal é dividida com o Senado Federal, por um lado, por outro ela compreende *todas* as competências municipais. E ainda divide com a União e os Estados a competência *concorrente* para legislar, vedada essa aos Municípios (Constituição arts. 18, § 3°; 22, inc. XVII; 24; 29, 32 e seus parágrafos; e 34).

Se a lei federal de efeitos "locais", por esse só motivo, escapasse ao RE pela alínea *b* e ao controle da ADC, subverter-se-ia a hierarquia das normas jurídicas: sobre *atos* normativos "propriamente" federais haveria controle de ADC e de RE pela referida alínea; sobre ditas leis, não. Nem no plano judiciário local. Mais

---

[240] MIRANDA, Pontes de, Francisco Cavalcante. *Comentários à Constituição de 1967 com a Emenda Constitucional n° 1*, tomo II. 2ª ed., 2ª tiragem. São Paulo: RT, 1973, p. 358. Época em que a autonomia do Distrito Federal nem de longe se comparava à atual (confrontem-se os arts. 17 da Constituição anterior e o art. 32 da Constituição vigente). Ver Lei 11.697, de 13 de junho de 2008, art. 8°, inc. I, alínea *n*: ação de inconstitucionalidade só pode ser movida em face de Constituição...

ainda, a lei em referência restaria incólume ao confronto entre ela própria e lei oriunda da Assembleia Distrital, que lei *local* é.

Destarte, por não ser nem local nem federal propriamente dita, a ela não se aplicaria a novel alínea *d* trazida à competência do Supremo Tribunal Federal pela Emenda 45/2004. Seria a *única* lei imune à recorribilidade extraordinária, a despeito de sua rebeldia em face da Lei Maior:

> "A inconstitucionalidade é a situação de desconformidade da norma legal em face da norma constitucional, ou seja, a rebeldia da norma inferior (lei) ante a obrigatoriedade máxima da norma superior (Constituição)".[241]

Com todas as vênias, seja de que natureza for, seja a amplitude de eficácia que tiver, *toda* lei federal é subsumível ao recurso extraordinário pela referida hipótese; pelo menos *deveria* ser. Assim também, em qualquer dos controles *concentrados* de constitucionalidade perante o Tribunal Maior.

É velho o aforismo: onde o legislador não distinguiu, não cabe ao intérprete fazê-lo.

7.1.2.2. Declaração de inconvencionalidade

Já no que concerne aos tratados, a *Constituição da Republica dos Estados Unidos do Brazil*, de 24 de fevereiro de 1891, certamente inspirada na Convenção de Viena de duas décadas antes, embutira pela primeira vez, no recurso extraordinário então criado, o questionamento acerca da validade e aplicação dos tratados (retro, item 2 – Feição histórica).[242]

Hoje, mais que antes, exacerba-se a eficácia dos negócios jurídicos de direito das gentes. Os tratados já não são simples "leis", como deles se dizia sob a égide da Constituição de 1967:

> "Os tratados, vistos pelo Poder Judiciário, são leis. Neles, pode haver texto de que resulte direito subjetivo: neles, portanto, se podem fundar ações. Também ao tratado, como a qualquer lei, se exige ser constitucional. Mais do que ele, é a emenda constitucional, ou a lei complementar, e ninguém lhes abre a exceção de poderem ser elaboradas ou simplesmente serem admitidas contra a Constituição vigente. A cláusula que infringe a Constituição é nula".[243]

---

[241] CONTI, Giovanni. *Requisitos da tutela cautelar constitucional*. Porto Alegre: Norton, 2004, p. 34.

[242] Art. 59, § 1°: "Das sentenças das justiças dos Estados em ultima instancia haverá recurso para o Supremo Tribunal Federal: a) quando se questionar sobre a validade ou a applicação de tratados e leis federaes, e a decisão do tribunal do Estado fôr contra ella".

[243] MIRANDA, Pontes de. *Comentários à Constituição de 1967 com a Emenda Constitucional* n° 1, tomo IV. São Paulo: RT, 1974, p. 146.

Os tempos mudaram; vieram a globalização e a internet. O conhecimento tomou rumos nunca dantes imaginados. A ciência já teletransporta informações entre átomos distantes um do outro. As nações se comunicam como jamais fizeram.[244] Se as armas de guerra evoluem, os direitos humanos se fortalecem. Surgem os direitos de quarta geração. O que era regra voluptuária no final do século XIX, enche-se de eficácia no século presente. O Direito dos Tratados deixou de ser letra morta.[245] A sociedade internacional tornou-se *sociedade disciplinar*, notadamente no direito internacional penal:

> "Como se sabe, Foucault estendeu esta apreciação da evolução do direito penal e do funcionamento das 'instituições disciplinares' à sociedade contemporânea como um todo, qualificada de sociedade disciplinar ou da norma. Recorrendo a esta conceituação, poderíamos dizer que a sociedade internacional caminha para ser ela também uma sociedade disciplinar, onde a verificação e o controle (*monitoring*) são seus mecanismos principais".[246]

Em face de todo esse arsenal jurídico-internacional de controle, a conquistar foros de supraconstitucionalidade patente, restam ainda indagações acerca da hierarquia normativa dos tratados sobre direitos fundamentais anteriores e mesmo posteriores à Emenda Constitucional nº 45 à Carta vigente. O certo é que já não se os pode subentender na expressão "lei federal", como de quando em quando ainda se faz:

> "A menção a tratado é redundante, na medida em que sua incorporação ao sistema jurídico nacional, do ponto de vista interno, implica conferir-lhe força e regime jurídico de lei em sentido amplo. Assim, bastaria que houvesse referência a contrariedade ou negativa de vigência a lei federal".[247]

O quadro mudou: preservada a natureza afirmada – negócio jurídico de direito das gentes –, os tratados ganharam roupagem constitucional sempre que,

---

[244] "Durante o Império o Brasil negociou e concluiu 183 Tratados, na Primeira República, 200 Tratados, no primeiro mandato do presidente Fernando Henrique Cardoso foram celebrados 392 atos bilaterais e 143 multilaterais, nos governos do presidente Lula esta tendência tem seguido o mesmo ritmo, de forma até mais intensa". AGUADO, Juventino de Castro. *Os tratados internacionais e o processo jurídico-constitucional*, RDCI 65/327.

[245] Convenção de Viena sobre o direito dos tratados que entrou em vigor em 27 de janeiro de 1980 – Art. 26: "*Pacta sunt servanda* – Todo tratado em vigor obriga as partes e deve ser cumprido por elas de boa fé". Art. 27: "Direito Interno e Observância de Tratados – Uma parte não pode invocar as disposições de seu direito interno para justificar o inadimplemento de um tratado. Esta regra não prejudica o artigo 46". Art.46: "Disposições do Direito Interno sobre Competência para Concluir Tratados. Um Estado não pode invocar o fato de que seu consentimento em obrigar-se por um tratado foi expresso em violação de uma disposição de seu direito interno sobre competência para concluir tratados, a não ser que essa violação fosse manifesta e dissesse respeito a uma norma de seu direito interno de importância fundamental. 2. Uma violação é manifesta se for objetivamente evidente para qualquer Estado que proceda, na matéria, de conformidade com a prática normal e de boa fé."

[246] LAMAZIÈRE, Georges. *Ordem, hegemonia e transgressão. A resolução 687 do Conselho de Segurança da Nações Unidas*. Brasília: Instituto Rio Branco, 1998, p. 72.

[247] PINTO, Nelson Luiz. *Manual dos Recursos Cíveis*. 3ª ed. São Paulo: Malheiros. 2003, p. 195.

versando sobre direitos humanos, forem aprovados por maioria de três quintos dos membros de cada uma das casas do Congresso Nacional, em votação em dois turnos em cada uma delas:

> "Independentemente de qualquer outra discussão sobre o tema, afigura-se inequívoco que o Tratado de Direitos Humanos que vier a ser submetido a esse procedimento especial de aprovação configurará, para todos os efeitos, parâmetro de controle de normas infraconstitucionais".[248]

Assim, esses direitos sem fronteiras assumiram hierarquia equivalente a emenda constitucional (§ 3º do art. 5º da Constituição, introduzido pela Emenda 45/2004). Mas não são emendas:

> "Aprovado o tratado, ou a convenção sobre direitos humanos, na forma do § 3º do art. 5º, eles não se tornam emendas constitucionais. Ficam, porém, no mesmo plano delas: 'serão equivalentes às emendas constitucionais', diz o texto, determinando, então, que tenham, para todos os fins, a natureza de emenda constitucional".[249]

Desde 1988, tais direitos já configuravam princípio fundamental (Constituição, art. 4º, inc. II). Colocavam-se em pé de igualdade com os prometidos direitos individuais e coletivos (art. 5º, § 2º). Os tratados que os contivessem haveriam de se incorporar ao Texto Maior, ganhando, pois, galas de matéria constitucional:

> "A paridade hierárquico-normativa, ou seja, o valor legislativo ordinário das convenções internacionais deve rejeitar-se pelo menos nos casos de convenções de conteúdo materialmente constitucional".[250]

Por serem normas internacionais constitucionalizadas, o mais ousado entendimento os tem por supraconstitucionais:

> "Admitir que um compromisso internacional perca vigência em virtude da edição de lei posterior que com ele conflite é permitir que um tratado possa, unilateralmente, ser revogado por um dos Estados-partes, o que não é permitido e tampouco compreensível".[251]

Superado o entendimento segundo o qual os tratados materializariam normas com idêntica hierarquia das leis, atualmente, por escassa e instável maioria – e a demonstrar a complexidade do tema –, vige no Supremo Tribunal Federal posicionamento segundo o qual os tratados e convenções internacionais sobre

---

[248] MENDES, Gilmar Ferreira. *Jurisdição constitucional*. 5ª ed., São Paulo: Saraiva, 2005, p. 239.

[249] BERMUDES, Sergio. *A reforma do Judiciário pela Emenda Constitucional nº 45*. Rio de Janeiro: Forense, 2005, p. 13.

[250] CANOTILHO, José Joaquim Gomes. *Direito constitucional*. 5ª ed., Coimbra: Almedina, 1992, p. 921.

[251] MAZZUOLI, Valerio de Oliveira. *Direito internacional público*. 4ª ed. São Paulo: RT, 2008, p. 83.

direitos humanos não deteem *status* constitucional, mas configuram *supralegalidade*.[252]

O posicionamento de logo ressoou na jurisdição infraconstitucional do Superior Tribunal de Justiça:

> *"Habeas Corpus.* Depositário infiel. Prisão civil. Impossibilidade. Entendimento do STF. Status de norma supralegal. Pacto de San Jose da Costa Rica. Modificação do entendimento do STJ. Tendo em conta a adoção pelo STF do entendimento de que os tratados e convenções internacionais sobre direitos humanos, aos quais o Brasil aderiu, gozam *status* de norma supralegal, deve ser revisto o posicionamento adotado pelo STJ a fim de impossibilitar a prisão civil do depositário infiel. Ordem concedida".[253]

Por tal razão, os tratados comportam o denominado controle de convencionalidade de toda e qualquer norma infraconstitucional que se lhes antepuser, restringido, é de ver, ao controle difuso, isto é, *incidenter tantum*, onde se encontra o recurso extraordinário:

> "A compatibilidade do Direito doméstico com os tratados internacionais em vigor no país faz-se por meio do controle de *convencionalidade*, que é complementar e coadjuvante do conhecido controle de constitucionalidade. O controle de convencionalidade tem por finalidade compatibilizar verticalmente as normas domésticas (as espécies de leis, *lato sensu*, vigentes do país) com os tratados internacionais ratificados pelo Estado e em vigor no território nacional".[254]

Todavia, sempre que aprovados segundo as exigências de *quorum* qualificado e repetição de turnos (§ 3º do art. 5º da CF, ali posto pela EC/45), se lhes reconhece plena *força constitucional*. Tal fato rende ensejo ao controle concentrado de constitucionalidade, ensejando as ações direta de inconstitucionalidade e declaratória de constitucionalidade de leis e atos que os afrontarem. E no julgamento *incidenter tantum*, por óbvio também o recurso extraordinário.

Finalmente, registre-se que há verdadeira *supraconstitucionalidade* em relação aos pronunciamentos decisórios oriundos de tribunais internacionais cujas sentenças, para efeitos de homologação (Constituição, art. 105, inc. I, alínea *i*),

---

[252] Pela *supralegalidade* dos tratados sobre direitos humanos: ministros Marco Aurélio, Gilmar Mendes, Ricardo Lewandowski, Cármen Lúcia e Menezes Direito. Pelo *status constitucional*: ministros Celso de Mello, Cezar Peluso, Eros Grau e Ellen Gracie (RE 349.703, RE 466.343 e HC 87.585). Por isso, em decorrência do Pacto de San Jose da Costa Rica, foi revogado o verbete nº 619 da Súmula do STF ("a prisão do depositário judicial pode ser decretada no próprio processo em que se constituir o encargo, independentemente de propositura de ação de depósito"). Ausentes os ministros Carlos Brito e Joaquim Barbosa, o *quorum* não estava completo.

[253] HC 110.344, rel. Min. Nancy Andrighi, DJ 03.02.2009.

[254] MAZZUOLI, Valerio de Oliveira. *Rumo às novas relações entre o direito internacional dos direitos humanos e o direito interno*. Porto Alegre: URGS, 2008, p. 226.

não são "estrangeiras". Elas são "internacionais", como as oriundas da Corte Interamericana de Direitos Humanos à qual o Brasil aderiu:

> "Há, pois, nítida distinção entre as sentenças *estrangeiras* (afetas à soberania de determinado Estado) às quais o art. 483 do CPC faz referência, e as sentenças *internacionais*, proferidas por tribunais internacionais que não se vinculam à soberania de nenhum Estado, tendo, pelo contrário, jurisdição sobre o próprio Estado".[255]

Materializa-se, enfim, o que já na primeira metade do século passado previra o visionário Herbert Marshall McLuhan, em sua "aldeia global".[256]

7.1.3. Contrariedade indireta à Constituição[257]

Da terceira alínea, o constituinte originário retirou a expressão "ou de lei federal". Como referido, o litígio entre lei ou ato de governo local e lei federal passara à competência do STJ (Constituição, art. 105, inc. III, alínea *b*). Mas parte desta seria devolvida ao STF no bojo da tantas vezes referida Emenda 45/2004. É o que consta da nova alínea *d* adiante examinada ("julgar válida lei local contestada em face de lei federal").

No caso presente, tem-se o alegado choque entre a pretensão recursal e o *decisum* que entendeu a lei ou o ato de governo local amoldado à Constituição. Em outras palavras, o extraordinário busca firmar que a lei ou o ato de governo local é inconstitucional.

Salta aos olhos a imprecisão do vocábulo "governo"; não é feliz.[258] Mas se o há de interpretar da forma mais abrangente a fim de não deixar de fora do enfrentamento constitucional ato de autoridade pública qualquer. Assim, todo ato administrativo acionável em juízo por qualquer meio judicial reveste a possibilidade de ser atacado na via extraordinária, sempre que impugnado em face da Constituição, ou seja, sempre que julgado *válido* em face desta, e o recurso

---

[255] MAZZUOLI, Valerio de Oliveira. *Direito internacional público*, 4ª ed. São Paulo: RT, 2008, p. 115.

[256] MCLUHAN, Herbert Marshall. *O meio é a mensagem*. Rio de Janeiro: Record, 1969.

[257] Constituição, art. 102, inc.III, alínea *c*: "julgar válida lei ou ato de governo local contestado em face desta Constituição."

[258] "A expressão 'governo' não é feliz. Havemos de entender: podêres locais. O ato pode ser do Poder Judiciário, ou do Poder Legislativo, ou do Poder Executivo, ou de algum órgão de cooperação nas atividades governamentais". E trazia o grande jurista passagem do aresto do RE 2.880, de 30.10.1936, que assim assentou: "O dispositivo constitucional alude a lei ou ato dos *governos* locais, e, na hipótese, o ato é do Procurador-Geral do Estado. Esse alto funcionário, porém, procedeu como órgão da ação governamental, removendo funcionário do Ministério Público. Se a palavra *governo* fosse entendida restritivamente, para abranger sómente o chefe do Poder Executivo e os Secretários de Estado, a Constituição seria burlada, pois as leis locais poderiam transferir para os chefes de serviço e de repartições a execução de certos atos, que, assim, escapariam ao exame da Côrte Suprema, embora ofensivos da Constituição ou de leis federais". E arrematava Pontes: "O que exerce poder público, por isso mesmo que o exerce, é govêrno local". MIRANDA, Pontes de. *Comentários à Constituição de 1967 com a Emenda Constitucional nº 1*. Tomo IV. São Paulo: RT, 1974, p. 156.

sustentar sua inconstitucionalidade. O juízo *a quo* terá entendido o ato em conformidade com a Constituição; o recorrente sustentará que não.

Também aqui, caberia a controvérsia referida no item 7.1.2.1 retro acerca do significado da expressão "lei federal". Ali visto, muitos a entendem excluída do extraordinário pela letra *b*, quando restringir-se a efeitos locais, como as leis distritais oriundas do Senado Federal.

Fosse assim, ter-se-ia de admitir que o choque entre lei federal de efeitos locais e a Constituição seria fundamento para o extraordinário pela alínea *c*, ora em exame. De qualquer sorte, não ficaria esta especialíssima lei fora do controle da Suprema Corte. Em outras palavras, se lei federal de efeitos locais não coubesse ali – por se a considerar "lei local" –, necessariamente se a admitiria no presente contexto.

Pela letra *c*, busca-se a declaração de inconstitucionalidade da lei em questão, a saber, a decretação de *invalidade*. Lá, onde a lei fora julgada inconstitucional, a *validade*. Repita-se, porém: onde o legislador não distinguiu, não cabe ao intérprete fazê-lo.

7.1.4. Lei federal versus lei local[259]

O acréscimo da quarta alínea veio com a Emenda Constitucional n° 45/2004. Esta o retirou da competência do Superior Tribunal de Justiça, onde a Constituição de 1988 o fixara, e o devolveu – parcialmente embora – à Suprema Corte, nos mesmos moldes em que ali o haviam posto as Constituições anteriores. Preservou-se, assim, para o Tribunal *Superior*, o choque entre alguns *atos* de governo, de um lado, e, de outro, certas *leis* (Constituição, art. 105, inc. III alínea *b*); para o Tribunal *Supremo*, o confronto entre leis, somente *leis* (Constituição, art. 102, inc. III, alínea *d*).

Não se desconhece que a alteração competencial se deu em virtude de que o dissídio entre lei federal e leis locais é de natureza constitucional; tem a ver com a hierarquia das normas jurídicas e da competência para formulá-las. Dessa forma, deixaria de ser matéria de interesse infraconstitucional, jungida ao STJ, passando à esfera do STF:

> "A mudança operada é correta. De fato, não há hierarquia entre lei local e lei estadual. O conflito que porventura houver entre elas dirá respeito tão somente à competência legislativa, que é determinada por normas constitucionais (arts. 22 e 24). No bojo da discussão sobre a aplicação de lei local em detrimento da lei federal, há sempre a questão constitucional da competência legislativa".[260]

---

[259] Constituição, art. 102, inc. III, alínea *d*: "julgar válida lei local contestada em face de lei federal."

[260] DIDIER JR., Fredie. *Transformações do recurso extraordinário*. Aspectos polêmicos e atuais dos recursos cíveis e assuntos afins. Coord. Nelson Nery Jr. e Teresa Arruda Alvim Wambier. São Paulo: RT, 2006. p. 118.

À exceção da afirmativa de que "não há hierarquia entre lei local e lei estadual", a lição é precisa. Em verdade, o ilustre autor quis dizer que não há hierarquia entre lei local e lei *federal* ("lei local" compreende leis *estaduais* e leis *municipais*). Entretanto, se é correto dizer-se que esses confrontos entre leis originadas de pessoas jurídicas de direito público de natureza política e existência necessária resolvem-se no plano constitucional, o mesmo ocorre entre *atos* de governo local e lei federal. Também aqui, é de confronto *constitucional* que se trata; o atrito é da mesma índole. Não que tenha andado mal o legislador constituinte fazedor da Emenda; ao contrário. E a doutrina é uníssona:

"Não há dúvida que a introdução do tipo no rol do art. 102, III, da CF/1988 representa auspiciosa evolução".[261]

Mas o argumento de que assim se dispôs em virtude da natureza constitucional do dissídio entre lei federal e lei local se amolda também ao atrito entre lei federal e *ato* de governo local que o constituinte preservou no Superior Tribunal de Justiça (Constituição, art. 105, inc. III alínea *b*). No confronto, a lei federal, por exemplo, *pode* ser inconstitucional, e o ato de governo local *pode* não ser:

"Ora, as questões de validade de lei ou de ato normativo de governo local em face da lei federal não são questões de natureza legal, mas, sim, constitucional, pois se resolvem pelo exame da existência, ou não, de invasão de competência da União, ou, se for o caso, do Estado".[262]

Por tudo isso, o pretexto não convence.

Enquanto as hipóteses precedentes do recurso extraordinário envolvem diretamente a Constituição e sua supremacia absoluta, a quarta delas não o faz. Ao passo que aquelas denunciam a imediata afronta ao Texto Maior, aqui se trata de confronto entre normas infraconstitucionais de *igual hierarquia*. A questão é de *competência* constitucionalmente distribuída; inexiste vínculo de principalidade entre leis federais, distritais, estaduais ou municipais. Tal qual – à exceção do da tantas vezes referida *supremacia* da Constituição –, não há precedência entre princípios:

"As regras, quando entram em atrito, nas decisões, ocasionam a formulação de juízos de validade, uma vez que uma delas é excluída do sistema e tida como inválida. Os princípios, se conflitarem, não se excluem, mas somente um deles é afastado do caso concreto, por não se adequar".[263]

---

[261] ASSIS, Araken de, *Manual dos recursos*. 2ª ed. São Paulo: RT, 2008, p. 725.

[262] ALVES, José Carlos Moreira. *O Supremo Tribunal Federal em face da nova Constituição – Questões e perspectivas*. Arquivos do Ministério da Justiça, Brasília, jun/set 1989.

[263] Referindo ensinamento de Ronald Dworkin, GOES, Gisele Santos Fernandes. *Princípio da Proporcionalidade no Processo Civil*. Rio de Janeiro: Saraiva, 2004, p. 31. Ver também NOVELINO, Marcelo. *Direito constitucional*. 2ª ed., São Paulo: Método, 2008, p. 65, e ainda THEODORO, Marcelo Antonio. *A Constituição como um sistema de princípios e regras*. RDCI 65/179.

No caso em exame, duas são as situações possíveis: (a) o pronunciamento recorrido afasta a incidência da lei federal, reconhecendo a validade da lei local que o recorrente sustenta inválida; (b) a alegação recursal pretexta a validade da lei local em face da lei federal porque a decisão recorrida funda-se na preeminência desta. Em (a), se o Supremo Tribunal Federal provê o recurso, decreta ser o direito federal aplicável. Em (b), também em caso de provimento, julga de forma contrária, isto é, faz incidir o direito local:

> "O Supremo Tribunal Federal não pode, sendo competente o Estado-membro, o Distrito Federal ou o Município para legislar sobre a espécie *e,* preferir a regra jurídica federal, embora não competente, na matéria, a União".[264]

Na hipótese (a) retro, ao aplicar a lei local em detrimento da lei federal, a decisão vergastada, em última análise, entenderia inconstitucional a norma federal; esta teria invadido competência distribuída ao ente local. E se assim a declarasse, seria também caso de recurso extraordinário pela alínea *b.*[265]

O novel dispositivo afasta do contexto a vedação segundo a qual o Supremo Tribunal Federal antes não podia, em sede de recurso extraordinário, tratar da interpretação que o *decisum* recorrido desse à lei federal. Não seria matéria constitucional propriamente dita.[266] Baixo a Emenda Constitucional nº 45, entretanto, não só a Corte Maior *interpreta* a lei federal, como desce ao exame da própria lei local, tanto quanto se faz em outro juízo qualquer.

O direito sumulado perdeu força.

Ponto de suma relevância é a indispensabilidade da presença de lei *federal* no confronto previsto. Por maior que seja a possibilidade de aplicação errônea de lei estadual frente a lei municipal, ou vice-versa, é na lei federal que o constituinte escorou a distribuição da competência ao Pretório Excelso. Ausente esta, portanto, incide forte o direito sumulado.[267]

7.1.4.1. Hierarquia das leis

Este choque entre leis e leis e entre leis e atos ganha especialíssimo relevo na seara constitucional a partir do princípio da hierarquia das regras jurídicas:

---

[264] MIRANDA, Pontes de. *Comentários à Constituição de 1967 com a Emenda Constitucional nº 1.* Tomo IV. São Paulo: RT, 1974, p. 108 (referia-se à Constituição anterior).

[265] Constituição, art. 102, inc.III, alínea *b*: "declarar a inconstitucionalidade de tratado ou lei federal." (Veja-se item 7.1.2 – Declaração de inconstitucionalidade).

[266] Verbete nº 636 da Súmula da Jurisprudência do Supremo Tribunal Federal: "Não cabe recurso extraordinário por contrariedade ao princípio constitucional da legalidade, quando a sua verificação pressuponha rever a interpretação dada a normas infraconstitucionais pela decisão recorrida" (v. item 12 – Recurso extraordinário e direito sumular).

[267] "Por ofensa a direito local não cabe recurso extraordinário" (verbete nº 280. Ver item 12 – Recurso extraordinário e direito sumular).

"Convém, todavia, que dele não se deduza, nem se tenha por implícito, que a lei federal passa antes da lei local. A lei federal passa antes da lei local se, na espécie, a regra jurídica, segundo a repartição das competências que se fez na Constituição, teria de ser federal".[268]

Ocorre que, em matéria de recurso extraordinário, o constituinte não dispensou igual tratamento às leis locais em face da lei federal. Enquanto para esta previu o recurso contra decisão que a declarar inconstitucional (Constituição, art. 102, inc. III, alínea *b*), o mesmo não fez para aquelas. Ao passo que às leis locais previu o remédio quando a decisão as julgar *válidas* em face da Constituição (alínea *c*), ou da própria lei federal (alínea *d*), para esta assim não procedeu. Se uma decisão julgar constitucional a lei federal e for impugnado tal entendimento, recurso não há; mas se o *decisum* entender válida a lei local contestada em face da Constituição, ou mesmo frente à lei federal, o extraordinário é cabível.

A despeito desse tratamento "anti-isonômico" – notavelmente favorável à lei federal –, se reconhecida incompatibilidade entre lei local e aquela, nem por isso haverá necessária preeminência da lei federal. Assim, por exemplo, argumenta-se alhures, por não arrostar *interesse local*, não poderiam os Municípios legislar sobre as denominadas ações afirmativas (veja-se item 7.1.1.1. Contrariedade à Constituição e igualdade na Constituição).

Ora, a limitação, a restrição que o Texto Maior traz à competência dos Municípios, ao contrário do que geralmente se pensa, não se dirige a estes. Não é o Município que não pode legislar fora do interesse local; a União, o Distrito Federal e os Estados é que não podem fazê-lo *dentro* dessa limitação.

Se uma lei – federal ou estadual – dispuser que em determinada avenida do centro de uma cidade devem ser plantados ingazeiros, ela é inconstitucional. Se lei federal ou estadual impuser que os táxis dessa cidade devem ter essa ou aquela cor, guia-se pela inconstitucionalidade. Na embriaguez do reformismo, se uma lei, que não a municipal, regular o itinerário das linhas de ônibus urbanos, certamente delirará do estreito caminho traçado pelo constituinte.

A competência dos Municípios não se restringe ao interesse local. A lei municipal, repita-se, não é inferior à lei federal, distrital ou estadual. Não há hierarquia entre leis, segundo sua origem. Nessa toada, além de dispor que aos Municípios compete – *e só a eles compete* – legislar sobre interesse local, o Estatuto Maior promete competência *comum* à União, aos Estados, ao Distrito Federal e aos próprios Municípios para legislarem sobre outras matérias (Constituição, art. 23). Nesta distribuição posta ao longo de 12 incisos, nenhum destes trata de interesse local. Nenhum. Todos dizem da nacionalidade, da cidadania, das aspirações do Estado Brasileiro e assim por diante. Questões *nacionais*. E dali consta a competência de qualquer dos entes políticos – os Municípios inclusive

---

[268] MIRANDA, Pontes de. *Comentários à Constituição de 1967 com a Emenda Constitucional nº 1*. Tomo IV. São Paulo: RT, 1974, p. 85.

– "combater as causas da pobreza e os fatores de marginalização, promovendo a integração social dos setores desfavorecidos" (inc. X do referido art. 23 da Carta Política).

Definitivamente, não se situa fora da atribuição municipal o legislar sobre outras matérias que não o velho e surrado *peculiar interesse*, de nome novo depois de 1988. Insista-se: se determinada lei federal ou mesmo estadual fixar horário de funcionamento de *shopping centers* e o Município, via ato administrativo (!), estipular diferente, valerá o ato do governo local e não a lei federal. Esta é inconstitucional e caberá a qualquer juiz dizê-lo.[269]

Eis aí, igualmente, *questão constitucional* que também serviria a incluir-se nas hipóteses de recurso extraordinário. O pretexto para a inclusão da regra prevista na alínea *d* do inc. III do art. 102 da Constituição, volta-se a dizer, não convence. Para dizer o menos, deixou de lado hipótese ali também enquadrável.

---

[269] Verbete nº 645 da Súmula da Jurisprudência do Supremo Tribunal Federal: "É competente o Município para fixar o horário de funcionamento de estabelecimento comercial". Veja-se RE 174.645, rel. Min. Maurício Corrêa, DJ 27.02.1998, em que foi reconhecida a validade de Decreto municipal (*ato de governo local*) vedar abertura de drogarias e farmácias que não estivessem escaladas para cumprimento de plantões obrigatórios.

8. Processamento do recurso

No prazo de 15 dias[270] e perante o mesmo órgão de interposição do agravo de instrumento contra sua inadmissibilidade, o recurso extraordinário é endereçado ao juízo em que emergiu a decisão recorrida.[271] Acompanhada da comprovação do preparo e do porte de remessa e de retorno (CPC, art. 511),[272] dirigida ao presidente ou ao vice-presidente do tribunal *a quo*, ou ao presidente da turma recursal respectiva, a petição recursal há de atender aos requisitos da lei processual civil (CPC, art. 541).[273]

8.1. Primeiro exame de admissibilidade – juízo *a quo*

Após as contrarrazões (CPC, art. 542) – ou mesmo sem elas, ante o silêncio do recorrido –, a autoridade perante a qual foi manejado o recurso extraordinário decidirá de seu seguimento ou não (CPC, art. 542, § 1º). É aí que o recurso sofrerá o *primeiro* exame de admissibilidade com a verificação dos pressupostos recursais comuns (item 4.1 retro), dos pressupostos especiais (4.2), da ocorrência efetiva de julgamento em *única* ou *última* instância (4.2.1), das causas decididas e do prequestionamento (4.2.2.1), das questões de ordem pública (4.2.2.2) e da *existência* de preliminar de repercussão geral (4.2.3).

Note-se que é indiferente o oferecimento de contrarrazões; elas são anódinas. Como em todo e qualquer recurso, a lei não as exige. Menos ainda impõe

---

[270] Verbete nº 728 da Súmula: "É de três dias o prazo para interposição de recurso extraordinário contra decisão do Tribunal Superior Eleitoral, contado, quando for o caso, a partir da publicação do acórdão, na própria sessão de julgamento, nos termos do art. 12 da Lei nº 6.055/74, que não foi revogado pela Lei 8.950/94."

[271] Inclusive eletronicamente (Lei 11.419, de 19 de dezembro de 2006).

[272] RI/STF, art. 57: "Sem o respectivo preparo, exceto em caso de isenção legal, nenhum processo será distribuído, nem se praticarão nele atos processuais, salvo os que forem ordenados de ofício pelo Relator, pela Turma ou pelo Tribunal". Parágrafo único: "O preparo compreende todos os atos do processo, inclusive a baixa dos autos, se for o caso, mas não dispensa o pagamento das despesas de remessa e retorno."

[273] Na lei processual civil, regem os requisitos de alguns recursos os artigos 514 (apelação), 524 (agravo de instrumento) e 541 (recursos extraordinário e especial). Os demais, de um modo geral, seguem as mesmas regras, acrescidas, porém, de exigências próprias: os embargos infringentes, por se fundarem no voto vencido (art. 530), os aclaratórios, por vezes, arrimados no que sequer existe (art. 535, inc. II), o recurso ordinário, que apelação é, por sua natureza híbrida (art. 540 c/c 514), os divergentes, pelo laconismo legal (art. 546). É conveniente, porém, na elaboração de petições recursais, atentar-se para o contido no art. 282.

sua tempestividade (CPC, art. 544, § 1º, *a contrario sensu*). A não ser que o recorrido interponha recurso adesivo, cujo prazo é o mesmo daquelas (CPC, art. 500; adiante item 10). Nesse caso, e somente neste, interessa a publicação da intimação do recorrido para responder:

> "Meio de *defesa*, tanto quanto a contestação, desta se diferenciam, entretanto, por não resultar sua inocorrência em confissão ou sequer presunção de concordância com a sentença de que recorre a parte contrária. A contestação é ônus processual; não oferecida pelo réu, importa em confissão (CPC, art. 319). As contra-razões são faculdade; sua falta nenhum efeito tem". [274]

Admitido o extraordinário, se o for, de logo será, *em geral*, remetido ao STF – ou ao STJ, se com ele for acionado simultaneamente o recurso especial (CPC, art. 543). Por vezes, contudo, no caso de multiplicidade de recursos anteriormente selecionados e remetidos ao Pretório Maior, e mesmo admitido o extraordinário, a autoridade competente no juízo *a quo* ordenará o sobrestamento deste (CPC, art. 543-B, § 1º).

Sobrestado ou não admitido, é cabível o agravo de instrumento para o Supremo Tribunal Federal (CPC, art. 544).

8.1.2. Agravo de instrumento

Tanto na negativa de seguimento quanto na determinação de sobrestamento, ainda no órgão *a quo* – e no prazo *ordinário* de 10 dias para o juízo cível –,[275] é cabível o recurso instrumentado para destrancar o recurso nobre. Em que pese o silêncio da lei – que previu o remédio unicamente para aquela primeira decisão (CPC, art. 544) –, pode, entretanto, que o recorrente do extraordinário sobrestado entenda não guardar este similitude com os recursos remetidos. Nessa hipótese, e a despeito do vácuo legal, cabível por todos os títulos o agravo. O efeito da decisão seria o mesmo da negativa de seguimento.[276]

São inúmeros os agravos de instrumento contra negativa de seguimento do extraordinário não conhecidos na Corte Maior; faltam-lhes peças obrigatoriamente juntadas com a petição recursal. Ora, se a *decisão* recorrida (e não só "o acórdão", como quer a lei) contrariar a súmula ou a jurisprudência do STF, o relator, ainda nos autos do agravo, poderá dar provimento ao próprio recurso extraordinário. Também à vista dos documentos juntados – se satisfatórios e não havendo a contrariedade referida –, a lei faculta a conversão do agravo para

---

[274] AMORIM, Aderbal Torres de. *Recursos cíveis ordinários*. Porto Alegre: Livraria do Advogado, 2005, p. 101.

[275] Verbete nº 699 da Súmula da Jurisprudência do Supremo Tribunal Federal: "O prazo para interposição de agravo, em processo penal, é de cinco dias, de acordo com a Lei 8.038/90, não se aplicando o disposto a respeito nas alterações da Lei 8.950/94 ao Código de Processo Civil".

[276] O RI/STF, em seu art. 21, inc. VI, prevê a hipótese: "determinar, em agravo de instrumento, a subida, com as razões das partes, de recurso denegado *ou procrastinado*, para melhor exame" (grifou-se).

processá-lo como se recurso extraordinário fosse (CPC, art. 544, § 3° c/c § 4°). Eis porque, no instrumento, hão de figurar peças indispensáveis ao julgamento imediato do RE.

Antes não bem definidas em sede sumular,[277] a lei veio depois a *tentar* fazê-lo: o "acórdão" recorrido e a prova de sua publicação, o recurso extraordinário e as contrarrazões, a decisão denegatória de seguimento e a prova de sua publicidade, as procurações. E em boa hora outorgaram-se poderes aos próprios advogados para declarar a autenticidade das peças por eles juntadas, pena de responsabilidade (CPC, art. 544, § 1°, na redação da Lei 10.352/2001). Autenticadas, pois, "fazem a mesma prova que os originais" (CPC, art. 365, inc. IV, consoante a Lei 11.382/2006).

Outras peças, porém, muitas vezes tornam-se indispensáveis como, por exemplo, o acórdão de embargos declaratórios opostos à decisão extraordinariamente recorrida. Nesse caso, igualmente se exige ao conhecimento do agravo instrumentado a certidão da publicidade da decisão dos próprios embargos. É a partir dela que correrá o prazo para a interposição do extraordinário. Também a sentença, se o relator do acórdão impugnado declarara peça integrante de seu voto. Nessas hipóteses – e são meros exemplos do dia a dia –, continua insuficiente o rol expresso na regra em estudo:

> "*De lege ferenda* não se pode anatematizar a possibilidade de que o agravante contribua com *documentos novos* para a minuta do agravo, quando os ache imprescindíveis para revisar a decisão".[278]

Formados os autos, com ou sem as contrarrazões do agravado oponíveis também no decêndio, o instrumento sobe ao STF independente de preparo ou despesas postais (CPC, art. 544, § 2°). Necessariamente:

> "Não pode o magistrado deixar de encaminhar ao Supremo Tribunal Federal o agravo de instrumento interposto da decisão que não admite recurso extraordinário, ainda que referente a causa instaurada no âmbito dos juizados especiais".[279]

Também e de há muito, no que concerne aos juizados especiais:

> "Considerando que é da essência do agravo de instrumento sua subida à Corte *ad quem* para o seu conhecimento, o Tribunal julgou procedente ação de reclamação contra juiz presidente de colegiado recursal de juizados espe-

---

[277] Verbete n° 639: "Aplica-se a Súmula 288 quando não constarem do traslado do agravo de instrumento as cópias das peças necessárias à verificação da tempestividade do recurso extraordinário não admitido pela decisão agravada." Verbete 288: "Nega-se provimento a agravo para subida de recurso extraordinário, quando faltar no traslado o despacho agravado, a decisão recorrida, a petição de recurso extraordinário ou qualquer peça essencial à compreensão da controvérsia."

[278] GIORGIS, José Carlos Teixeira. *Notas sobre o agravo*. Porto Alegre: Livraria do Advogado, 1996, p. 64.

[279] Súmula, verbete 727.

ciais cíveis que se negara a receber e processar agravo de instrumento contra o indeferimento de recurso extraordinário por entender ser este incabível contra decisões de juizados especiais. Caracterizada, assim, a usurpação da competência do STF, julgou-se procedente a reclamação para determinar a subida do agravo de instrumento ao conhecimento desta Corte".[280]

Enquanto o agravo de instrumento contra as decisões interlocutórias *em geral* faculta ao recorrido, em sua "resposta", (a) "juntar a *documentação* que entender conveniente" (CPC, art. 527, inc. V), no caso presente, a lei dispõe, para idêntica manifestação, (b) a juntada de "cópias das *peças* que entender conveniente" (CPC, art. 544, § 2º)". No primeiro recurso, é permitida (c) a juntada de *"outras peças* que o agravante entender úteis" (CPC, art. 525, inc. II). No agravo relativo ao recurso extraordinário, a lei refere (d) *"peças* apresentadas pelas partes" (CPC, art. 544, § 1º).

À primeira vista, pareceria que "peças" diriam respeito a documentos integrantes do processo, e "documentação" compreenderia essas e documentos estranhos aos autos. Mas não é assim; não pode ser assim. Do mesmo modo que o recorrido, no agravo "genérico", tem direito à juntada de peças estranhas aos autos ("documentação", diz a lei), idêntico direito contemplará o agravante. É questão de igualdade (Constituição, art. 5º).

Também no agravo de instrumento aqui tratado, repete-se o fenômeno: fala-se em "cópias de peças" para o agravado (CPC, art. 544, § 2º), mas se referem "peças apresentadas" por parte de ambos os litigantes (CPC, art. 544, § 1º).

A despeito do contumaz lapso, a matéria não é estranha ao Supremo Tribunal Federal:

> "É posição pacífica do Supremo Tribunal Federal a *inadmissibilidade* de agravo de instrumento contra decisão que nega seguimento a recurso extraordinário, se ausente peça essencial ao conhecimento daquele. Todavia, ao invés de afirmar o *não conhecimento* do agravo, declara, equivocadamente, a este 'negar provimento'".[281]

Qualquer peça:

> "Nega-se provimento a agravo para a subida de recurso extraordinário, quando faltar no traslado o despacho agravado, a decisão recorrida, a petição de recurso extraordinário ou qualquer peça essencial à compreensão da controvérsia".[282]

---

[280] Reclamação 1.051, rel. Min. Sepúlveda Pertence, DJ 11.06.99 (precedentes citados: Rcl. 438, DJ 01.10.93; Rcl. 459, DJ 08.04.94).

[281] AMORIM, Aderbal Torres de. *Recursos cíveis ordinários.* Porto Alegre: Livraria do Advogado, 2005, p. 127.

[282] Súmula do STF, verbete 288.

A expressão "qualquer peça essencial à compreensão da controvérsia" significa que *as partes* podem juntar ao instrumento a *documentação* que entenderem conveniente. A isonomia se impõe.

O julgamento singular do ministro relator do agravo de instrumento pode configurar (a) não conhecimento, por inadmissível, ante a carência de pressupostos gerais ou de peças indispensáveis, (b) conhecimento e improvimento, por entender correta a decisão denegatória de seguimento do extraordinário, (c) conhecimento e provimento, para mandar subir o recurso extremo, (d) conhecimento e provimento, para converter o agravo no próprio extraordinário e assim o processar, "evitando-se as delongas (e despesas) decorrentes da remessa postal dos autos até o tribunal",[283] (e) conhecimento e provimento do próprio recurso extraordinário.

Essas são as hipóteses em que se desdobram as possíveis decisões do relator, qualquer delas recorrível por agravo interno (CPC, art. 545 – adiante item 8.4).

Finalmente, de se observar, no mesmo passo em que ocorre com o recurso extraordinário, também o agravo de que se ora trata sujeita-se ao sobrestamento. O próprio Supremo Tribunal Federal regulou a matéria.[284]

8.2. Segundo exame de admissibilidade e julgamento de mérito no juízo monocrático *ad quem*

Chegado ao Supremo Tribunal Federal por admissibilidade reconhecida no juízo de origem (como visto, pode também subir ante o provimento do agravo de instrumento contra sua inadmissibilidade), o recurso extraordinário de logo é distribuído.[285] Atendidos os princípios da publicidade, da alternatividade e do

---

[283] CARNEIRO, Athos Gusmão. *Recurso Especial, Agravos e Agravo Interno.* 3ª ed. Rio de Janeiro: Forense, 2003, p. 272.

[284] "Os agravos de instrumento interpostos das decisões que inadmitiram recursos extraordinários, já sujeitos ao requisito legal da repercussão geral, podem ser sobrestados quando relativos aos assuntos já encaminhados à decisão sobre repercussão geral (artigo 328-A, § 1°, do RISTF, inserido pela Emenda Regimental 23/2008). Decidida a questão da repercussão geral no Plenário Virtual, surgem as seguintes possibilidades: a) negada a repercussão geral, os agravos ficam prejudicados, assim como os REs; b) admitida a repercussão geral, os agravos ficam sobrestados, assim como os REs, até o julgamento do mérito do *leading case*, surgindo, então as seguintes hipóteses: b.1) se a decisão do STF, no julgamento do mérito do leading case, seguir a mesma orientação dos acórdãos recorridos, ficam prejudicados os agravos e os REs (§3° do art. 543-B do CPC); b.2) se a decisão do STF, no julgamento do mérito do *leading case*, seguir em sentido diverso dos acórdãos recorridos, abrem-se duas possibilidades: b.2.1) se não se verificar hipótese de retratação da própria decisão de inadmissibilidade do RE, proferida no agravo (art. 328-A, § 1° do RISTF), este deve ser remetido ao STF, já que eventual possibilidade de retratação do acórdão recorrido, pressupõe a admissibilidade do RE; b.2.2) se for exercido o juízo de retratação nos agravos (admitindo-se o RE), abre-se a possibilidade da retratação do próprio acórdão recorrido (§3° do art. 543-B do CPC). c) Os agravos de instrumento já pendentes no STF, em 13/03/2008, serão por este julgados (art. 2° da ER 23/2008)".

[285] RI/STF, art. 60: "Verificado o preparo, sua isenção ou dispensa, os autos serão imediatamente conclusos ao Presidente para distribuição."

O NOVO RECURSO EXTRAORDINÁRIO

109

sorteio (CPC, art. 548) e verificadas hipóteses de suspeição ou impedimento,[286] os autos vão ao relator que exercerá o *segundo* juízo monocrático de admissibilidade. Neste, reexaminará o atendimento aos pressupostos recursais ordinários – matéria já enfrentada no juízo *a quo* – bem como os requisitos privativos de exame no juízo *ad quem* (item 5 retro), a saber, o *conteúdo* da repercussão geral (item 5.1) e a admissibilidade do *amicus curiae* (item 5.1.1). Em tal estágio, porém, já não mais será possível a comprovação de tempestividade do recurso, ônus de que haveria de se desincumbir o recorrente no momento da interposição:

> "Agravo regimental no recurso extraordinário. Apresentação tardia de documento comprobatório da tempestividade. Impossibilidade de apresentação posteriormente à interposição do recurso extraordinário. 1. Incumbe ao recorrente, no momento da interposição do recurso, o ônus da apresentação de elementos suficientes, incontestáveis, que demonstrem sua tempestividade, sendo impossível fazê-lo quando os autos já se encontrarem neste Tribunal. Precedentes. 2. Permanecem incólumes a jurisprudência desta Corte e o preceito disposto no artigo 115 do RISTF. Agravo regimental a que se nega provimento".[287]

O possível sobrestamento do recurso, que também fora examinado no juízo de origem (item 5.1.2), é novamente analisado.

Segundo a regra codificada, o relator poderá decidir acerca da intervenção do *amicus curiae* (CPC, art. 543-A, § 6º)[288] e inadmitir o próprio recurso, ou improvê-lo, ou ainda julgá-lo prejudicado (CPC, art. 557). Mas nada decidirá acerca da repercussão geral; esta é matéria para um dos colegiados (Constituição, art. 102, § 3º, c/c CPC, art. 543-A, § 4º). A menos que o recurso impugne decisão contrária à súmula ou à jurisprudência predominante do próprio Supremo Tribunal Federal, caso em que, em decisão também monocrática, reconhecerá de logo a repercussão geral (CPC, art. 543-A, § 3º).

8.2.1. Recursos extraordinários simultâneos

A expressão não significa dois recursos extraordinários propriamente ditos contra o mesmo pronunciamento judicial. Ela diz com acumulação de recurso extraordinário e recurso especial. Ambos recursos de estrito direito, faces da mesma moeda, comungam-se aqui dois verbetes sumulados em tribunais dife-

---

[286] Súmula, verbete 72: "No julgamento de questão constitucional, vinculada a decisão do Superior Tribunal Eleitoral, não estão impedidos os Ministros do Supremo Tribunal Federal que ali tenham funcionado no mesmo processo ou no processo originário." Adiante item 12 – Recurso extraordinário e direito sumular.

[287] RE 536.881, rel. Min. Eros Grau, DJ 11.12.2008.

[288] RI/STF, art. 323, § 2º: "Mediante decisão irrecorrível, poderá o Relator admitir de ofício ou a requerimento, em prazo que fixar, a manifestação de terceiros, subscrita por procurador habilitado, sobre a questão da repercussão geral". Enfatizando o dito no item 5.1.1.1 retro (*Amicus curiae* e questão constitucional) acerca do referido dispositivo regimental, reafirmamos: no Estado de Direito, não há decisões monocráticas irrecorríveis.

rentes. Para o Pretório Excelso, "é inadmissível o recurso extraordinário quando a decisão recorrida assenta em mais de um fundamento suficiente e o recurso não abrange todos eles" (verbete 283). Na Corte Superior, "é inadmissível o recurso especial, quando o acórdão recorrido assenta em fundamentos constitucional e infraconstitucional, qualquer deles suficiente, por si só, para mantê-lo, e a parte vencida não manifesta recurso extraordinário" (enunciado 126).

Os enunciados se completam. O primeiro restaria desde sempre preenchido, mesmo que o recurso raro atacasse todos os fundamentos constitucionais do pronunciamento judicial recorrido, restando incólume, porém, alguma questão infraconstitucional. O enunciado do STJ – logicamente surgido após a distribuição a este de parte da competência anteriormente exclusiva do STF –, preencheria a hipótese oposta se, manejado o recurso especial contra a matéria infraconstitucional, o extraordinário não fosse interposto quanto à parte que lhe toca. Em um caso e outro, os recursos seriam insuficientes: ficaria incólume fundamento de si só apto a suportar a decisão recorrida.

Interpostos simultaneamente os recursos e admitidos que sejam no juízo *a quo*, ambos subirão ao Superior Tribunal de Justiça. Seja pelo relator, monocraticamente, seja pelo órgão plural, ali é julgado o recurso especial e a seguir os autos são encaminhados ao Supremo Tribunal Federal para ser apreciado o extraordinário. Tal não ocorrerá, todavia, se o relator do recurso especial, sobrestando-o prévia e *irrecorrivelmente*, considerar que o recurso extraordinário deve ser decidido em primeiro lugar.[289] Nesse caso, os autos vão ao STF para exame do recurso extraordinário, salvo na hipótese do relator deste, também de forma irrecorrível, devolvê-lo ao STJ para primeiramente ser julgado o recurso especial (CPC, art. 543, *caput* e §§ 1º a 3º. Com redação idêntica, Lei 8.038/1990, art. 27, §§ 3º a 6º, respectivamente).

Por qualquer dos planos recursais, no caso em exame, um só deles, insista-se, é insuficiente para reformar a decisão recorrida. Vezes há, entretanto, em que as questões restam de tal forma imbricadas que levam, não raro, a confusões entre matéria constitucional e matéria infraconstitucional:

"Tratando-se de recurso extraordinário interposto simultaneamente com o recurso especial, o trânsito em julgado da decisão do STJ não é suficiente à manutenção do acórdão recorrido se a matéria controvertida não tem solução bastante no plano infraconstitucional. Na espécie, a Turma considerou que o acórdão do STJ, ao manter a afirmação de que a venda de fitas de filmes para videocassete estava incluída na lista do ISS (anexa ao DL 406/68, item 63), não prejudica o recurso extraordinário pois resta a questão de saber se a venda de filmes para videocassete, produzidos em série com o fim de entrega ao comércio em geral, constitui, ou não, operação de circulação de mercadorias contida no art. 155, II,

---

[289] *Aliter*, entendendo recorrível a decisão do relator do recurso especial. TOURINHO FILHO, Fernando da Costa. *Processo penal*. 4º volume. 31ª ed. São Paulo: Saraiva, 2009, p. 575: "Dessa decisão do Relator caberá agravo regimental para o órgão especial, Seção ou Turma, conforme o caso, no prazo de cinco dias."

da CF (*omissis*). Com esse entendimento, a Turma, afastando a preliminar de prejudicialidade, conheceu de uma série de recursos extraordinários do Estado de São Paulo e lhes deu provimento por entender legítima a incidência do ICMS sobre a comercialização de filmes para videocassete".[290]

Importante notar, em matéria de juízo de admissibilidade, os recursos também são independentes. Não está jungido o tribunal de origem a negar seguimento a um deles porque negara ao outro:

"I. Recurso extraordinário e recurso especial: interposição simultânea: inocorrência, na espécie, de prejuízo do extraordinário pelo não conhecimento ou negativa de seguimento do especial".[291]

8.2.2. Agravo interno

Seja da decisão do relator que inadmite ou nega provimento ao agravo de instrumento (CPC, art. 545), seja da que o faz em relação ao próprio recurso extraordinário, inclusive a que o provê (CPC, art. 557 e seu § 1º), em um e outro caso, o pronunciamento monocrático é agravável. Interponível no prazo de cinco dias, não é incomum a intempestividade ser decretada por motivo da protocolização do recurso a destempo:

"A data considerada para se aferir a tempestividade do recurso é aquela do efetivo ingresso da petição no protocolo da Secretaria do Supremo Tribunal Federal".[292]

De logo e com sobradas razões, o agravo inominado recebeu o adjetivo "interno". Diferente do agravo de instrumento para o STF, no entanto, este remédio titula maior espectro. No recurso instrumentado, a interlocutória hostilizada limita-se à negativa de seguimento do extraordinário na instância originária (CPC, art. 544). No maldenominado "agravo regimental",[293] *a lei* faculta sua interposição contra semelhante providência, negatória ou não, e também contra o julgamento monocrático do próprio agravo de instrumento. E respeitada a reserva com relação à repercussão geral, pode o relator – como em qualquer outro recurso pode – julgar também o mérito do extraordinário, ou seja, prover ou negar provimento, reformando ou confirmando o acórdão ou a decisão extraordinariamente recorrida (CPC, art. 545).

É a relativização da colegialidade.

---

[290] RREE 191.454, 194.533, 194.534, 195.667, rel. Min. Sepúlveda Pertence, DJ 16.06.1999.

[291] RE 191.454, rel. Min. Sepúlveda Pertence, DJ 08.06.1999.

[292] RE 436.029, rel. Min. Ricardo Lewandowski, DJ 04.06.2009.

[293] RISTF, art. 327: "Ressalvadas as exceções previstas neste Regimento, caberá agravo regimental, no prazo de cinco dias de decisão do Presidente do Tribunal, de Presidente de Turma ou do Relator, que causar prejuízo ao direito da parte."

O âmbito do julgamento monocrático do agravo interno arrosta o provimento do recurso, se a decisão recorrida estiver em confronto com súmula ou com jurisprudência do STF. E aplicação de multa, que o agravante pagará ao recorrido, em valor entre 1% e 10% do valor corrigido da causa. Neste caso, enquanto não satisfeita a penalidade, o agravante ficará impedido de manejar qualquer outro recurso (CPC, art. 545, que manda aplicar o contido nos §§ 1° e 2° do art. 557).

Parece que o art. 557/CPC e seu § 1° dizem mais do que o art. 545. No cabeço daquele, o relator "negará seguimento" a *qualquer* recurso em quatro hipóteses (melhor teria dito, não conhecerá do agravo *inadmissível* ou *prejudicado*, ou negará provimento, se "*improcedente*" ou *contrário* à súmula ou à jurisprudência do respectivo tribunal, do STF ou de um dos tribunais superiores). E pelo parágrafo, poderá ainda *prover* o recurso. Em resumo: *inadmitir*, julgar *prejudicado*, *improver* e *prover*.

No art. 545, a lei reconhece ao ministro relator do agravo de instrumento tripla competência: *não admitir* o agravo, *negar-lhe provimento* e reformar o acórdão recorrido, isto é, *dar provimento* ao próprio recurso extraordinário.

Ora, a redação dos dispositivos não faz com que os poderes do relator no agravo interno sejam menores do que nos recursos em geral. Nesse passo, julgar *prejudicado* o recurso é *menos* do que prover ou improver. Pode o relator, pois, decretar que o recurso extraordinário restou sem objeto (pelo provimento do recurso especial, por exemplo). E a despeito do silêncio do referido artigo, também é possível a *conversão* do agravo de instrumento, mandando processar o próprio extraordinário (CPC, art. 544, § 4° c/c § 3°).

Pode que o relator exerça juízo de *retratação*, invertendo a decisão agravada (CPC, art. 545 c/c art. 557, § 1°). De fato, superado o fetiche da inalterabilidade da sentença – e o disposto no art. 463 da lei processual não mais significando engessamento da atividade jurisdicional –, tornou-se comum, e felizmente se tornou, o denominado *juízo de retratação*. Tanto para a sentença de indeferimento da inicial (CPC, art. 296), quanto para a decisão interlocutória nesse mesmo juízo (CPC, art. 529), quanto igualmente no juízo recursal (CPC, art. 527, parágrafo único), a retratação materializa a própria efetividade do processo.

Dá-se o mesmo nos embargos declaratórios:

"Também como nos agravos, os embargos declaratórios facultam juízo de retratação. Por buscarem a complementação do insuficiente, o esclarecimento do ininteligível ou a resolução do contraditório, permitem a 'volta atrás'. Diferentemente do objeto precípuo dos demais recursos – genericamente, a correção da injustiça –, os embargos têm em mira aspectos *anatômicos* das decisões, o corte *externo* das mesmas onde se flagram ditos vícios. A teleologia dos embargos é, pois, extirpar imperfeições que não raro resultam em reconhecimento do erro e, a partir desse, a retratação do decidido".[294]

Velhos e superados princípios faziam do processo um aborrecido e interminável suceder de formalidades, tão inúteis quanto nocivas. Se o juiz errou e reconheceu o próprio erro, há de se lhe facultar a reconsideração, a retratação.

Não há resposta no agravo interno; não há oportunidade para o contraditório. Este já se dera quando das contra-razões ao agravo de instrumento, ou ao recurso extraordinário. Mas ao julgamento do mesmo (obviamente, sempre coletivo) há de preceder a publicação da respectiva pauta. Não se concebe a falta desta, sendo de indiscutível interesse das partes presenciarem o desate das graves questões envolvidas. E se o agravo impugnar decisão do relator no próprio recurso extraordinário, aflora o direito à sustentação oral (CPC, art. 554).

8.2.3. Agravo interno, embargos declaratórios e de divergência

Subsiste alguma controvérsia nos tribunais acerca da embargabilidade declaratória de decisão monocrática do relator. Em face do princípio da taxatividade, inexistindo previsão legal, tornar-se-iam incabíveis os aclaratórios nesse caso. Por outra, é possível que o ato monocrático contenha os mesmos defeitos que para sentenças e acórdãos tornam cabíveis os embargos (CPC, art. 535). Nesse passo, qual seria, indaga-se, a forma de conjurar tais irregularidades.

A boa doutrina tem opinião formada:

"Na realidade, tanto antes quanto depois da reforma, qualquer decisão judicial comporta embargos de declaração: porque é inconcebível que fiquem sem remédio a obscuridade, a contradição ou a omissão existentes no pronunciamento, não raro a comprometer até a possibilidade prática de cumpri-lo. Não tem a mínima relevância que se trate de decisão de grau inferior ou superior, proferida em processo de conhecimento (comum ou especial), de execução ou cautelar. Tampouco importa que a decisão seja definitiva ou não, final ou interlocutória".[295]

Tanto no Supremo Tribunal Federal quanto no Superior Tribunal de Justiça, entretanto, a orientação majoritária é pelo incabimento dos embargos, justamente em face da inexistência de hipótese legal. Na eventualidade de justificados embargos, há de se os receber como agravo interno. E isso há mais de década:

---

[294] AMORIM, Aderbal Torres de. *Recursos cíveis ordinários.* Porto Alegre: Livraria do Advogado, 2005, p. 190.

[295] MOREIRA, José Carlos. *Comentários ao Código de Processo Civil.* Volume V. 15ª ed. Rio de Janeiro: Forense, 2009, p. 549.

"É firme a jurisprudência desta Corte no sentido de não ter como cabíveis embargos de declaração contra despacho do relator, podendo, porém, haver sua conversão em agravo regimental".[296]

A solução é prudente; inspira-se na economia processual e justifica-se pela adequada fungibilidade recursal. Seria de todo desaconselhável – para dizer-se o menos – que o interessado embargasse de declaração a decisão monocrátrica do relator e ao depois tivesse de interpor agravo interno contra o pronunciamento monocrático que não conhecesse dos aclaratórios, ou que lhes negasse provimento. Seriam dois recursos com o efeito de um só.

Também em sede de embargos de divergência lavra o dissídio. Literalmente, prevê a lei processual o cabimento desse recurso contra pronunciamento de turma, em julgamento de recurso especial e recurso extraordinário (CPC, art. 546). Ora, se o relator julga o próprio recurso extraordinário em seu mérito e sobrevém agravo interno, a apreciação deste não será propriamente julgamento do extraordinário; será do agravo. Nessas condições, se, por um lado, o *decisum* do agravo emergiria de turma, de outro não preencheria o requisito de ser proferido em sede de extraordinário. O agravo trataria do recurso extremo, mas com este não se confundiria:

"Todavia, cumpre ponderar que a decisão colegiada no STF ou no STJ, ao negar provimento ao agravo interno interposto de decisão monocrática do Ministro relator que haja decidido quanto ao próprio 'mérito' do recurso extraordinário ou do recurso especial, tal decisão de julgamento do agravo interno equipara-se, em sua eficácia, ao acórdão proferido em apreciação 'direta' do recurso extraordinário ou do recurso especial".[297]

De fato. Se a eficácia do ato de resolução do agravo interno é idêntica à que resultaria fosse o recurso extraordinário a julgamento, não se há de impedir ao recorrente a via da divergência. Seria iníquo deixar a possibilidade recursal ao acaso: se a turma apreciasse o extraordinário, caberiam os divergentes; se não o fizesse, mas com o mesmo efeito se o fizesse, os divergentes não seriam possíveis.[298]

Entretanto:

"A jurisprudência do Supremo Tribunal Federal continua firme no sentido de considerar em plena vigência a Súmula STF n° 599, segundo a qual são incabíveis embargos de divergência de decisão de Turma, em agravo re-

---

[296] Pet. 1.245, rel. Min. Moreira Alves, DJ 22.05.98. Assim também na ADIn 1.810, DJ 04.06.1999.

[297] CARNEIRO, Athos Gusmão. *Recurso Especial, Agravos e Agravo Interno*. 3ª ed. Rio de Janeiro: Forense, 2003, p. 292.

[298] Minucioso exame dos embargos de divergência em relação ao agravo de instrumento, CARNEIRO, Athos Gusmão. Ob. cit., p. 122.

gimental, especialmente em face do artigo 546, II, do Código de Processo Civil, com a redação dada pela Lei nº 8.950/94. Precedentes".[299]

8.3. Terceiro exame de admissibilidade e julgamento de mérito no órgão colegiado

Tanto no agravo de instrumento quanto no recurso extraordinário, pedido dia para julgamento, publicada a respectiva pauta e feito o pregão pelo presidente, o recurso é posto em mesa. Ao apresentá-lo à turma, *pode* que o relator entenda de submetê-lo diretamente ao Plenário.[300] Assim também *deve* proceder se o recurso envolver "relevante questão de direito". Nesse caso, visando a "prevenir ou compor divergência entre as turmas ou entre estas e o Plenário", proporá que a este se afete o julgamento recursal (CPC, art. 555, § 1º, e RI/STF, art. 22 e seu parágrafo único). Incide aqui a denominada *assunção de competência*; esta visa a afastar os males da dispersão jurisprudencial:

> "Entre os casos que evidenciam a presença de interesse público na assunção de competência avultam as matérias aptas à produção multitudinária de recursos em que se repetem as mesmas teses, como exteriorização de uma mesma macrolide, que foge à razoabilidade enfrentar judiciariamente tantas vezes quantas individualmente deduzidas".[301]

Seja qual for o motivo, a decisão coletiva de remessa ao Plenário independe de acórdão.[302]

Feita a exposição preliminar, é o momento de o colegiado exercer o *terceiro* juízo de admissibilidade do recurso extraordinário; ou o *segundo*, se se tratar de agravo de instrumento. Em ambos os casos, verificará o atendimento dos requisitos gerais e particulares de cada qual. E se o mérito envolver questão constitucional, estando o feito no Plenário, somente com a presença de oito ministros poderá o Tribunal decidir.[303]

---

[299] RE 238.712 AgR-ED-EDv-AgR, rel. Min. Ellen Gracie, DJ 01.08.2003.

[300] RI/STF, art. 21, § 3º: "Ao pedir dia para julgamento ou apresentar o feito em mesa, indicará o Relator, nos autos, se o submete ao Plenário ou à Turma, salvo se pela simples designação da classe estiver fixado o órgão competente."

[301] BENETI. Sidnei Agostinho. *Assunção de competência e* fast-track *recursal*. RePro 171/15. O dispositivo legal prevê o incidente para a apelação e para o "agravo" (sem especificação). Mas o RI/STF, em seu art. 22, assim dispõe: "O Relator submeterá o feito ao julgamento do Plenário, quando houver relevante argüição de inconstitucionalidade ainda não decidida. Parágrafo único. Poderá o Relator proceder na forma deste artigo: a) quando houver matérias em que divirjam as Turmas entre si ou alguma delas em relação ao Plenário. b) quando em razão da relevância da questão jurídica ou da necessidade de prevenir divergência entre as Turmas, convier pronunciamento do Plenário."

[302] Parágrafo único do art. 93 do RI/STF: "Dispensam acórdão as decisões de remessa de processo ao Plenário e de provimento de agravo de instrumento."

[303] Parágrafo único do art. 143 do RI/STF: "O *quorum* para votação de matéria constitucional e para a eleição do Presidente e do Vice-Presidente, dos membros do *Conselho Nacional da Magistratura* e do Tribunal Superior Eleitoral é de oito Ministros."

Tanto para discutir preliminares quanto para enfrentar o mérito, qualquer dos juízes presentes poderá pedir *vista* do processo por uma sessão (CPC, art. 555, § 2º).[304] Se do relator a iniciativa, não ocorre propriamente pedido de "vista" – o feito já está em seu poder. Diferentemente, retirá-lo-á de pauta para melhor exame.

No recurso extraordinário, concluído o relatório, o presidente concederá a palavra ao advogado do recorrente, por 15 minutos. Dispõe o da parte contrária, a seguir, do mesmo prazo (CPC, art. 554).[305] Assim também para o *amicus curiae* (CPC, art. 543-A, § 6º), encerrando-se pelo representante do Ministério Público (CPC, art. 82).

A lei faculta aos advogados optarem pela apreciação do extraordinário na sessão seguinte, caso em que terão preferência na ordem da pauta (CPC, art. 565).[306]

Durante o julgamento, poderão suscitar *questões de ordem* a serem resolvidas pelo presidente ou pelo relator, conforme o caso.[307]

Seja no recurso que for, retornada a palavra ao relator, este porá em destaque eventual questão preliminar. Sendo esta incompatível com o mérito do recurso, deste não se conhecerá (CPC, art. 560). Mas poderá o órgão julgador decidir pela conversão do julgamento em diligência (art. 560, parágrafo único).[308]

Resolvidas eventuais preliminares, não sendo prejudiciais ao julgamento do mérito, passa-se ao exame deste, votando todos os magistrados, inclusive os vencidos naquelas (CPC, art. 561). Ao voto do relator seguem-se, na ordem inversa de antiguidade, os dos demais ministros.[309]

Interessante notar, no Supremo Tribunal Federal, nos feitos onde não há revisor, o primeiro voto após o do relator é *sempre* o do ministro mais moderno. Entretanto, a velha praxe da ordem de votação nos tribunais estabelece-se pela antiguidade, sim, mas a partir do relator. Depois deste, vota o que se seguir na ordem decrescente de antiguidade, até ao mais moderno. Depois deste, vota o

---

[304] RI/STF, art. 134: "Se algum dos Ministros pedir vista dos autos, deverá apresentá-los, para prosseguimento da votação, até a segunda sessão ordinária subseqüente." O § 3º do art. 555 do CPC prevê *requisição* do processo com vista, se não devolvido no decêndio.

[305] RI/STF, art. 128, § 2º: "O Presidente poderá dar preferência aos julgamentos nos quais os advogados devam produzir sustentação oral."

[306] A preferência igualmente toca ao Ministério Público em processo com medida cautelar (RI/STF, art. 130: "Poderá ser deferida a preferência, a requerimento do Procurador-Geral, de julgamento relativo a processos em que houver medida cautelar.").

[307] RI/STF, art. 124, parágrafo único: "Os advogados ocuparão a tribuna para formularem requerimento, produzirem sustentação oral, ou responderem às perguntas que lhes forem feitas pelos Ministros."

[308] Por exemplo: a falta ou irregularidade da intimação gera nulidade (CPC, art. 247) que pode, entretanto, ser suprida pela efetivação ou repetição do ato (CPC, art. 249).

[309] RI/STF, art. 135: "Concluído o debate oral, o Presidente tomará os votos do Relator, do Revisor, se houver, e dos outros Ministros, na ordem inversa de antigüidade."

mais antigo e assim, sucessivamente, os que se seguirem igualmente na ordem decrescente de antiguidade, até que votem todos.

No STF não é assim: não sendo relator ou revisor, o primeiro a votar depois destes é sempre o mesmo juiz – o ministro mais moderno.

No recurso extraordinário, por *sempre* envolver matéria constitucional, o derradeiro voto é do presidente do Plenário ou de turma.[310]

Em qualquer recurso, o resultado é lançado na denominada *tira* de julgamento. Se o relator originário for vencido, o autor do primeiro voto vencedor será designado *redator* do acórdão (CPC, art. 556). Não seria razoável que o relator, sobrepujado no julgamento, tivesse de escrever contra seu próprio convencimento (CPC, art. 131).

O acórdão do recurso extraordinário ou o do agravo de instrumento *improvido* conterá, necessariamente, ementa (CPC, art. 563).[311] Suas conclusões serão publicadas no órgão oficial, em dez dias (CPC, art. 564), daí correndo o prazo para eventuais embargos declaratórios. Ou embargos de divergência, no caso do recurso extraordinário (CPC, art. 506, inc. III c/c art. 546, inc. II).

Finalmente – e a despeito de a norma específica estar em lugar inadequado –, transitado em julgado o acórdão, os autos baixarão ao juízo de origem (CPC, art. 510).[312]

---

[310] RI/STF, art. 146: "O Presidente do Plenário não proferirá voto, salvo: I – em matéria constitucional". Art. 150: "O Presidente da Turma terá sempre direito a voto."

[311] Como visto, consoante o parágrafo único do art. 93 do RISTF, o *provimento* de agravo de instrumento dispensa acórdão.

[312] CPC, art. 556, parágrafo único acrescentado pela Lei 11.419/2006: "Os votos, acórdão e demais atos processuais podem ser registrados em arquivo eletrônico inviolável e assinados eletronicamente, na forma da lei, devendo ser impressos para juntada aos autos do processo quando este não for eletrônico".

9. Efeitos do julgamento

A interposição do recurso extraordinário leva o Pretório Excelso – ou, antes deste e em certos casos, o próprio juízo *a quo* – a fazer com que o remédio se processe segundo a *matéria impugnada* (cf. item 06 retro – Efeitos da interposição). Rege aqui, como alhures, o vetusto princípio *tantum devolutum quantum appellatum* (CPC, art. 515).

É o efeito *devolutivo*.

De igual sorte, o exercício desse mesmo direito formativo leva ao Pretório as questões de ordem pública (item 4.2.2.2). E isso a despeito da colisão entre o ditame constitucional restritivo das "causas decididas" (Constituição, art. 102, inc. III) e o direito sumular assentado ampliativamente pela Corte Maior.[313]

É o efeito *translativo*.

Por fim, ainda na *interposição* – conquanto regras infraconstitucionais contrárias ao efeito suspensivo (CPC, arts. 497 e 542, § 2º, e Lei 8.038/1990, art. 27, § 2º) –, providência cautelar pode paralisar a eficácia da decisão recorrida, tanto no juízo diferido de admissibilidade como, depois, no próprio STF.[314]

É o efeito *suspensivo*.

Esses, enfatize-se uma vez mais, são os efeitos da *interposição* do recurso, circunscritos às partes, ao lado dos quais se encontram notas e peculiaridades exclusivas do remédio extremo que o singularizam frente a qualquer outro evento endoprocessual.

Mais recentemente, contudo, em matéria de efeitos do *julgamento* e resultado da ativa jurisdição constitucional aberta, há inusitada situação jurídica que eleva o recurso extremo às galas das ações constitucionais autônomas: a eficácia *erga omnes*. É o novo recurso extraordinário, que desbordou de seu leito natural de desaguadouro de ações interpartes e derramou-se para fora, atingindo a ge-

---

[313] Verbete 456: "O Supremo Tribunal Federal, conhecendo do recurso extraordinário, julgará a causa, aplicando o direito à espécie".

[314] Antes vistos, verbete 635: "Cabe ao presidente do tribunal de origem decidir o pedido de medida cautelar em recurso extraordinário ainda pendente do seu juízo de admissibilidade." Verbete 634: "Não compete ao Supremo Tribunal Federal conceder medida cautelar para dar efeito suspensivo a recurso extraordinário ainda pendente do seu juízo de admissibilidade". Adiante, item 12 – recurso extraordinário e direito sumular.

neralidade dos destinatários das normas gerais comuns à atividade legiferante. Antes, a exclusiva e comum eficácia de qualquer sentença restrita aos sujeitos do processo, ou a estes e a alguns terceiros. Agora, a mesma eficácia das ações especialíssimas, com repercussão "contra todos".

9.1. Efeitos interpartes

De ordinário, resulta da sentença *cível* a irradiação de eficácia restrita "às partes entre as quais é dada, não beneficiando, nem prejudicando terceiros" (CPC, art. 472). A complexa extensão subjetiva desses efeitos envolve exame de longa discussão. Não caberiam aqui, portanto, digressões acerca do aceso confronto das lições de Pontes de Miranda frente às ideias de Liebman.[315] Ademais disso, do novo recurso extraordinário pode resultar eficácia ainda mais abrangente que o previsto na lei processual civil. Não se compadeceria o bom senso, pois, de se examinar eficácia subjetiva mais restrita, *menor*.

Por outro lado, o interesse seria obviamente estranho à sentença *penal*. Esta se orienta, toda ela, pela *individualização da pena* (Constituição, art. 5º, inc. XLV). Efeitos criminais jamais desbordariam, subjetivamente, para fora do processo:

> "A regra jurídica é bastante em si; e absoluto o direito que nela se contém. Em conseqüência, a perda dos direitos políticos não pode atingir os descendentes, cônjuge ou outros parentes, *nem quaisquer outras penas podem migrar do delinqüente para outrem*".[316]

A lição é da Constituição anterior, mas nada muda. Se o vigente regramento prevê que os sucessores do condenado são obrigados à reparação do dano causado, a responsabilidade desses irá "até o limite do valor do patrimônio transferido". A responsabilidade vai até a força do que receberam do condenado *depois* do delito. O que receberam antes não se comunica: quando do ato delituoso, o sentenciado já não era dono. Bem por isso, só em certos casos os efeitos civis da condenação criminal excepcionarão a denominada *intranscendência subjetiva*.

O mesmo se passava com o recurso extremo. O centenário mecanismo de controle difuso da constitucionalidade das leis e atos de governo sempre teve em mira apreciar a lide de natureza constitucional, exclusivamente entre partes. Tratava somente do caso concreto (Constituição, art. 102, inc. III).

Com o novo recurso extraordinário, porém, tudo mudou.

---

[315] MIRANDA, Pontes de. *Comentários ao Código de Processo Civil*. Tomo V. 3ª ed. Rio de Janeiro: Forense, 1997, p. 159, e Enrico Tullio Liebman. *Eficácia e autoridade da sentença*. 2ª ed. Rio de Janeiro: Forense, 1981, p. 79.

[316] MIRANDA, Pontes de. *Comentários à Constituição de 1967 com a Emenda Constitucional nº 1*, tomo V, 2ª ed. São Paulo: RT, 1974, p. 230 (grifou-se).

9.2. Efeitos *erga omnes* e súmula vinculante

Na evolução de sua histórica mobilidade rumo às galas de Corte Constitucional, vem o Tribunal Maior atribuindo efeitos *erga omnes* a casos particulares. De certa forma, é algo similar ao *binding effect* do sistema da *common law*, ou teoria do precedente.[317]

Desde que antecedido de "reiteradas decisões sobre matéria constitucional", pode agora o julgado em recurso extraordinário converter-se em mais do que simples verbete da Súmula da Jurisprudência do Supremo Tribunal Federal:

"O STF, ao examinar a constitucionalidade de uma lei em recurso extraordinário, tem seguido esta linha. A decisão sobre a questão da constitucionalidade seria tomada em *abstrato*, passando a orientar o tribunal em situações semelhantes".[318]

Para viabilizar tal desiderato – e para além das novidades do *amicus curiae* e da repercussão geral –, o constituinte de segundo grau concebeu instrumento viabilizador da nova feição do instituto recursal: a maldenominada súmula vinculante (Constituição, art. 103-A, inserido pela Emenda Constitucional nº 45/2004).

A despeito de consagrada no Texto Maior, a locução é equívoca. "Súmula" é o conjunto de *verbetes* ou *enunciados* que resultam da reiterada jurisprudência de qualquer tribunal. O que se torna "vinculante", portanto, é a *formulação* decorrente de certa quantidade de julgados; não a súmula:

"A Súmula do STF constitui repositório oficial da jurisprudência dessa Alta Corte. Contém, em seus diversos *enunciados*, e sobre os temas neles referidos, a orientação jurisprudencial predominante do STF. Por essa razão, preceitua o RISTF, em seu art. 102, 'a jurisprudência assentada do Tribunal será compendiada na *Súmula do Supremo Tribunal Federal*'".[319]

O constituinte insistiu na erronia e adotou o tradicional equívoco. Ironicamente, porém, o mesmo Parlamento que editou a Emenda, ao legislar para regulá-la, não repetiu o erro. Em sede de legislação ordinária, corretamente e em várias ocasiões, a Lei 11.417, de 19 de dezembro de 2006, que disciplinou "a edição, a revisão e o cancelamento de enunciado de súmula vinculante pelo

---

[317] "1. The part of English Law based on rules developed by the Royal courts during the first three centuries after the Norman conquest (1066) as a system applicable to the whole country, as opposed to local customs. The Normans did not attempt to make new law for the country or to impose French law on it... 2. Rules of law developed by the courts as opposed to those created by statute. 3 A general system of law deriving exclusively from court decisions". MARTIN, Elizabeth; LAW, Jonathan. *A dictionay of Law*. 6th ed., Oxford University Press, 2006, p. 104.

[318] DIDIER JR., Fredie. *Transformações do recurso extraordinário*. Aspectos polêmicos e atuais dos recursos cíveis e assuntos afins. Coord. Nelson Nery Jr. e Teresa Arruda Alvim Wambier, São Paulo: RT, 2006, p. 107.

[319] MELLO FILHO, José Celso. *Constituição federal anotada*. 2ª ed. São Paulo: Saraiva, 1986, p. 366. Mas o constituinte não quis assim...

Supremo Tribunal Federal" refere expressões tais como *enunciado de súmula, enunciado de súmula vinculante, enunciado de súmula com efeito vinculante* e assim por diante. O legislador acordou.

Seja como for, a "súmula vinculante" materializa audácia há décadas cogitada, antes mesmo das denominadas "súmulas" *persuasivas*, adotadas pelo Supremo Tribunal Federal a partir de 13 de dezembro de 1963.[320]

O novo instituto apresenta o que autorizada doutrina denomina *efeito expansivo subjetivo*.[321] Nesse passo – e a despeito do direito constitucional positivo dispor contrariamente (Constituição, art. 52, inc. X) –, não raro tem o STF deixado de comunicar ao Senado Federal a invalidade de lei declarada no bojo de recurso extraordinário. Ele próprio como que "suspende" a execução da lei inquinada, eis poderá a Câmara Alta não fazê-lo, se assim entender:

"O Senado Federal não está obrigado a suspender a execução de lei declarada inconstitucional por decisão definitiva do Supremo Tribunal Federal. Trata-se de discricionariedade política, tendo o Senado Federal total liberdade para cumprir o art. 52, X, da CF/88. Caso contrário, estaríamos diante de afronta ao princípio da separação de poderes".[322]

O fenômeno é recente. Quando da apreciação de questões de constitucionalidade atribuível a qualquer juiz – *incidenter tantum* –, a Corte tem se inspirado no movimento jurídico-político da denominada *força normativa da Constituição* para alargar efeitos a suas decisões em sede de recurso extremo:

"Since 2004, according to the Federal Constitution, the STF, the highest Brazilian Court, composed by 11 Ministers (judges) can enact binding precedent on constitutional matters, when the question is discussed by the courts bellow, which generates litigation".[323]

Para tal, contribui a necessidade imposta pela celeridade do processo, hoje titulação constitucional expressa (Constituição, art. 5º, inc. LXXVIII), bem como a intolerável sobrecarga provocada pelas ações repetitivas:

"São causas que se contam aos milhares em todo país e que dizem respeito a matérias exaustivamente discutidas e de há muito pacificadas pela jurisprudência. Como exemplo, as devoluções de empréstimos compulsórios, as causas em que se busca correção monetária dos salários de contribuição, para efeito de cálculo de aposentadorias, aquelas em que os depositantes

---

[320] Veja-se CAMBI, Eduardo. *Súmulas vinculantes*. RePro 168/143. Adiante item 12 – Recurso extraordinário e direito sumular.

[321] NERY JUNIOR, Nelson. *Teoria geral dos recursos*. 6ª ed. São Paulo: RT, 2004, p. 477.

[322] LENZA, Pedro. *Direito Constitucional esquematizado*. 12ª ed. 3ª tir. São Paulo: Saraiva, 2008, p. 152.

[323] WAMBIER, Teresa Arruda Alvim. *An outline of Brazilian Civil Procedure*. RePro 168/248.

reivindicam a aplicação de índices expurgados ao cálculo de seus saldos em cadernetas de poupança, entre inúmeras outras".[324]

Já não se justifica, pois, tenha de ser proposta ação direta de inconstitucionalidade, por exemplo, para obviarem-se efeitos gerais resultantes de julgamento já repetidamente efetivado, embora interpartes. E isso a despeito de não se afetar a *existência* material da lei tida por inconstitucional. A lição vem de décadas:

> "A ineficácia absoluta da lei inconstitucional só se verifica com a sua suspensão pelo Senado, porque a sua existência material só então desaparecerá".[325]

O recurso extraordinário tornou-se função de defesa da ordem constitucional em geral. De seus acórdãos, que se ocupam originariamente do caso concreto no sistema difuso de controle da constitucionalidade, agora resultam idênticos efeitos aos do controle concentrado, característico das ações constitucionais.[326] É a chamada *abstrativização* do controle difuso de constitucionalidade:

> "Parece lógico e óbvio que não apenas as súmulas, como as decisões do Supremo, em tema constitucional, têm efeito vinculante. A Constituição é o que a Corte diz que ela é".[327]

A eficácia vinculante visa a desestimular nos litigantes o litígio pelo litígio. O benefício é flagrante:

> "Se as partes tiverem alguma previsibilidade no resultado do litígio ou do processo, evitar-se-á o ajuizamento de muitas demandas ou a interposição de recurso, em razão de já saberem que, ao final, terão ou não sucesso. A súmula, nesse ponto, serviria também como vacina à multiplicação de demandas de idêntico teor".[328]

Antes tão combatida, ela entroniza, como dito, ainda que de forma mitigada, a doutrina do *precedente jurisprudencial*. E isso a despeito da acerba crítica de que este "renova o sistema" enquanto que a súmula o "engessa":

> "A regra de vinculação por precedentes do *stare decisis* não é inexorável, ao contrário da vinculação idealizada pela EC 45, que permite a cassação de toda a decisão judicial por meio de reclamação ao STF, conforme teor

---

[324] NORTHFLEET, Ellen Gracie. *Ainda sobre o efeito vinculante*. Cadernos de Direito Tributário e Finanças Públicas, n° 16, jul/set 1996, p. 12.

[325] CAVALCANTI, Themistocles Brandão. *Do contrôle da Constitucionalidade*. Rio de Janeiro: Forense, 1966, p. 183.

[326] Acerca do tema, REIS, José Carlos Vasconcellos dos. *Apontamentos sobre o novo perfil do recurso extraordinário no direito brasileiro*. RePro, 164/57.

[327] SILVA, Evandro Lins. *A questão do efeito vinculante*. Revista brasileira de ciências criminais 13/113.

[328] SHIMURA, Sérgio Seiji. *Súmula vinculante*. WAMBIER, Teresa Arruda Alvim (coord) *Reforma do Judiciário*. São Paulo: RT, 2005, p. 762.

do parágrafo terceiro do art. 103-A da CF, a vinculação proposta é tamanha que da maneira como foi aprovada não permite nenhuma ponderação racional ou ajuste jurisprudencial pelos juízes, a ponto de sem nenhum exagero podermos afirmar que a súmula vinculante no Brasil tem a pretensão de apreender a razão".[329]

Ora, com todas as vênias, não mais há sistema puro de vinculação ou desvinculação de julgados. Nem o *stare decisis*, em sua aplicação do precedente, tolhe completamente a liberdade do juízo *a quo* no decidir as causas submetidas a sua apreciação, nem o direito sumular chega a fazê-lo. Mas ambos se aproximam um do outro:

"De uma parte, vai se ampliando, dia a dia, nos Estados Unidos, a área coberta pela legislação (*Statute*); de outra, entre nós, o lento ritmo das codificações não dá vazão a nossa pletora de leis extravagantes, o que transpõe o seu ordenamento sistemático para o plano da jurisprudência. Partimos, assim, de pontos distanciados, mas estamos percorrendo caminhos convergentes, sendo aconselhável a comparação dos métodos que uns e outros vamos imaginando para espancar o pesadelo da sobrecarga judiciária, que nos é comum".[330]

Ademais disso, o juiz sempre poderá entender que a controvérsia a ele submetida não se aplica à súmula ou ao precedente (*distinguishing case*).[331] E aí deixará de adotar uma ou outro; sua convicção a ninguém se subordina:

"A hierarquia dos órgãos de jurisdição nada mais traduz do que uma competência de derrogação e nunca uma competência de mando da instância superior sobre a inferior".[332]

Nossa Suprema Corte – mesmo sem provocação e pela maioria de dois terços de seus membros –, pode editar súmula de obrigatória obediência por todos os órgãos do Poder Judiciário e da administração pública, em todas as esferas de atuação (Constituição, art. 103-A).[333] Juízes e administradores – compreendidos nestes os da administração indireta, em todos os níveis – darão pleno atendimen-

---

[329] ABBOUD, Georges. *Súmula vinculante versus precedentes: notas para evitar alguns enganos*. RePro 165/281.

[330] LEAL, Victor Nunes. *A súmula do Supremo Tribunal Federal e o restatement of the law dos norte-americanos*. LTR 30/05. Veja-se MARINONI, Luiz Guilherme. *Aproximação crítica entre as jurisdições de civil law e common law*. RePro 172/175.

[331] "The process of providing reasons for deciding a case under consideration differently from a similar case referred to as a precedent". MARTIN, Elizabeth; LAW, Jonathan. *A dictionay of Law*. 6th ed., Oxford University Press, 2006, p. 172.

[332] CINTRA, Antônio Carlos; GRINOVER, Ada Pellegrini; DINAMARCO, Cândido. *Teoria Geral do Processo*. São Paulo: RT, 1974, p. 117.

[333] Questões da maior relevância, para *aprovação* de verbete da súmula vinculante, são necessários oito votos; para *rejeição* da repercussão geral, o mesmo qualificado *quorum*. Veja-se item 5.1 – Repercussão geral.

to aos cânones postos no instrumento sumular. A menos que não os entendam aplicáveis ao caso concreto:

"Ao contrário do que possa sugerir uma análise menos aprofundada, o direito sumular não existe para exacerbar a função judicante, mas para colocar parâmetros seguros, que impeçam o arbítrio e a injustiça ocorrentes quando respostas discrepantes são dadas a casos substancialmente análogos".[334]

Despiciendo dizer-se, o direito sumular não vincula de qualquer sorte o Poder Legislativo. Fonte primeira de direitos e deveres, logo após a Constituição, claro está que a *lei* não se amolda aos enunciados resultantes da reiteração jurisprudencial. Antes pelo contrário, a menos que a própria lei seja inconstitucional, se editada contra a letra expressa da súmula, de logo esta restará *revogada*.[335] Mas a edição de enunciado vinculante retira do Senado Federal a função de *suspender* a execução da lei declarada inconstitucional pelo Tribunal Maior.

Sempre e sempre, os desencontros nos julgamentos dos tribunais levam a generalizado estado de incertezas que arrostam consigo insegurança jurídica e descrédito do próprio Poder. Também a multiplicação febril de processos idênticos – em que a administração pública tornou-se o maior "cliente" da Justiça – levou a um congestionamento do serviço judiciário. Pouco falta ao emperramento absoluto da máquina judicial, resultado de leis mal-concebidas na medida em que estimulam o demandismo. Por isso, o desiderato do novo instituto é apaziguar dissídios entre os órgãos do Poder Judiciário, ou entre esses e a administração pública, ou ainda entre esses, a administração pública e terceiros (CF, art. 103-A, § 1º).

Desobedecida disposição sumular por órgão judicial ou da administração, nova atividade jurisdicional impõe-se ao Supremo Tribunal Federal. Nesse caso, a regra constitucional viabiliza ação própria, a *reclamação*:

"A solução da reclamação só pode, mesmo, constituir atividade jurisdicional, porquanto seja impensável admitir-se outra natureza para o ato de cassação de uma decisão judicial, ou o emprego de outras medidas judiciais que se façam necessárias para impor-se a autoridade de um julgado ou a competência do tribunal em questão, haja vista que estas atividades vêm a enfrentar o ato reclamado, o qual, na grande maioria das vezes, também é uma decisão judicial – proferida no âmbito do poder jurisdicional do juiz, cuja atuação é independente e autônoma –, de modo que, em sendo

---

[334] MANCUSO, Rodolfo de Camargo. *Divergência jurisprudencial e súmula vinculante*. 3ª ed. São Paulo: RT, 2007, p. 324.

[335] Foi o ocorrido, por exemplo, com o prazo do recurso extraordinário dito *criminal*. Revogando expressamente a Lei 3.396/1958, o art. 44 da Lei 8.038/1990 derrogou o verbete nº 602 da Súmula da Jurisprudência do Supremo Tribunal Federal. Este previa para o recurso o prazo de 10 dias.

O NOVO RECURSO EXTRAORDINÁRIO

jurisdicional o ato, somente outro, com a mesma natureza, é capaz de impugná-lo".[336]

Da reclamação resultará, se julgada procedente, a anulação do ato administrativo delirante do direito, ou a cassação do pronunciamento judicial reclamado. Neste caso, a Corte Maior ordenará que outra decisão judicial seja proferida (Constituição, art. 103-A, § 3º).

Vezes sem conta, porém, referida *ação* envolve, a um só tempo, ordem à autoridade judiciária e ordem à autoridade administrativa:

"Registro, por necessário, e para que não se frustre a execução integral da presente decisão, que o acesso aos autos do procedimento penal em questão (IP 0020/2009), mesmo que já oferecida a denúncia e instaurada a concernente relação processual penal, fica plenamente assegurado ao ora reclamante, por intermédio de seu Advogado constituído, qualquer que seja a unidade ou repartição em que tais autos se encontrem (Delegacia de Polícia Federal, Delegacia de Polícia Civil ou Vara Judicial).

Comunique-se, com urgência, transmitindo-se cópia da presente decisão, para cumprimento integral, ao Senhor Delegado de Polícia Federal em Itajaí/SC (IP nº 0020/2009) e ao MM. Juiz de Direito da 1ª Vara Criminal da comarca de Itajaí/SC.

2. Requisitem-se informações, para os fins e efeitos do art. 14, I, da Lei nº 8.038/90, à autoridade policial e ao MM. Juiz de Direito da 1ª Vara Criminal da comarca de Itajaí/SC".[337]

Para propor a edição de súmula, sua revisão ou o cancelamento, a Emenda 45/2004 legitimou o Presidente da República, as Mesas do Senado Federal, da Câmara dos Deputados, das Assembleias Legislativas e da Câmara Legislativa do Distrito Federal, os Governadores, o Procurador-Geral da República, o Conselho da Ordem dos Advogados do Brasil, os partidos políticos com representação no Congresso Nacional e as confederações sindicais ou entidades de classe de âmbito nacional (Constituição, art. 103-A, § 2º, c/c art. 103 e seus incisos).

Posteriormente, o legislador ordinário habilitou também o Defensor Público-Geral da União e os Tribunais Superiores, os Tribunais de Justiça de Estados ou do Distrito Federal e Territórios, os Tribunais Regionais Federais, os Tribunais Regionais do Trabalho, os Tribunais Regionais Eleitorais e os Tribunais Militares (Lei nº 11.417/2006, art. 3º, inc. VI e XI, respectivamente). A mesma legitimação foi atribuída aos Municípios, restrita, porém, aos processos em que forem parte (art. 3º, § 1º).

---

[336] MORATO, Leonardo L. *Reclamação*. São Paulo: RT, 2007, p. 68. Da mesma forma, DINAMARCO, Cândido Rangel. *Nova era no processo civil*. 2ª ed., São Paulo: Malheiros, 2007, p. 204.

[337] Rcl 8.225, rel. Min. Celso de Mello, DJ 01.06.2009.

O processamento de proposta de edição, revisão e cancelamento de verbetes das súmulas – vinculante ou persuasiva – foi devidamente regulado pelo Supremo Tribunal Federal. Recebida a proposta, registrada e autuada, publicar-se-á edital para ciência e manifestação de interessados, no prazo do quinquídeo. Findo este, o processo irá à Comissão de Jurisprudência para exame, também no prazo de cinco dias, acerca da adequação formal da proposta. Logo após, via cópias eletrônicas, será encaminhada aos demais ministros e ao Procurador-Geral da República. A seguir, será publicada pauta de sessão do Tribunal Pleno, que decidirá.[338]

9.2.1. Transcendência dos motivos determinantes

Em vários de seus julgados em recurso extraordinário – quando daí resultem efeitos *erga omnes* –, o Supremo Tribunal Federal, vez por outra, tem adotado a denominada "transcendência dos motivos determinantes". Faz com que a eficácia do pronunciamento judicial estenda-se também aos *fundamentos* das decisões. Esses irradiariam os mesmos efeitos da decisão vinculante propriamente dita:

> "O fenômeno da transcendência reflete uma preocupação doutrinária com *a força normativa da constituição*, cuja preservação, em sua integralidade, necessita do reconhecimento de que a eficácia vinculante se refere não apenas ao dispositivo, mas estende-se também aos próprios fundamentos determinantes da decisão proferida pela Corte Suprema, especialmente quando consubstanciar uma declaração de inconstitucionalidade em sede de controle abstrato".[339]

A matéria é tormentosa. Podem-se aí vislumbrar as ingentes dificuldades postas pelo sistema do *stare decisis*. Neste, com frequência, ocorrem intermináveis discussões acerca de qual *fundamento* predomina na decisão, qual o seu conteúdo, sua extensão, a projeção no tempo. Mais ainda, indaga-se acerca dos limites entre os diferentes motivos fundantes do *decisum*, a dizer, a *ratio decidendi*, de um lado, e, de outro, as manifestações *obter dicta*, a saber, os argumentos secundários que apenas pretendem eficácia meramente persuasiva.

Essa trilogia – *decisum*, fundamento, *obter dictum* – pode bem desembocar em incertezas caudatárias de insegurança dos julgados e desconhecimento quanto à extensão de seus efeitos.

Em lugar dessas circunvoluções temerárias, fique-se com a súmula extraída diretamente dos *decretos decisórios*. Não se perca o contato com o chão. Vezes sem conta, a excessiva ousadia leva a vôos de Ícaro.

---

[338] A Resolução nº 388, de 05 de dezembro 2008, regulou a matéria.

[339] NOVELINO, Marcelo. *Direito constitucional*. 2ª ed., São Paulo: Método, 2008, p. 128.

9.3. Efeitos temporais, materiais e modulação

No sistema concentrado do controle da constitucionalidade das leis – mais precisamente, na ação direta de inconstitucionalidade –, o legislador atribuiu ao Supremo Tribunal Federal poderes para "restringir os efeitos daquela declaração ou decidir que ela só tenha eficácia a partir de seu trânsito em julgado ou de outro momento que venha a ser fixado" (Lei 9.868, de 10 de novembro de 1999, art. 27). Diferentemente do *quorum* especial para a declaração de inconstitucionalidade perante qualquer tribunal (o *full bench* do art. 97 da Constituição), a lei passou a exigir, para tal fim, maioria de dois terços dos juízes da Corte Suprema. Com tal disposição, rompeu com a consagrada eficácia *ex tunc* das sentenças declaratórias, aproximando-se da teoria kelseniana da *anulabilidade* das normas inconstitucionais. Passou-se a fixar o *momento* a partir do qual o aresto resultante geraria consequências: efeitos *retroativos*, efeitos *imediatos*, efeitos *prospectivos*. Numa palavra, *modular* a eficácia temporal do julgado, de certa forma afastando o princípio da nulidade que leva à eficácia *ex tunc* do julgado que a declare:

> "O princípio da nulidade somente há de ser afastado se se puder demonstrar, com base numa ponderação concreta, que a declaração de inconstitucionalidade ortodoxa envolveria o sacrifício da segurança jurídica ou de outro valor constitucional materializável sob a forma de interesse social. Entre nós, cuidou o legislador de conceber um modelo restritivo também no aspecto procedimental, consagrando a necessidade de um *quorum* especial (2/3 de votos) para a declaração de inconstitucionalidade com efeitos limitados".[340]

Da mesma forma, ainda na ação declaratória de inconstitucionalidade, a respectiva decisão fixará a amplitude de tais consequências, qualitativa e quantitativamente, podendo também limitar a *interpretação conforme* à Constituição de lei ou ato normativo. Assim ocorreu em sede de ação declaratória de inconstitucionalidade em que o STF, por maioria de votos, referendou decisão monocrática que concedera medida cautelar para dar interpretação conforme à Constituição em matéria de competência da justiça trabalhista:

> "Não há que se entender que a justiça trabalhista, a partir do texto promulgado, possa analisar questões relativas aos servidores públicos. Essas demandas vinculadas a questões funcionais a eles pertinentes, regidos que são pela Lei 8.112/90 e pelo direito administrativo, são diversas dos contratos de trabalho regidos pela CLT. (...) Em face dos princípios da proporcionalidade e da razoabilidade e ausência de prejuízo, concedo a liminar, com efeito *ex tunc*. Dou interpretação conforme ao inc. I do art. 114 da CF, na redação da EC nº 45/04. Suspendo, *ad referendum*, toda e qualquer

---

[340] MENDES, Gilmar Ferreira. *Jurisdição constitucional*. 5ª ed., São Paulo: Saraiva, 2005, p. 395.

interpretação dada ao inc. I do art. 114 da CF, na redação dada pela EC 45/04, que inclua, na competência da justiça do trabalho, a apreciação de causas que sejam instauradas entre o poder público e seus servidores, a ele vinculados por típica relação de ordem estatutária ou de caráter jurídico-administrativo".[341]

O Pretório Maior poderá também, em sede declaratória, afirmar parcialmente a inconstitucionalidade, *sem redução de texto*. Ou ainda declarar a inconstitucionalidade de dispositivos estranhos ao objeto da ação, mas cuja validade resta comprometida pela invalidação de outros comandos declarados inconstitucionais. É a declaração de inconstitucionalidade por *arrastamento*, ou por *atração*. Em qualquer hipótese, sucederá efeito vinculante (Lei 9.868/1999, art. 28, parágrafo único).

Também aqui, dá-se a *modulação* dos efeitos; neste caso, quanto a sua *extensão*, isto é, quanto à *matéria* decidida.

Mais recentemente, também em sede de recurso extraordinário, o Supremo Tribunal Federal tem modulado os efeitos de alguns de seus acórdãos. E a despeito do silêncio legal:

"O Tribunal, por maioria, deu parcial provimento ao recurso para, restabelecendo, em parte, a decisão de primeiro grau, declarar inconstitucional, *incidenter tantum*, o parágrafo único do artigo 6º da Lei Orgânica nº 226, de 31 de março de 1990, do município de Mira Estrela/SP, e determinar à Câmara de Vereadores que, após o trânsito em julgado, adote as medidas cabíveis para adequar sua composição aos parâmetros ora fixados, *respeitados os mandatos dos atuais vereadores*, vencidos os senhores ministros Sepúlveda Pertence, Marco Aurélio e Celso de Mello".[342]

Veja-se: declarada a inconstitucionalidade da Lei Orgânica do Município no bojo do recurso extraordinário – *incidenter tantum,* pois –, os inteiros efeitos do *decisum* passaram a ter eficácia a partir do término dos mandatos dos edis de então. Modulação com efeitos *prospectivos*.

É o novo atributo do recurso extremo, também este perpetrando a modulação. Mas é preciso que "haja, entre órgãos judiciários ou entre estes e a administração pública, controvérsia atual que acarrete grave insegurança jurídica e relevante multiplicação de processos sobre idêntica questão". E que ocorram reiteradas decisões sobre a matéria (Lei 11.417/2006, art. 2º e seus §§ 1º e 3º).

---

[341] ADI 3.395, rel. Min. Nelson Jobim, DJ 10.11.2006.

[342] RE nº 197.917, rel. Min. Mauricio Corrêa, DJ 24.03.2004 (grifou-se).

10. Recurso extraordinário adesivo

A Constituição não prevê competência para o Supremo Tribunal Federal julgar recurso extraordinário adesivo. O elenco das hipóteses previstas na Carta Maior é exaustivo; não há recurso extraordinário fora dali. Mas nem por isso se discutirá da constitucionalidade de seu cabimento: o recurso adesivo é modo de interposição da espécie recurso extraordinário. A *modalidade* vem da regra infraconstitucional; a *espécie*, da própria Constituição.

Antes da fase recursal, antes mesmo da sentença no primeiro grau de jurisdição, defrontam-se no processo a *tese* do direito postulado pelo autor e a *antítese* ofertada pela parte contrária. E pode-se falar também em um interveniente que se pode antepor a um e outro – o oponente.

Sobrevinda sentença (a *síntese*), normalmente, um dos figurantes fustiga o ato recorrido; o outro o defende. E isso independe da posição assumida até aí por cada um deles.

Com a ação, estabelecera-se situação *trinária* entre autor e réu, com o vértice no juiz. Depois, na fase de impugnação do decidido, plasmou-se posicionamento verdadeiramente *binário*: o recorrente opondo-se à sentença enquanto o recorrido a esta se aliando. Razões e contrarrazões: aquelas impugnando o ato judicial; estas o defendendo. Em princípio, o posicionamento coincidente do recorrido e do juízo, e a posição contrária do recorrente.

Pode, entretanto, muito *antes* da sentença, que o réu resolva demandar contra o autor direito que pretendia não sustentar em juízo; somente o faz porque o adversário moveu-lhe ação. Assim, conexa que seja essa pretensão com os fundamentos de sua própria defesa, ou com os da ação que lhe é movida, o demandado *reconvirá* (CPC, art. 315).[343]

Depois de decidida a lide, dá-se algo semelhante. A despeito do prejuízo parcial que a sentença lhe traz (se a sucumbência é *recíproca*), um dos contendores conforma-se. Como na reconvenção, não pretenderia buscar o direito "menor" a que faz jus. Entretanto, em virtude do recurso do adversário, ele defende, em contrarrazões, a parte do *decisum* que o favorece, e ataca, por meio de *outro*

---

[343] AMORIM, Aderbal Torres de. *Reconvenção e ação consignatória.* AJURIS, 27/125 e RT 565/259.

recurso, o capítulo que o prejudica. Daí dizer-se, com propriedade, ser o adesivo uma "via quase reconvencional".[344]

Há, contudo, expressivas diferenças entre os dois institutos: na reconvenção, trata-se de pretensão *pré-processual*; esta existia antes da ação principal. No recurso adesivo, ocorre fenômeno *endoprocessual*; o direito foi negado no próprio processo. Na reconvenção, a pretensão é conexa com a ação principal ou com a defesa, mas a demanda é independente e poderia ser autônoma. No recurso precário, a pretensão não tem de ser conexa, poderia ser independente, mas não é autônoma.

A denominação *recurso adesivo* funda-se na verdadeira adesividade que este tem em relação ao recurso principal. Entre ambos, existe uma singular relação em que o vínculo de principalidade faz com que desapareça o adesivo se não sobreviver o outro. É recurso preso, colado, ligado, unido ao recurso principal. *Aderido*. E essa precariedade reside na estrita dependência. Seria melhor que se o denominasse, como no direito lusitano, recurso *subordinado*, em oposição à primordialidade do recurso independente.[345] Ou recurso *precário*, consequência da prejudicialidade.

Nesse passo, perde sentido a encarniçada discussão de ser o adesivo modalidade de interposição de um dos recursos em que cabível, ou espécie recursal diferente daquelas elencadas na lei processual civil (CPC, art. 496). O recurso subordinado é, definitivamente, o mesmíssimo recurso que deixou de ser manejado no prazo previsto. A exemplo do principal, visa a reforma de *parte* do *decisum* resultante da parcial sucumbência. E é por isso que, independente do recurso principal, no caso do extraordinário, o recurso adesivo igualmente exige repercussão geral, abre possibilidade de intervenção do *amicus curiae* e faculta a edição de verbete sumular, vinculante ou persuasivo.

A forma anômala de interposição nasceu do combate à chicana e inspirou-se na economia processual. No regime anterior, vezes sem conta uma das partes aguardava o último dia do prazo recursal, comparecia ao juizado e aí era informada de que o adversário não recorrera. Também não recorria. O prejuízo parcial seria compensado pelo fato de não ter de suportar o prosseguimento do processo e as agruras da fase recursal. Dias após, a mesma parte era surpreendida com intimação para responder ao recurso do adversário; este recorrera. O serventuário que informara a ausência de recurso equivocara-se. Ou pior, o recurso fora interposto fora do prazo, mas datado como se tempestivo fosse.

A instituição do recurso precário curou a deplorável moléstia. Trazendo segurança às partes – no sentido de que, em caso de recurso do adversário, haverá oportunidade de igualmente se recorrer –, a regra vem da economia processual.

---

[344] MARINONI, Luiz Guilherme; ARENHART, Sérgio Cruz. *Manual do Processo de Conhecimento*. 4ª ed., São Paulo: RT, 2005, p. 568.

[345] No direito processual civil português, os institutos são tratados como *Recurso independente e recurso subordinado* (CPC, artigo 682º, na redação do Decreto-Lei 329-A/95 de 12.12.1995).

Em tese, haverá menos recursos. Na sucumbência de ambos, se um dos contendores recorrer, há sempre o risco de o adversário recorrer também e retirar daquele a vitória obtida, embora parcial.

Mas faltou a lei dizer: quem recorre principalmente renuncia ao recurso adesivo.

10.1. Pressupostos recursais comuns

Os pressupostos recursais comuns do recurso extraordinário adesivo guardam estreita similaridade com os pressupostos comuns do extraordinário principal. Mas há diferenças, algumas substanciais.

Diferentemente do recurso principal, quanto à *legitimidade*, a lei restringe o recurso precário às partes, a saber, autor e réu (CPC, art. 500). Nessas condições, nem o terceiro prejudicado, nem o Ministério Público, na condição de *custos legis*, podem recorrer adesivamente.

O *interesse* em recorrer adesivamente sujeita-se à sucumbência recíproca; se não há prejuízo de ambas as partes, nenhuma delas pode subordinadamente recorrer. No recurso principal, por óbvio, basta a sucumbência – recíproca ou não.

Em termos de *cabimento*, além da disposição normativa expressa (CPC, art. 500, inc. III), a preclusão consumativa fará por inadmitir o adesivo se a parte antes interpôs recurso principal. É o que afirma o Tribunal guarda da lei federal:

"Dentro da teleologia que inspirou a adoção do recurso adesivo, não se deve prestigiar o procedimento da parte que, tendo interposto serodiamente a apelação independente, posteriormente reproduz esta impugnação na via adesiva".[346]

A *tempestividade* do recurso subordinado, tal qual na reconvenção, estabelece-se a partir da *resposta*. Na reconvenção, com a contestação e/ou exceção; no adesivo, com as contra-razões. E o prazo se inicia com a intimação do recorrido para contra-arrazoar o recurso principal (CPC, art. 500, inc. I). Inclusive na jurisdição eleitoral.[347]

No mais, em termos de prazo, segue o adesivo as regras do extraordinário principal. Mas nem sempre, aos litisconsortes com advogados diferentes, conta-se-o em dobro:

---

[346] REsp 6.488, rel. Min. Sálvio de Figueiredo Teixeira, DJ 11.11.91. É o que, embora sem competência para tanto, o Tribunal de Justiça do Estado de São Paulo inseriu em norma regimental: "Ao interpor recurso extraordinário seu, a parte renuncia a recurso extraordinário adesivo subseqüente ao apelo extremo da outra parte" (RI, art. 879, § 2°).

[347] Verbete n° 728 da Súmula da Jurisprudência do Supremo Tribunal Federal: "É de três dias o prazo para interposição de recurso extraordinário contra decisão do Tribunal Superior Eleitoral, contado, quando for o caso, a partir da publicação do acórdão, na própria sessão de julgamento, nos termos do art. 12 da Lei 6055/1974, que não foi revogado pela Lei 8.950/1994."

"A contagem em dobro dos prazos para os litisconsortes que tiverem diferentes procuradores (CPC, art. 191) não se aplica quando apenas um deles é sucumbente, porquanto só ele tem interesse em recorrer".[348]

O mesmo para a assistência judiciária gratuita (Lei 1.060, de 5 de fevereiro de 1950, art. 5º, § 5º, acrescentado pela Lei 7.871, de 8 de novembro de 1989). Entretanto, a Fazenda Pública dispõe de prazo dobrado para recorrer adesivamente, mas não para oferecer contrarrazões ao recurso principal (CPC, art. 188).

O *preparo* só é exigível para o recurso subordinado se para o recurso principal também o for (CPC, art. 500, parágrafo único). Mas a norma prevê a rejeição liminar do recurso secundário se o outro for declarado inadmissível *ou* deserto (CPC, art. 500, inc. III).

Ora, o legislador misturou gênero e espécie: o preparo é *um dos* pressupostos da admissibilidade. Sua falta resulta na deserção (CPC, art. 511). A lei contém, portanto, acréscimo inútil e atécnico. O Regimento Interno do Supremo Tribunal Federal incorreu em mesma erronia.[349]

A *regularidade formal* do recurso extraordinário adesivo exige o atendimento do que preconizado no direito infraconstitucional (CPC, art. 541). Ali estão os requisitos da petição recursal, tanto para o recurso principal quanto para o remédio subordinado.

O requisito da *inexistência de ato incompatível com a vontade de recorrer* segue o mesmo regramento para o recurso principal (CPC, art. 503). Insista-se, entretanto, esse pressuposto não tem a mesma natureza de qualquer outro dos pressupostos comuns. No mínimo, porque é *negativo*. Sua colocação entre os demais requisitos é artificial.[350]

10.2. Pressupostos recursais especiais

Se nos requisitos comuns – a despeito das vivas diferenças – não há maiores dificuldades quanto ao recurso extraordinário adesivo, o mesmo não ocorre com um dos pressupostos especiais: as *causas decididas* (Constituição, art. 102, inc. III). Certo, o extraordinário subordinado – assim como o recurso principal – deve conter julgamento em *única* ou *última* instância, *preliminar* de repercussão geral e *existência* de repercussão geral. E ainda pode facultar a intervenção do *amicus*

---

[348] AI 234.997, rel. Min. Moreira Alves, DJ 08.06.99. Súmula do STF, Verbete 641: "Não se conta em dobro o prazo para recorrer, quando só um dos litisconsortes haja sucumbido". Adiante, item 12 – Recurso extraordinário e direito sumular.

[349] RI/STF, art. 321, § 2º: "Aplicam-se ao recurso adesivo as normas de admissibilidade, *preparo* e julgamento do recurso extraordinário, não sendo processado ou conhecido, quando houver desistência do recurso principal, ou for este declarado *inadmissível* ou *deserto*" (grifou-se). Insista-se: o preparo é *um dos* requisitos de admissibilidade.

[350] AMORIM, Aderbal Torres de. *Recursos cíveis ordinários*. Porto Alegre: Livraria do Advogado, 2005, p. 52. Ver nota de rodapé nº 61.

curiae, pois ele se rege, insista-se, pelas normas aplicáveis ao recurso principal (CPC, art. 500, parágrafo único). Entretanto, é na indispensabilidade da *causa decidida* que se materializa a intrincada problemática deste remédio recursal.

Repise-se, *"causa* é qualquer *questão* sujeita à decisão judicial, tanto em processo de jurisdição contenciosa como em processos de jurisdição voluntária".[351] E se não *decidida* – em outras palavras, se não resolvida no próprio pronunciamento judicial recorrido –, não se conhece do recurso extremo.

Quanto aos vocábulos adjetivadores da instância – *única* e *última* –, esses indicam já não mais caber, antes do extraordinário, qualquer outro recurso contra o *decisum* que se quer levar ao STF; à exceção dos embargos declaratórios, sempre possíveis. Como antes visto:

"É inadmissível o recurso extraordinário quando couber, na instância de origem, recurso ordinário da decisão impugnada".[352]

É preciso que se interprete adequadamente o verbete em questão, inclusive o correspondente enunciado do Superior Tribunal de Justiça, menos abrangente e também desatualizado:

"É inadmissível o recurso especial quando cabíveis embargos infringentes contra o acórdão proferido no tribunal de origem".[353]

Ora, embora cabíveis na origem os embargos infringentes, sua ausência não inviabiliza, por este só fato, os recursos extraordinário e/ou especial (CPC, art. 498, parágrafo único). Nesse caso, o recorrente suportará o ônus do trânsito em julgado da parte não unânime do acórdão recorrível. Mas nada mais que isso: preenchidos os pressupostos exigíveis, ele sempre poderá recorrer da parte unânime.

Desta feita, pois, o verbete sumulado da Corte Suprema, que subentende a vedação, há de merecer interpretação conforme a lei. Esta não veda, insista-se, a recorribilidade da parte unânime do acórdão majoritário, a despeito de restar irrecorrida a parte não unânime. Quanto ao enunciado da Corte Superior, está ele em aberto confronto com o dispositivo legal.

Em síntese: como também para o recurso principal, para viabilizar-se o recurso extraordinário adesivo, tem-se, pois, a necessária coexistência de uma "causa", com o atributo "decidida", julgada pela "única" ou "última" vez na instância ordinária. E dispensado qualquer nexo entre a pretensão do recurso principal e a do adesivo, é forçoso que o recorrente adesivo não tenha manejado o recurso principal.

---

[351] SANTOS, Moacyr Amaral. *Primeiras linhas de direito processual civil*. Vol 3, 22ª ed. Rio de Janeiro: Saraiva, 2008, p. 165.

[352] Súmula do STF, verbete 281. Adiante, item 12, Recurso extraordinário e direito sumular.

[353] Súmula do STJ, verbete 207.

10.3. Âmbito de devolutividade

Se o extraordinário não comporta a extensão da *devolutividade* dos recursos ordinários, menos ainda carrega a *translatividade* de seus efeitos. Para os recursos ordinários, ao contrário, a incidência das regras postas no art. 515 e seus §§ 1º e 2º da lei processual civil fazem com que qualquer *matéria* impugnada inclua julgamento na instância *ad quem* (se a matéria foi impugnada é porque constou da sentença). Do mesmo modo, nesses recursos, o fenômeno da translatividade leva à superior instância, "automaticamente", o conhecimento das *questões suscitadas* ao longo do processo e dos *fundamentos* com que se digladiaram os contendores no embate processual. E ainda que certos fundamentos e questões não constem do pronunciamento recorrido.[354]

No recurso extremo, diferentemente, as questões e os fundamentos não sobem ao Pretório Maior de *per se*. Já se viu, hão de terem sido questionados *e* decididos (item 6.1 – Âmbito do efeito devolutivo). E quanto à matéria propriamente dita, repita-se que esta se restringe à de natureza constitucional.

Tais óbices, que já são presença marcante no extraordinário principal, tornam o recurso adesivo condicionado à presença de questão constitucional *diferente* da que fundamenta o primeiro. Não fora assim, bastariam as contrarrazões; ao adesivo faltaria *interesse*.

A despeito de opiniões que autorizam à parte que interpôs recurso principal a fazê-lo também adesivamente, a inadmissibilidade do recurso principal *sempre* afasta o recurso precário. E ainda que este já admitido no próprio juízo *ad quem*:

> "Recurso extraordinário adesivo indeferido na origem com fundamento exclusivo na denegação do RE principal (Cód.Proc.Civ., art. 500, III): inadmissibilidade do agravo de instrumento. A frustração definitiva do recurso principal torna inadmissível o RE adesivo e é irrelevante que o agravo, contra o indeferimento deste, malgrado descabido, haja sido provido, visto que tal provimento não gera preclusão quanto ao cabimento do RE (Súmula 289)".[355]

Há outro aspecto de máxima importância para o extraordinário adesivo. Por confundir juízo de admissibilidade com juízo de mérito, o Supremo Tribunal inadmitia extraordinários subordinados, a despeito de plenamente conhecíveis ante a inteira conhecibilidade do principal. Em outras palavras, só não será conhecido o adesivo se o principal não oferecer condições de julgamento quanto ao mérito, isto é, se não ultrapassar o juízo de sua própria admissibilidade. A menos, por evidente, que o próprio adesivo não seja conhecível. Assim, alterando velho

---

[354] A prescrição, por exemplo, que tanto pode se enquadrar como *fundamento* da defesa, quanto como *questão* pelo réu ao depois suscitada (CPC, arts. 219, § 5º, e 515, §§ 2º e 1º). E não há prazo para alegá-la.

[355] RE 200.736 , rel Min. Sepúlveda Pertence. DJ 21.11.1997. Assim também RE 203.474 e RE 205.840.

e equivocado entendimento, finalmente o Pretório Maior deixou no passado sérias injustiças provocadas pela rejeição pura e simples de recursos inteiramente cabíveis.[356] Mas é preciso atenção.

---

[356] V. item 6.1, RE 298.694, rel. Min. Sepúlveda Pertence, DJ 23.04.2004, igualmente referido no ítem 7.1.1.

11. Recurso extraordinário retido

À primeira vista, o dispositivo que introduziu a forma retida de recorrer extraordinariamente contém defeito explícito (CPC, art. 542, § 3º, acrescentado pela Lei 9.756, de 17 de dezembro de 1998). Não é contra *decisão* interlocutória que o recurso extremo é interponível; é contra o *acórdão* que julga agravo de instrumento manejado contra referida decisão:

> "Certamente, terá o legislador se servido do termo *decisão interlocutória* para referir-se ao acórdão que julga o agravo *quando este tiver por conteúdo uma decisão interlocutória*. Só em casos assim deve, como regra, o recurso remanescer nos autos".[357]

Com efeito, não é incomum o legislador adotar denominações equívocas, imprecisas. Assim ocorre, por exemplo, com o vocábulo "sentença" quando, em decorrência do efeito substitutivo, nele próprio subentende-se o "acórdão" (CPC, art. 512 c/c arts. 644 e 732 e ainda o art. 475 e seu alfabeto de 17 letras). Em outras ocasiões, como deveria fazê-lo a todo tempo, consagra o gênero "título executivo judicial" (CPC, art. 575).

Ocorre que perante o juiz singular, como visto, também pode caber o recurso extremo (v. item 4.2.1 – Julgamento em *única* ou *última* instância). Nessa hipótese, escassa embora, seria contra a interlocutória propriamente dita que se voltaria o RE. Assim, a despeito da estranheza que a expressão suscita, o legislador determinou que o extraordinário seja interposto "contra decisão interlocutória". Ao fim e ao cabo, esta é a destinação última da inconformidade.

Outro ponto importante diz com a reiteração do recurso retido que deve ser feita "no prazo para a interposição do recurso contra a decisão final, ou para as contra-razões". Há quem entenda obrigatória a interposição do recurso "contra a decisão final", ou o manejo das contrarrazões, para que se opere a reiteração do extraordinário retido antes interposto.

A lei a tanto não obriga; ela apenas fixa *prazo*.

---

[357] WAMBIER, Teresa Arruda Alvim. *Hipótese de cabimento dos embargos infringentes (a falta de clareza do sistema não pode prejudicar as partes)*. RePro 171/32.

De nenhum lugar se há de tirar que a norma compele o recorrente retido à interposição de outro recurso, ou às contrarrazões de recurso interposto pelo adversário, para que se conheça do remédio antes manejado. Exigir-se tal é ignorar que pode ser cabível o recurso retido e não o ser o recurso final. É confundir-se recurso *retido* com recurso *adesivo*. O recurso adesivo, este sim, *depende* do recurso principal e não é conhecível se este for declarado inadmissível (CPC, art. 500, inc. III). O mesmo não se dá, porém, com o recurso retido; este é recurso *independente*.

Tome-se como exemplo decisão interlocutória lesiva que arroste matéria constitucional, viabilizando, pois, o recurso extraordinário obrigatoriamente retido. Tenha-se que a decisão final envolva unicamente questão de direito local. Nesse caso, indaga-se: sendo incabível o recurso extraordinário eventualmente interposto contra a decisão final, o recurso retido restaria igualmente não conhecido? A lesão ao direito constitucional praticada na interlocutória recorrida adesivamente restaria incólume? Onde ficaria o processo *justo*, se afirmativa a resposta aos questionamentos?

Mais: se o recurso retido fora interposto pelo recorrido final, nada o obriga às contra-razões. Estas são faculdade e não ônus processual; sua falta nenhum efeito tem:

> "Meio de *defesa*, tanto quanto a contestação, desta se diferenciam, entretanto, por não resultar sua inocorrência em confissão ou sequer presunção de concordância com a sentença de que recorre a parte contrária. A contestação é ônus processual; não oferecida pelo réu, importa em confissão (CPC, art. 319). As contra-razões são faculdade; sua falta nenhum efeito tem".[358]

A questão reveste-se de extrema gravidade, notadamente em face de posicionamentos que indicam "necessidade de que o recurso principal seja conhecido para que se aprecie o retido".[359]

Com todas as vênias, repita-se, confunde-se recurso retido com recurso adesivo. *Reiterar* o julgamento do recurso retido não o faz *depender* do recurso final como se dá, insista-se, com o extraordinário adesivo (item 10, retro). Este sim, por expressa disposição legal, fica em tudo *subordinado* ao recurso principal. Há entre eles vínculo de principalidade, de verdadeira *prejudicialidade*. Mas entre o extraordinário retido e o recurso final, insista-se à náusea, tal não ocorre. Bem pelo contrário, pode este vir a não ser julgado ante o provimento daquele.

Em síntese tautológica: o extraordinário retido antecede o extraordinário *final, se* este houver; o extraordinário adesivo sempre sucede ao *principal*.

---

[358] AMORIM, Aderbal Torres de. *Recursos cíveis ordinários*. Porto Alegre: Livraria do Advogado, 2005, p. 101.

[359] MANCUSO, Rodolfo de Camargo. *Recurso extraordinário e recurso especial*. 10ª ed. São Paulo: RT, 2007, p. 369.

Por tudo, exigir-se mais do que a simples reiteração em requerimento avulso é criar novo requisito que a lei não contempla. Repelir-se o recurso retido por que a reiteração não se deu no bojo de razões recursais ou em contrarrazões é orçar pela *ilegalidade*, é contrariar princípio *sensível* albergado no Texto Maior (Constituição, art. 5º, inc. II).

Por tudo, a reiteração do processamento do recurso extremo retido não obriga à interposição do recurso final, ou às contrarrazões a este opostas. Basta simples requerimento para tal.

A retenção do extraordinário não guarda caráter absoluto; ela pode ser removida por mais de uma via. Assim, em casos extremos, pode o recurso retido tramitar mercê da interposição de agravo de instrumento ou de propositura de reclamação ou mesmo de medida cautelar. O Supremo Tribunal Federal permanece vacilante quanto ao tema, mas admite, por mais de um meio, o destrancamento do recurso excepcional retido na origem:

> "Ao propósito, a Corte ainda não firmou posição definitiva, oscilando entre considerar adequada ora a reclamação, ora medida cautelar, ou até o agravo de instrumento, para que a parte prejudicada com a retenção de recurso extraordinário, na forma do art. 542, § 3º, do Código de Processo Civil, lhe obtenha processamento imediato (*omissis*) diante da incerteza da jurisprudência do Tribunal, não seria lícito prejudicar a parte com o eventual não conhecimento do remédio que, dentre aqueles, se entenda impróprio. Em segundo lugar, porque a pretensão de que se cuida – o desbloqueio de recurso extraordinário retido, cujo julgamento compete à Corte – parece quadrar no âmbito de admissibilidade das três medidas processuais, que, para esse efeito, devem ter-se por fungíveis".[360]

Finalmente, de se notar que as regras referentes ao recurso extraordinário retido, quanto a prazo, também não se aplicam na jurisdição criminal.[361]

---

[360] Pet. 3.598, rel. Min. Cezar Peluso, DJ 10.02.2006.

[361] Ag (AgRg) 234.016, rel Min. Ilmar Galvão, DJ 06.08.1999.

12. Recurso extraordinário e direito sumular

Visto no item 9.2 retro (Efeitos *erga omnes* e súmula vinculante), o fenômeno jurídico contemporâneo tem aproximado os sistemas da *common law*, em que predomina o *binding effect,* e o denominado direito continental, ou da *civil law*, que preconiza a legalidade estrita. No primeiro caso, o *precedente* como fonte primordial da jurisdição; no outro, a *lei*. A convergência de há muito vem observada. [362]

Seguindo a tendência, no início dos anos 60, sobreveio o denominado direito sumular. A iniciativa buscava amenizar a imensa carga de processos no Supremo Tribunal Federal e visava a conjurar a repetida injustiça de decisões díspares para casos idênticos.

A súmula não adotou de logo o obrigatório vínculo da jurisdição aos precedentes (o *authoritative precedent* da *common law*); nem mesmo haveria constitucionalidade se o fizesse. Preferiu uma feição suasória para o direito estratificado (o *persuasive precedent*). A partir de então, colacionando julgados, a Corte Maior passou a emitir *verbetes*, sínteses de casos semelhantes ali decididos. Surgia no cenário jurídico nacional a Súmula da Jurisprudência do Supremo Tribunal Federal. E aos poucos – a despeito das naturais resistências que a novidade haveria de enfrentar –, tais *enunciados* foram sendo adotados em outras instâncias.

Para alguns, por invadir competência do Legislativo, a súmula seria inconstitucional. Comandos gerais para além das partes do processo, seus verbetes não passariam de leis no sentido material. E violariam a independência do juiz na medida em que o obrigaria, mais hoje mais amanhã, a prestar vassalagem às decisões sumuladas, interferindo na criação do direito que o livre convencimento garante e a jurisprudência oxigena. Para outros, o juiz sempre poderia entender que a controvérsia a ele submetida não se aplicaria à súmula ou ao precedente (*distinguishing case*). Para outros mais, seria preferível aplicar o precedente

---

[362] Repita-se o que referido no item 9.2 retro: "'súmula' é o conjunto de *verbetes* ou *enunciados* que resultam da reiterada jurisprudência de qualquer tribunal". Para um exame comparativo entre as jurisdições de *common law* e *civil law*, WAMBIER, Teresa Arruda Alvim. *Estabilidade e adaptabilidade como objetivos do direito*. RePro 172/121.

sumulado do que, ao depois, ver as decisões reformadas no Tribunal Supremo; ou, ainda antes, no próprio tribunal de apelação. Ademais disso, sustentava-se também, a súmula obraria em favor da isonomia, retirando da Justiça a pecha de injustiça que alberga julgados opostos para casos idênticos. Seria a previsibilidade da jurisdição, corolário da segurança jurídica, inspiração suprema do Estatuto Fundamental:

> "A certeza da inviolabilidade da Constituição é a fonte da confiança no sistema normativo, que se expressa pelo princípio da segurança jurídica".[363]

A despeito das resistências, a súmula consagrou-se. Manteve, contudo, seu caráter persuasivo; os precedentes ainda não obrigavam a adoção.

Menos de três décadas decorreram e o legislador deu mais um passo no rumo do sistema da *common law*. Conferiu ao relator, no Supremo Tribunal Federal e no Superior Tribunal de Justiça, poderes para negar seguimento a pedido ou recurso contrário à súmula do respectivo tribunal (Lei 8.038, de 28 de maio de 1990, art. 38).

O precedente impunha-se; a colegialidade relativizava-se:

> "A evolução recente da legislação processual civil brasileira caminha decididamente para uma progressiva relativização do princípio da colegialidade no julgamento dos recursos, mediante ampliação dos poderes do relator, do que dá exemplo particularmente atual e notável o disposto na Lei 9.756/98".[364]

Primeiro sinal efetivo da *força vinculante* dos julgados da Corte Maior – que ao passar de mais algum tempo esparramar-se-ia para os demais órgãos da judicatura –, introduziu-se no direito constitucional positivo a ação declaratória de constitucionalidade de lei ou ato normativo federal. De competência exclusiva do Supremo Tribunal Federal, dela resulta "eficácia contra todos e efeito vinculante, relativamente aos demais órgãos do Poder Judiciário e ao Poder Executivo". E na mesma ocasião entronizaram-se a ação direta de inconstitucionalidade de lei ou ato normativo federal ou estadual e a arguição de descumprimento de preceito fundamental (Emenda Constitucional nº 3, de 17 de março de 1993, que regulou os novos institutos contidos na alínea *a* do inc. I do art. 102 da Constituição, bem como os §§ 1º e 2º do referido artigo).

A onda do precedente prosseguia; várias leis o foram consagrando como fundamento *obrigatório* das decisões em geral. A partir de então, em todos os tribunais, o relator "negará" seguimento a qualquer recurso contrário à súmula do próprio tribunal ou do Supremo Tribunal Federal ou de tribunal superior. Mas

---

[363] ROCHA, Carmem Lúcia Antunes. *O princípio da coisa julgada e o vício de inconstitucionalidade.* Constituição e segurança jurídica. Belo Horizonte: Forum, 2004, p. 170.

[364] FABRÍCIO, Adroaldo Furtado. *Tutela antecipada: denegação no primeiro grau e concessão pelo relator do agravo.* Ajuris, 76/20.

se a decisão recorrida for contrária ao direito sumulado, o recurso será provido, nesse caso não se incluindo nem a súmula nem a jurisprudência locais como suporte para o julgamento monocrático (CPC, art. 557, e seu § 1º-A, na redação da Lei 9.756/1998).[365]

A vocação binária do regramento abrange unicamente súmula e jurisprudência do STF e dos tribunais superiores. Não se estende, pois, nem à jurisprudência nem à súmula locais. Para negar provimento ao recurso, vale o entendimento local; para provê-lo, não.

A mesma lei outorgou ao relator poderes para decidir monocraticamente o conflito de competência, desde que esteado na "jurisprudência do tribunal sobre a questão suscitada" (CPC, art. 120). Também ao relator, seja do STF seja do STJ, em sede de agravo de instrumento, facultou-se-lhe dar provimento ao próprio recurso extraordinário, ou ao recurso especial, "se o acórdão recorrido estiver em confronto com a súmula ou jurisprudência dominante" (CPC, art. 544, § 3º c/c § 4º). E valorizaram-se os colegiados máximos dos tribunais em geral, ou órgãos especiais onde houver, vedando aos fracionários submeterem àqueles ou a esses as arguições de inconstitucionalidade, sempre que houver pronunciamento plenário acerca da questão (CPC, art. 481).

Seguiu-se a outorga de competência ao relator para, "liminarmente" e nas mesmas hipóteses dos demais recursos, negar provimento ao agravo de instrumento (CPC, art. 527, inc. I, na redação da Lei 10.352, de 26 de dezembro de 2001).

A avalanche do precedente impõe-se definitivamente; instala-se no Texto Constitucional. A Emenda nº 45/2004, estende à ação direta de inconstitucionalidade (ADI) o que o constituinte derivado de 1993 aplicara à ação declaratória de constitucionalidade (ADC). A partir de então, ambas "produzirão eficácia contra todos e efeito vinculante", tanto para o Judiciário quanto para a administração pública em geral (Constituição, art. 102, § 2º). No mesmo passo, e para os mesmos destinatários das ações constitucionais referidas, confere ao Supremo Tribunal Federal competência para, em *qualquer* processo que envolva matéria constitucional e mediante decisão de oito de seus membros, editar súmula com efeito vinculante (Constituição, art. 103-A. V. item 9.2 – Efeito *erga omnes* e súmula vinculante).

---

[365] Na mesma ocasião, o legislador corrigiu equivocado entendimento – infelizmente generalizado ainda hoje na doutrina nacional –, destacando corretamente o Supremo Tribunal dos tribunais superiores. Por oportuno, reproduz-se aqui o contido em nota 24, retro: "Insista-se à náusea: o Supremo Tribunal Federal não é tribunal *superior*. Ele é *supremo*. Cabe-lhe, com primazia, a denominada *jurisdição constitucional*, ou seja, ele tem a última palavra em toda e qualquer questão dessa natureza. De seus julgados, nenhum recurso cabe para tribunal algum. E *nenhum* outro tribunal ou juiz tem suas decisões infensas ao exame da Corte Maior (CF, art. 102, incs. II e III e respectivas alíneas). A própria Constituição o separa de forma expressa dos tribunais ditos *superiores* (art. 92, § 2º) que são quatro (STJ, STM, TST e TSE). Mas nem o próprio legislador escapou à equivocidade da expressão, por vezes nela pretendendo incluir qualquer tribunal com jurisdição cível (CPC, art. 557, parágrafo único, na redação que lhe *dava* a Lei 9.139/1995).

Fruto do irrefreável movimento, a onda chega outra vez ao primeiro grau de jurisdição. Antes, o reexame necessário já se tornara inaplicável quando a sentença sujeita ao duplo grau de jurisdição estivesse fundada em "jurisprudência do plenário do Supremo Tribunal Federal ou em súmula deste Tribunal ou do tribunal superior respectivo" (CPC, art. 475, § 3º, acrescentado pela Lei 10.352, de 26 de dezembro de 2001). Menos de cinco anos depois, o juiz é autorizado a negar seguimento à apelação, se a sentença for conforme entendimento sumulado do STF ou do STJ. É a denominada *súmula impeditiva de recurso* (CPC, art. 518, § 1º, acrescentado pela Lei 11.276, de 7 de fevereiro de 2006). E adotando o *precedente do próprio juízo*, se lhe faculta julgar desde logo a causa, *sem citação do réu*, sempre que houver "casos idênticos" julgados totalmente improcedentes (CPC, art. 285-A, introduzido pela Lei 11.277, de 7 de fevereiro de 2006).

O sôfrego legislador é incansável. Introduzindo à conhecibilidade do recurso extraordinário a existência de repercussão geral e seus limites temáticos, torna-a presumida "sempre que o recurso impugnar decisão contrária a súmula ou jurisprudência dominante do Tribunal" (CPC, art. 543-A, § 3º, introduzido pela Lei 11.418, de 19 de dezembro de 2006). Mais adiante, faz com que, nos recursos especiais repetitivos, havendo "jurisprudência dominante" do STJ, o relator possa "determinar a suspensão, nos tribunais de segunda instância, dos recursos nos quais a controvérsia estiver estabelecida" (CPC, art. 543-C, § 2º, introduzido pela Lei 11.672, de 8 de maio de 2008).

Os resultados desse imenso arsenal legislativo já se vêm palpáveis. De toda essa parafernália, ressalta o lento e eficaz trabalho na busca da ansiada "razoável duração do processo". Elevadas a galas constitucionais, a Emenda 45 sacramentou no direito processual inumeráveis providências capazes de distribuir o direito com mais justiça, com mais equanimidade, inclusive na via do recurso extremo. Para a cidadania, é melhor que cheguem ao Pretório Excelso causas que transcendam às partes do que prosperar o individualismo paralisador da carga insuperável que assola aquela Corte.

Por tudo, avulta a importância dos verbetes sumulados aplicáveis a este fascinante remédio constitucional. O grande recurso é regulado na Constituição e nas leis, sim, mas fortemente também o é – e de há muito o é – na Súmula Persuasiva da Jurisprudência de nosso Tribunal Constitucional. E hoje na Súmula Vinculante também.

12.1. Súmula persuasiva

Verbete 72 – *No julgamento de questão constitucional, vinculada a decisão do Superior Tribunal Eleitoral, não estão impedidos os Ministros do Supremo Tribunal Federal que ali tenham funcionado no mesmo processo, ou no processo originário.*

O enunciado foi aprovado em 13.12.1963, é pragmático e tem plena atualidade.

Estivessem impedidos os três ministros do STF integrantes do Superior Tribunal Eleitoral de julgar processos na Corte Maior, restariam inviabilizados inúmeros recursos extraordinários, dentre outros julgamentos. Para ficar-se em exemplo, dificilmente hoje seria aprovado verbete da súmula vinculante, em matéria eleitoral. Bastaria que um dos demais ministros se declarasse suspeito ou impedido ou ainda, mesmo não estando, que votasse contrariamente, para que a matéria não avançasse (Constituição, art. 103-A).

Ante o princípio da necessidade, o impedimento restou afastado.

Verbete 208 – *O assistente do Ministério Público não pode recorrer, extraordinariamente, de decisão concessiva de habeas corpus.*

Em termos recursais para o Supremo Tribunal Federal, passa-se com o *habeas corpus* o mesmo que se dá com o mandado de segurança: da denegação da ordem, recurso ordinário, *necessariamente*; da concessão, recurso extraordinário, *possivelmente* (Constituição, art. 102, inc, II, *a*, e inc. III, respectivamente). Saliente-se, porém, em um e outro caso, o recurso ordinário é brandido contra decisão *denegatória* em tribunal superior, *se* julgada em instância *única*. Assim, se a decisão de improcedência originar-se de tribunal de justiça, ou de tribunal regional federal, ou de tribunal de justiça militar estadual – seja ou não em única instância, para o *habeas*, mas somente em única, para o *mandamus* –, há o recurso ordinário para o Superior Tribunal de Justiça (Constituição, art. 105, inc. II, *a* e *b*, respectivamente). E se aí improvido, não mais estará aberta a via recursal *ordinária*. Nesse caso, ou o recorrente interpõe recurso extraordinário, se cabível, ou impetra ordem de *habeas corpus*, sempre possível (Constituição, at. 102, inc. I, *i*).

O verbete trata da *concessão* da ordem contra a qual, por absoluta falta de legitimidade, não pode o assistente do *Parquet* extraordinariamente recorrer:

"A legitimidade do assistente do Ministério Público para recorrer está limitada aos casos dos arts. 584, § 1º, e 598 do Código de Processo Penal, nos termos do art. 271 (*omissis*) da decisão de impronúncia e contra aquela que declarar a prescrição, ou, por outra qualquer maneira, a extinção da punibilidade, pode recorrer o assistente. Tem ele ainda o direito de apelar. Mas nunca, nem explícita, nem implicitamente, concede o Código de Processo Penal legitimidade ao assistente para impugnar pela via extraordinária a concessão de *habeas-corpus*".[366]

O enunciado também foi aprovado em sessão plenária de 13 de dezembro de 1963.

---

[366] HC 36.403, rel. Min. Hahnemann Guimarães, DJ 03.09.1959, cuja ementa rezava: "O assistente não tem legitimidade para impugnar pela via extraordinária a concessão de *habeas corpus*". Outros precedentes: RE 47.688, DJ 12.07.1962; RE 48.199, DJ 06.06.1963; RE 46.896, DJ 24.05.1963; RE 51.187, DJ 14.06.1963; CT 29.942, DJ 03.01.1964.

Verbete 210 – *O assistente do Ministério Público pode recorrer, inclusive extraordinariamente, na ação penal, nos casos dos arts. 584, § 1º, e 598 do Código de Processo Penal.*

Vindo a lume no mesmo dia em que aprovado o anteriormente visto, o enunciado esclarece a posição do assistente para os demais casos. Em síntese, onde o assistente pode apelar, pode extraordinariamente recorrer. Mas onde se lhe veda a apelação, veda-se-lhe, igualmente, o recurso nobre.[367]

Verbete 272 – *Não se admite como recurso ordinário recurso extraordinário de decisão denegatória de mandado de segurança.*

Contra a decisão *concessiva* de mandado de segurança em qualquer tribunal, o recurso extraordinário é cabível. Isso porque, pode o *decisum* enquadrar-se em qualquer das hipóteses das alíneas do inc. III do art. 102 da Constituição. Mas da decisão *denegatória* da ação mandamental constitucional, o recurso ordinário se impõe (visto acima, verbete 208). E mesmo assim, no caso presente, se aquela for oriunda de tribunal superior (Constituição, art. 102, inc. II, alínea *a*).

Aparentando o oposto, a regra é extremamente benéfica ao impetrante. Na medida em que o recurso ordinário não é facultado à parte adversária, ele ainda carrega consigo o mesmo e amplíssimo efeito devolutivo da apelação (CPC, art. 540):

> "Procedente que seja a ação mandamental perante qualquer dos tribunais *a quo*, o impetrante não terá contra si a mesma abrangência da devolutividade do recurso ordinário. Nesse caso – conforme o tribunal que julgar originariamente a ação –, o impetrado ou a pessoa jurídica a que este se submeta poderá interpor, se puder, (a) recurso especial e/o recurso extraordinário ou (b) somente este ou (c) nem mesmo este (...) Nessas ações, o grande beneficiário é o impetrante. A seu favor, a largueza do recurso ordinário e sua devolutividade sem peias; contra ele, o manejo limitado dos recursos excepcionais. Reflexo da cidadania".[368]

Nessa hipótese, configura erro grosseiro a interposição do extraordinário em lugar do recurso cabível. Aqui, a fungibilidade não se aplica; não pode se aplicar.

Verbete 279 – *Para simples reexame de prova não cabe recurso extraordinário.*

Se o remédio extremo é instituto de direito estrito, com casuística exaustivamente posta na Constituição, claro está que não pode envolver matéria probatória, como se de terceiro grau de jurisdição se tratasse (ver item 01 – A relevância

---

[367] RE 46.798, Rel. Min. Vilas Bôas, DJ 26.10.1961. Outros precedentes: HC 39.082, DJ 24.05.1962; RE 51.788, DJ 16.05.1963; RE 47.218, DJ 06.12.1963.

[368] AMORIM, Aderbal Torres de. *Recursos cíveis ordinários*. Porto Alegre: Livraria do Advogado, 2005, p. 197.

constitucional do recurso extraordinário). Entretanto, o adjetivo está a indicar que o incabimento se dá no caso da pretensão recursal objetivar *simplesmente* reexaminar a prova. Diferentemente, porém, se for para impugnar a *valoração* do universo probatório, o recurso extremo pode ser pertinente (ver item 6.1 – Âmbito do efeito devolutivo).

Verbete 280 – *Por ofensa a direito local não cabe recurso extraordinário.*

A Emenda Constitucional nº 45/2004 embutiu no Texto Maior nova hipótese de recurso extraordinário, retirando-a da competência do STJ ("julgar *válida* lei local contestada em face de lei federal", art. 102, inc. III, alínea *d*). Preservou – e não poderia ser diferente – na competência do STF julgar o RE contra decisão que também *validasse* lei local, desta feita contestada em face da Constituição (alínea *c*).

Ora, a simples *rejeição* de lei local – a dizer, estadual, distrital ou municipal – não encontra arrimo no recurso extraordinário. Para a lei federal e o tratado, sim (alínea *b*); para a lei local, unicamente se esta for julgada *válida* perante a Lei Maior ou a lei federal (ver item 7.1.4 – Lei federal *versus* lei local).

Verbete 281 – *É inadmissível o recurso extraordinário, quando couber na justiça de origem recurso ordinário da decisão impugnada.*

Ressalve-se, sempre e sempre, o cabimento de embargos declaratórios – recurso *ordinário* que é –, nas hipóteses de omissão, contradição ou obscuridade (algumas leis ainda arrolam a *dúvida* como fundamento dos aclaratórios).

O verbete *parece* tautológico. Se a Constituição exige para o extraordinário que a decisão recorrida seja de *única* ou *última* instância, cabível que seja ainda outro recurso, é evidente que *ainda* não é manejável o extraordinário. Não obstante, em face de acórdão contendo julgamento unânime e julgamento não unânime, sustenta-se que o extraordinário é cabível, ainda que embargos infringentes não sejam interpostos (CPC, art. 498). A renúncia ao direito de recorrer da parte majoritária do acórdão – permitindo o trânsito em julgado dessa – não importa em renúncia ao direito de recorrer extraordinariamente da parte unânime (ver 10.2 – Pressupostos recursais especiais). Do contrário, estar-se-á a forçar a interposição de recurso que o próprio interessado entende improcedente. Seria contrassenso.

Verbete 282 – *É inadmissível o recurso extraordinário, quando não ventilada, na decisão recorrida, a questão federal suscitada.*

É o denominado *prequestionamento*, requisito à admissibilidade do recurso extremo.

Se a questão constitucional não foi enfrentada pelo *decisum* recorrido, o extraordinário não se viabiliza. Em outras palavras: ou a questão constitucional está resolvida na decisão de que se recorre ou, não estando, hão de ser a esta opostos embargos de declaração. De outra forma, recurso extraordinário não há.[369]

Verbete 283 – *É inadmissível o recurso extraordinário, quando a decisão recorrida assenta em mais de um fundamento suficiente e o recurso não abrange todos eles.*

Não vige aqui a amplitude do efeito translativo que a lei prevê para os recursos ordinários (CPC, art. 515, §§ 1º e 2º. V. item 6.2 – Efeito translativo e questões de ordem pública). Se a decisão recorrida escora-se em mais de um fundamento, e a irresignação não abarca todos eles, não pode ser conhecido o recurso extremo se algum desses é capaz, por si só, de suportar o *decisum*. Seria julgamento *extra petita*.

É algo semelhante ao direito de agir: a todo direito corresponde uma ação que o assegura (CCB de 1916, art. 75; de forma diversa, no Código Civil vigente, art. 189). Mas sem propô-la, o titular não verá a pretensão sequer conhecida pelo Estado-juiz.

Prover o extraordinário por fundamento deste ausente – e tendo em conta a inexistência do efeito translativo clássico da apelação, insista-se –, mas presente na decisão recorrida, seria violar a inércia da jurisdição, ou princípio da demanda (CPC, art. 2º – *ne procedat iudex ex officio*).

Verbete 284 – *É inadmissível o recurso extraordinário, quando a deficiência em sua fundamentação não permitir a exata compreensão da controvérsia.*

A exemplo do visto no item 4.1 retro (Pressupostos recursais comuns), o enunciado atende ao requisito extrínseco da regularidade formal. Dele se ocupa o direito positivo, enumerando – *exemplificativamente*, veja-se bem – os requisitos da petição recursal averiguáveis ainda no juízo de delibação (para o denominado RE *cível*, CPC, art. 541; para o dito RE *criminal*, Lei 8.038/1990, art. 26).

Mas não é só: ao redigir a peça recursal, é útil que o recorrente observe os requisitos da petição inicial (CPC, art. 282). No caso presente, a inadmissibilidade também decorre de inaptidão: recurso mal fundamentado é recurso *inepto*.

Verbete 285 – *Não sendo razoável a arguição de inconstitucionalidade, não se conhece do recurso extraordinário fundado na letra c do art. 101, III, da Constituição Federal.*

O enunciado veio a lume em 13 de dezembro de 1963. Na Constituição de 1946, então vigente, rezava o dispositivo em questão: "quando se contestar a validade de lei ou ato de governo local em face desta Constituição ou de lei federal, e a decisão recorrida julgar válida a lei ou o ato". O verbete prestigiava a decisão

---

[369] A fim de evitar-se repetição, sugere-se a releitura do item 4.2.1 – Julgamento em *única* ou *última* instância.

150

Aderbal Torres de Amorim

do tribunal recorrido: se não fosse "razoável" a arguição de inconstitucionalidade que o extraordinário pretendesse declarada, o recurso não era conhecido.

Nos termos ali postos, incluía-se o choque entre lei *e* ato locais frente à lei federal. É questão igualmente constitucional que a Carta Política de 1988 passou ao STJ. Todavia, desde a Emenda Constitucional 45/2004, dito conflito figura apenas parcialmente na competência do STJ (Constituição, art. 105, inc. III, alínea *b*). Retornou à do STF unicamente o contraste entre *lei* local e *lei* federal (Constituição, art. 105, inc. III, alínea *d*), como se o que remanesceu na competência do STJ não fosse igualmente matéria constitucional (ver item 7.1.4 – Lei federal *versus* lei local).

Com a devida aplicação restritiva, porém, o verbete ainda é eficaz.

Verbete 287 – *Nega-se provimento ao agravo, quando a deficiência na sua fundamentação, ou na do recurso extraordinário, não permitir a exata compreensão da controvérsia.*

O enunciado confunde juízo de mérito com juízo de admissibilidade. A deficiência de fundamentação é desrespeito à regularidade formal, requisito extrínseco de qualquer recurso. Não é caso, pois, de *improvimento* (mérito), e sim de não conhecimento do recurso instrumentado (admissibilidade).

Vale aqui o afirmado no verbete anterior, quanto à aptidão da peça recursal para atingir seu desiderato. E ainda mais:

"Essa observação, à primeira vista desnecessária, justifica-se pelo grande número de agravos em que o recorrente se limita a afirmar os motivos da interposição, não logrando êxito na pretensão de ver subir o recurso denegado".[370]

Verbete 288 – *Nega-se provimento a agravo para a subida do recurso extraordinário, quando faltar no traslado o despacho agravado, a decisão recorrida, a petição de recurso extraordinário ou qualquer peça essencial à compreensão da controvérsia.*

O verbete também é de 13 de dezembro de 1963. Aperfeiçoado pelo de nº 639 – este aprovado em 24 de setembro de 2003 –, ambos estão superados por mandamentos de maior hierarquia. O último deles é a Lei 10.352, de 26 de dezembro de 2001, que dispôs sobre as peças necessárias à composição do instrumento de agravo (CPC, art. 544, § 1º).

Almejando afastar de vez as incertezas quanto às peças do instrumento de agravo, o legislador pretendeu esgotar a matéria. Tornou indispensáveis o "acórdão" recorrido e a prova de sua publicação, o recurso extraordinário e as contrarazões, a decisão denegatória de seguimento com a prova de sua publicidade, e as procurações. Entretanto, tanto o direito sumulado quanto a lei são insuficientes; só poderiam ser. Visto no item 8.2 retro (Agravo de instrumento), se, por

---

[370] GRINOVER, Ada Pellegrini; GOMES FILHO, Antonio Magalhães; FERNANDES, Antonio Scarance. *Recursos no Processo Penal*, 6ª ed. São Paulo: RT, 2009, p. 230.

exemplo, o *decisum a quo* for impugnado por embargos declaratórios, o acórdão destes é peça obrigatória do instrumento. Assim também a própria "segunda" sentença, se os embargos – declaratórios ou infringentes – forem manejados (Lei 6.830/1980, art. 34). Do mesmo modo, a sentença apelada, se o julgado a declarar integrante do acórdão recorrido.

De tudo resulta ainda e sempre aplicável a parte final do verbete. Ao *conhecimento* do agravo, pois, é fundamental "qualquer peça essencial à compreensão da controvérsia". No mais, repete-se a velha e incompreensível confusão entre admissibilidade e mérito recursais.

Verbete 289 – *O provimento do agravo por uma das turmas do Supremo Tribunal Federal, ainda que sem ressalva, não prejudica a questão do cabimento do recurso extraordinário.*

A competência para julgar o agravo de instrumento interposto contra o não recebimento do recurso extraordinário no juízo *a quo* de há muito é do relator (Lei 8.038/1990, art. 28, § 2º). Nessas condições – sabendo-se que o vocábulo "agravo" posto no verbete *referia*-se ao recurso instrumentado –, concluir-se-ia que o enunciado restou revogado.

Não é assim. A uma, porque o relator não é obrigado a julgar monocraticamente o agravo de instrumento: nos termos da própria lei, "poderá" também *não* fazê-lo, levando-o ao órgão colegiado para julgamento (CPC, art. 544, § 4º c/c § 3º). A duas, porque o termo "agravo" afeiçoa-se também ao denominado *agravo interno*, resultante do não conhecimento ou do improvimento monocráticos (Lei 8.038/1990, art. 28, § 5º, e CPC, art. 545).

É remansoso, o predomínio da *mens legis* sobre a *mens legislatoris* faz com que o vocábulo em questão tenha a mesma força em ambos os momentos: antes, reportava-se ao recurso instrumentado; agora, a este e ao agravo interno. Ambos são "agravos".

Seja como for – e mais do que dispõe o sumulado –, não só o "cabimento", mas igualmente os demais pressupostos do grande recurso, todos eles submetem-se ao *repetido* juízo de admissibilidade (ver itens 8.1; 8.3 e 8.5 retro).[371]

Verbete 291 – *No recurso extraordinário pela letra "d" do art. 101, III, da Constituição, a prova do dissídio jurisprudencial far-se-á por certidão, ou mediante indicação do "diário da justiça" ou de repertório de jurisprudência autorizado, com a transcrição do trecho que configure a divergência, mencionadas as circunstâncias que identifiquem ou assemelhem os casos confrontados.*

A competência aqui prevista passou para o Superior Tribunal de Justiça (Constituição, art. 105, inc. III, alínea *c*). O verbete restou prejudicado.

---

[371] AI 22.084, rel. Min. Luiz Gallotti, DJ 07.04.1960; AI 21.810, rel. Min. Ary Franco, DJ 27.07.1961.

Verbete 292 – *Interposto o recurso extraordinário por mais de um dos fundamentos indicados no art. 101, n. III, da Constituição, a admissão apenas por um deles não prejudica o seu conhecimento por qualquer dos outros.*

Vindo à luz em 13.12.1963, o enunciado refere-se à Constituição de 1946. Ele corresponde ao art. 102, inc. III da Constituição vigente.

É o contraponto ao verbete 283. Neste, o extraordinário é recusado por deficiente, eis não cobre toda a fundamentação do *decisum* recorrido; aqui, o recurso, por certo "excessivo" aos olhos do juízo de admissibilidade *a quo*, tem trânsito pleno.

Ora, nem o juízo monocrático de admissibilidade feito pelo relator está submetido ao do juízo *a quo*, nem aquele tem ascendência sobre o do órgão coletivo (item 08 retro, Processamento do recurso). Nessa medida, ainda que qualquer deles entenda o recurso inadmissível por algum fundamento – e até por todos eles –, tal fato em nada influi na conhecibilidade plena por parte do órgão de maior hierarquia.

Igualmente, o enunciado em exame guarda intimidade com o verbete 456. Na medida em que, estendendo o julgamento aos fundamentos rejeitados na admissibilidade inicial, de certa forma o tribunal (ou o relator) também "julgará a causa, aplicando o direito à espécie".

Embora não disponha expressamente – como, ao depois, viria a fazer o de nº 528 –, o presente verbete visa dispensar o agravo de instrumento para que subam ao Pretório os fundamentos não admitidos no juízo *a quo*.

Verbete 296 – *São inadmissíveis embargos infringentes sobre matéria não ventilada pela turma no julgamento do recurso extraordinário.*

O enunciado está superado. Já não cabem embargos infringentes em sede de extraordinário; a *taxatividade* o veda (CPC, art. 530, e RISTF, art. 333).

Verbete 300 – *São incabíveis os embargos da Lei n. 623, de 19 de fevereiro de 1949, contra provimento de agravo para subida de recurso extraordinário.*

Assim dispunha o parágrafo único do art. 833 do Código de Processo Civil de 1939, na redação da Lei 623/1949:

> "Além de outros casos admitidos em lei, são embargáveis, no Supremo Tribunal Federal, as decisões das Turmas, quando divirjam entre si, ou de decisão tomada pelo Tribunal Pleno".

O verbete vedava os embargos de divergência contra decisão de turma que provia agravo de instrumento contra negativa de seguimento ao recurso extremo no juízo *a quo* (CPC atual, art. 546, inc. II).

Ora, tudo o que se pudesse conter nas alegações do embargante-agravado, no bojo do agravo então provido, seria devolvido ao Supremo Tribunal Federal no próprio recurso extremo. Em outras palavras, não haveria *interesse* na apreciação da inconformidade do agravado; ela seria necessariamente examinada quando do julgamento do recurso principal, o extraordinário:

> "Embargos infringentes. Não cabem contra acórdão que se limitou a dar provimento ao agravo, a fim de mandar subirem os autos para melhor estudo do cabimento do recurso extraordinário".[372]

É o que ocorre, v. g., com o recebimento da apelação pelo juízo da sentença (CPC, art. 518). Neste caso, deferido o seguimento, falece ao apelado interesse em agravar: o que alegaria em sede de agravo será necessariamente examinado no juízo de admissibilidade *ad quem*, em sede de apelação.

Mas o Supremo Tribunal Federal já não decide assim, vez que o extraordinário pode ser julgado no próprio bojo do agravo:

> "Cabem embargos de divergência à decisão de Turma que, em recurso extraordinário *ou em agravo de instrumento*, divergir de julgado de outra Turma ou do Plenário na interpretação do direito federal".[373]

Verbete 310 – *Quando a intimação tiver lugar na sexta-feira, ou a publicação com efeito de intimação for feita nesse dia, o prazo judicial terá início na segunda-feira imediata, salvo se não houver expediente, caso em que começará no primeiro dia útil que se seguir.*

Como outros tantos, o verbete é de 13 de dezembro de 1963, anterior, pois, à vigente lei processual civil que bem regulou a matéria (CPC, Título V, capítulos III e IV). O mesmo fez a Lei 11.419, de 19 de dezembro de 2006, que dispõe sobre a informatização do processo judicial.

Mas o teor do enunciado é plenamente válido.

Verbete 317 – *São improcedentes os embargos declaratórios quando não pedida declaração do julgado anterior em que se verificou a omissão.*

Mais um dos tantos verbetes tautológicos, necessário, porém, ante a rebeldia crônica de muitos causídicos.

Se a omissão, a contradição ou a obscuridade se dá em determinado julgado e ali não há embargos, por óbvio não se os poderá manejar contra julgamento ulterior; ocorrera preclusão (CPC, art. 183).[374] O *decisum* extraordinariamente recorrido não preencheria o pressuposto constitucional da "causa decidida":

---

[372] AI 20.084, rel. Min. Luiz Gallotti, DJ 07.04.1960.

[373] RISTF, art. 330 (grifou-se).

[374] Ver NOGUEIRA, Pedro Henrique Pedrosa. *Notas sobre preclusão e* venire contra factum proprium. RePro 168, p. 331.

"Logo, se embargos de declaração pudessem ser opostos, teriam de o ser em relação ao acórdão recorrido, e não ao acórdão deste Tribunal, a que não cabia apreciar matéria que não fora objeto do acórdão recorrido".[375]

Mas também aqui não é caso de "improcedência" (mérito) dos embargos; a hipótese é de não conhecimento.

Verbete 322 – *Não terá seguimento pedido ou recurso dirigido ao Supremo Tribunal Federal, quando manifestamente incabível, ou apresentado fora do prazo, ou quando for evidente a incompetência do Tribunal.*

É evidente, não pode tramitar recurso ou pedido inadmissível, seja por *incabível*, seja por *intempestivo*. No caso de recurso, também não se o admite se carecer de qualquer dos demais pressupostos intrínsecos, ou extrínsecos, ou mesmo o híbrido.[376] Por igual, se o juízo *ad quem* for incompetente, faltará a um e outro o pressuposto de desenvolvimento válido e regular do processo.

De si só, o verbete diz de sua escassa utilidade em relação ao recurso extraordinário. Tanto que os precedentes dizem com ações de mandado de segurança e queixa crime.[377] Mas não se o pode desprezar.

Verbete 354 – *Em caso de embargos infringentes parciais, é definitiva a parte da decisão embargada em que não houve divergência na votação.*

Aprovado em 13 de dezembro de 1963, o verbete é ambíguo e incompleto; confunde o objeto do recurso e não contempla hipótese compreendida no mesmo caso.

O Decreto-Lei n° 8.570, de 8 de janeiro de 1946, acrescentou ao art. 833 do CPC de 1939 a expressão "se o desacordo for parcial, os embargos serão restritos à matéria objeto da divergência". Correto. Desconsiderando a regra legal, entretanto, o verbete veio a lume confundindo situações distintas.

Veja-se: a ambiguidade do anfibológico enunciado está em afirmar "parcial" a extensão *dos embargos*. Ora, trata-se de extensão, sim, mas da *divergência* ou desacordo objeto do recurso, como acertadamente quis a lei. E se a extensão dos embargos se mede pela da divergência, são *integrais* os infringentes que cobrem a plenitude do voto divergente. Por isso, se a decisão embargada for, toda ela, composta por maioria de votos, dir-se-á que (a) os infringentes são "integrais", abarcando o julgado como um todo. Entretanto, se o *decisum* for *híbrido*, isto é, se contiver parte unânime e parte por maioria de votos, abrem-se duas hipóteses perfeitamente adaptáveis ao adjetivo "parciais", uma delas não prevista no enunciado. Daí a incompletude.

---

[375] Precedente: RE 51.007, rel. Min. Ribeiro da Costa, DJ 13.01.1963.

[376] Ver item 4.1. Pressupostos recursais comuns.

[377] MS 752, rel. Min. Ribeiro da Costa, DJ 06.08.1948; QC 140, rel. Min. Pedro Chaves, DJ 06.12.1962; RMS 11.232, rel. Min. Pedro Chaves, DJ 18.06.1964.

Assim, (b) o recurso poderá alvejar *integralmente* a parcela não unânime, sustentando em toda sua extensão o voto vencido ou os votos vencidos (embargos "parciais", como quer o enunciado; obviamente, não podem atacar a parte unânime). Mas o inconformismo poderá também (c) impugnar *parte da parte* em que não ocorreu unanimidade (embargos também "parciais", por atacarem apenas *parcialmente* o item não unânime).

Note-se, em *c*, a parcela não unânime que não foi atacada pelos infringentes torna-se "definitiva" em grau ainda maior do que "a parte da decisão embargada em que não houve divergência na votação", como quer a regra sumulada. Isso porque, são dois os graus de "definitividade": em *a* e *b*, pela irrecorribilidade *ordinária* (contra ambas, somente o extraordinário e/ou o especial); mas em *c*, ocorre definitividade propriamente dita, ante a absoluta irrecorribilidade (como caberiam ainda os infringentes não manejados, não seria decisão em "última" instância para comportar os recursos constitucionais).

Em síntese, no exemplo dado, três são as partes do aresto *híbrido*: (1) a parte unânime – não embargável, portanto; (2) a parte majoritária embargada; (3) a parte majoritária embargável, mas não embargada.

O que o verbete quer dizer com a "definitivização" da parte unânime (1) é que contra ela deve ser desde logo manejado o extraordinário (unicamente no juízo criminal, como logo se verá). Todavia, quanto à parte *não* unânime contra a qual *não* foram interpostos os infringentes (3) – e isso o enunciado não disse –, a definitivização alcançará galas de coisa julgada. Contra ela, já não será possível recurso algum – nem no juízo cível, nem no juízo criminal.

Por tudo, diferente do disposto no verbete, não só será definitiva "a parte da decisão embargada em que não houve divergência na votação" (1), mas também o será aquela contra a qual, mesmo ocorrendo a divergência, os embargos não foram manejados (3). E a insuficiência do enunciado está em afirmar que, em caso de infringentes "parciais", apenas a parte unânime da decisão embargada (2), e somente esta, torna-se definitiva.

Repita-se: o verbete confunde extensão dos embargos com extensão da divergência.

A Lei 10.352, de 26 de dezembro de 2001, fez sobrestar, no juízo cível, a interposição de recurso extraordinário e/ou recurso especial no caso de embargos infringentes contra acórdão *híbrido* (CPC, art. 498). E tanto em apelação provida contra sentença de mérito, quanto ainda em ação rescisória julgada procedente (CPC, art. 530). Mas a salutar regra não encontrou aplicabilidade no juízo criminal; restou incólume o dispositivo sumulado em matéria penal:

"Recurso extraordinário criminal: intempestividade: interposição após o julgamento de embargos infringentes, quanto à parte da decisão recorrida por eles não abrangida: entendimento que a Súmula 355 documentou e que, em matéria criminal, não foi modificado pela L. 10.352/01, que alterou o art. 498 do C. Pr. Civil: precedente (AI 197.032-QO, Pertence, RTJ 167/1030)".[378]

Daí o interesse em destacar hipótese que o verbete não previu: os embargos infringentes verdadeiramente "parciais-parciais", não fora o exagero de assim se os denominar.[379]

Verbete 355 – *Em caso de embargos infringentes parciais, é tardio o recurso extraordinário interposto após o julgamento dos embargos, quanto à parte da decisão embargada que não fora por eles abrangida.*

O verbete aplica-se unicamente ao juízo criminal. Veja-se o comentário anterior.

Verbete 356 – *O ponto omisso da decisão, sobre o qual não foram opostos embargos de declaração, não pode ser objeto de recurso extraordinário, por faltar o requisito do prequestionamento.*[380]

O enunciado é desdobramento do disposto no verbete 282 ("é inadmissível o recurso extraordinário quando não ventilada, na decisão recorrida, a questão federal suscitada"). Ele indica o meio pelo qual se faz integrar na decisão recorrida a questão *previamente* suscitada. Em outras palavras, *antes* da decisão recorrível, a questão fora ventilada e o juízo dela não se ocupou. Nessas condições, não poderia o Pretório Maior conhecer do recurso extremo.

Fruto da lamentável cultura dos aclaratórios materializarem ofensa aos julgadores, a matéria tem encontrado forte dissídio quando, mesmo com a oposição dos embargos, permanece a jurisdição silente acerca da omissão flagrada. Nesse passo, é verdadeira corrida de obstáculos convencerem-se muitos juízes de que há lacuna em suas decisões; é constante a acusação de atividade protelatória por parte do recorrente (CPC, art. 539).

Felizmente, como visto no item 4.2.2.1 retro (Causas decididas e prequestionamento) – e aqui se repete –, há opiniões que conjuram a condenável prática:

"I. RE: prequestionamento: Súmula 356. O que, a teor da Súmula 356, se reputa carente de prequestionamento é o ponto que, indevidamente omitido pelo acórdão, não foi objeto de embargos de declaração; mas, opostos esses, se, não obstante, se recusa o tribunal a suprir a omissão, por entendê-la inexistente, nada mais se pode exigir da parte, permitindo-se-lhe, de logo, interpor recurso extraordinário sobre a matéria dos embargos de declaração e não sobre a recusa, no julgamento deles, da manifestação sobre ela".[381]

---

[378] AI 432.884. Rel. Min. Sepúlveda Pertence, DJ 16.09.2005.

[379] AI 24.204, rel. Min. Victor Nunes Leal, DJ 25.05.1961; AI 23.390 rel. Min. Victor Nunes Leal, DJ 22.06.1961; RE 52.530, rel. Min. Gonçalves de Oliveira, DJ 17.10.1963.

[380] Veja-se o item 6.2 – Efeito translativo e questões de ordem pública.

[381] RE 210.638, rel. Min. Sepúlveda Pertence, DJ. 19.06.98.

Enfatize-se, porém, trata-se de "ponto *indevidamente* omitido pelo acórdão", isto é, questão *antes* suscitada e não presente na decisão recorrida. Não se trata, assim, de "pós-questionamento".

De forma indireta, semelhante é a posição de vários arestos do Superior Tribunal de Justiça, até mesmo dispensando os aclaratórios ante o denominado prequestionamento implícito:

"Processo civil. Recurso especial. Prequestionamento implícito. Embargos acolhidos. O prequestionamento consiste na apreciação e na solução, pelo tribunal de origem, das questões jurídicas que envolvam a norma positiva tida por violada, inexistindo a exigência de sua expressa referência no acórdão impugnado".[382]

Verbete 399 – Não cabe recurso extraordinário por violação de lei federal, quando a ofensa alegada for a regimento de tribunal.

A despeito de veiculados por *resoluções* – quer na esfera federal, quer no âmbito estadual, ou mesmo distrital –, os regimentos internos dos tribunais não se confundem com os homônimos institutos do processo legislativo (Constituição, art. 59, inc. VII). De nenhum modo, nem mesmo podem se enquadrar na noção de lei em sentido amplo.

Voltados para o estrito âmbito das cortes judiciais, na intimidade destas cessa sua eficácia. E isso a despeito de não raro veicularem normas procedimentais oriundas da competência que o próprio constituinte a eles prometeu (Constituição, art. 96, inc. I, alínea *a*). Ademais, sendo o Judiciário um Poder *uno*, como ficariam os regimentos de tribunais estaduais e distritais frente aos das cortes federais? Para efeitos do recurso extraordinário, ou (a) aqueles seriam também "federais", o que é absurdo, ou (b) apenas estes sê-lo-iam, o que feriria a unidade.[383]

A matéria é remansosa no Supremo Tribunal Federal. Dizem-no bem os próprios e unânimes precedentes.[384]

Verbete 400 – *Decisão que deu razoável interpretação à lei, ainda que não seja a melhor, não autoriza recurso extraordinário pela letra a do art. 101, III, da Constituição Federal.*

Tanto o STF quanto o STJ deixaram de aplicar o intrigante verbete. No caso do Supremo Tribunal Federal, se este tem por função preponderante a guarda da

---

[382] EREsp 162.608, rel. Min. Sálvio de Figueiredo, DJ 16.08.99. No mesmo sentido REsp 265.820, rel. Min. Franciulli Netto, DJ 05.05.2004, REsp 502.632, rel. Min. Eliana Calmon, DJ 24.11.2003, REsp 234.290, rel. Min. Jorge Scartezzini, DJ 13.10.2003.

[383] Entretanto, em sede de controle concentrado de constitucionalidade, a Corte Suprema declarou a inconstitucionalidade de vários dispositivos do Regimento Interno do Tribunal de Justiça do Estado de São Paulo: ADI 1.098, rel. Min. Marco Aurélio, DJ 25.10.1996. Adiante, verbete 733.

[384] RE 32.921, rel. Min. Victor Nunes Leal, DJ 11.07.1963; RE 53.791, rel. Min. Victor Nunes Leal, DJ 11.06.1964.

Constituição, não pode conceber mais de uma interpretação para a Carta Política ou para a lei federal ou mesmo local. A interpretação há de ser unívoca:

"Nesse contexto, não se pode admitir que os dispositivos constitucionais tenham interpretação 'razoável'. Deve-se, em homenagem à segurança jurídica e à supremacia da Lei Maior, buscar sempre a interpretação correta dos dispositivos, função essa da qual o Supremo Tribunal Federal, na condição de guardião da Constituição Federal do Brasil, não pode abrir mão".[385]

Os precedentes não se sustentam. Antes, comprovam a indigência de seus fundamentos ou, simplesmente, a ausência destes.[386]

Verbete 454 – *Simples interpretação de cláusulas contratuais não dá ensejo a recurso extraordinário.*[387]

Interpretar cláusula contratual é aprofundar o exame da *intenção* das partes contratantes; é adentrar ao mundo dos fatos. Ora, matéria probatória por excelência, não pode a incursão à intimidade dos atores dos contratos imiscuir-se no recurso extremo. Este se volta, torna-se a dizer, exclusivamente ao direito estrito (verbete 279: "Para simples reexame de prova não cabe recurso extraordinário").

Todavia, como ali, há temperamentos na aplicação do sumulado:

"Saber se, com os elementos aceitos pelo acórdão, se está em face de uma minuta ou de um contrato, de um fideicomisso ou de um usufruto, de uma venda *ad corpus* ou *ad mensuram*, se houve ou não mandato, se a hipótese é de contrato preliminar ou de locação, de depósito incidente ou de consignação em pagamento, tudo isso não é questão de fato, mas de direito".[388]

Não há confundir reexame de prova com qualificação jurídica da prova.[389]

Verbete 456 – *O Supremo Tribunal Federal, conhecendo do recurso extraordinário, julgará a causa aplicando o direito à espécie.*

O enunciado é fruto da lenta evolução do Supremo Tribunal Federal no rumo do conhecimento *ex officio*, entre outras tantas, das questões de ordem pública. Timidamente, já o fizera no enunciado 292. Neste, reconhecera trans-

---

[385] FERNANDES, Luís Eduardo Simardi. *Embargos de declaração*. São Paulo: RT, 2003, p. 173.

[386] AI 29.843, rel. Min. Victor Nunes Leal, DJ 14.11.1963; AI 22.357, sem qualquer fundamentação, rel. Min. Hahnemann Guimarães, DJ 04.10.1961; AI 30.500, rel. Min. Pedro Chaves, DJ 17.12.1963; AI 29.343, rel. Min. Cândido Motta Filho, DJ 30.07.1964.

[387] Ver item 6.1 – Âmbito do efeito devolutivo. Precedentes: AI 26.521, rel. Min. Henrique D'Avila, DJ 18.10.1962; AI 28.402, rel. Min. Gonçalves de Oliveira, DJ 14.06.1963; AI 29.259, rel. Min. Victor Nunes Leal, DJ 09.05.1963; AI 28.898, rel. Min. Pedro Chaves, DJ 25.07.1963; AI 26.521, rel. Min. Hermes Lima, DJ 19.09.1963.

[388] NEGRÃO, Theotonio. *Técnica do recurso extraordinário no cível*. RT 602/09. Veja-se item 6.1 – Âmbito do efeito devolutivo.

[389] AMORIM, Aderbal Torres de. *Pretensão declaratória e interpretação de cláusula contratual*. Revista da AJURIS, 32/113, RT 593/15.

ladados para a instância suprema os fundamentos recursais não admitidos no juízo *a quo*, com isso afirmando que o juízo de admissibilidade anterior em nada prejudica o da instância seguinte.

O verbete reconhece ao Guarda da Constituição competência para julgar, ainda que não provocado, o que em outras instâncias remansosamente levaria à nulidade do processo. Nesses casos, contanto que conheça do extraordinário, a Corte julgará como de direito. É o que de há décadas preconiza a melhor doutrina:

> "Vencida, no julgamento do recurso extraordinário, a fase de conhecimento, durante a qual os poderes do tribunal ficam reduzidos à investigação da ocorrência de algum dos motivos que a Constituição indica como capazes de justificar o recurso, passa o Supremo Tribunal Federal a decidir o recurso quando então julga a causa (...) Nesse segundo tempo do julgamento, ficará livre ao tribunal apreciar a presença dos pressupostos processuais e das condições da ação, sem o que lhe seria impossível 'aplicar o direito à espécie', conforme dispõe a regra regimental".[390]

Mas o entendimento sobre a questão, infelizmente, está longe de se pacificar (v. item 6.2 – Efeito translativo e questões de ordem pública).

Verbete 475 – *A Lei n. 4.686, de 21 de junho de 1965, tem aplicação imediata aos processos em curso, inclusive em grau de recurso extraordinário.*

A lei trata de correção monetária nas desapropriações por utilidade pública reguladas pelo Decreto-lei 3.365, de 21 de junho de 1941. No que toca à competência da Corte Suprema, afirmou-se, remansosamente, sua constitucionalidade.[391] Mas se alguma importância remanescer do teor do verbete, esta foi deslocada para o Superior Tribunal de Justiça (Constituição, art. 105, inc. III).

Verbete 505 – *Salvo quando contrariarem a Constituição, não cabe recurso para o Supremo Tribunal Federal de quaisquer decisões da Justiça do Trabalho, inclusive dos presidentes de seus tribunais.*

O verbete perdeu o objeto. Depois de 1988, ainda que nela se inclua o choque entre lei federal e lei local, o STF cuida unicamente de julgados que afrontem a Constituição.

Verbete 513 – *A decisão que enseja a interposição de recurso ordinário ou extraordinário não é a do plenário que resolve o incidente de inconstitucionalidade, mas a do órgão (câmaras, grupos ou turmas) que completa o julgamento do feito.*

---

[390] ARAGÃO, Egas Moniz de. *Comentários do Código de Processo Civil*. Vol II, 2ª ed. Rio de Janeiro: Forense, 1976, p. 527.

[391] 40.224, rel. Min. Djaci Falcão, DJ 27.06.1967; RE 63.318, rel. Min. Victor Nunes Leal, DJ 28.06.1968; RE 63.329, rel. Min. Evandro Lins e Silva, DJ 28.06.1968.

No incidente de inconstitucionalidade perante colegiado que não o plenário ou o órgão especial dos demais tribunais, dois acórdãos acompanharão o recurso extremo ao Pretório Excelso: o do próprio órgão em que ocorreu o incidente e o do colegiado onde este foi resolvido. O primeiro, porque nele foi decidido o *mérito* da ação que perante o juízo corria; o do órgão mais qualificado, pela resolução da questão prejudicial incidente, em atendimento à regra do *full bench* (Constituição, art. 97). Um e outro seriam insuficientes, isoladamente, ao conhecimento do recurso (veja-se item 7.1.2 – Declaração de inconstitucionalidade).[392]

Verbete 527 – *Após a vigência do Ato Institucional nº 6, que deu nova redação ao art. 114, III, da Constituição Federal de 1967, não cabe recurso extraordinário das decisões do juiz singular.*

O estado de exceção então vigente declarara "não se haver exaurido o seu poder constituinte". Por isso, o AI 6, de 1º de fevereiro de 1969, retirou do citado inciso a referência a "juízes", sujeitando o extraordinário, novamente, à interponibilidade exclusiva contra causas oriundas de "tribunais" (v. item 2.5 – A Constituição de 1967).

A Constituição vigente omitiu a restrição – revogando-a, implicitamente –, pelo que o verbete foi substituído pelo de nº 640:

"É cabível recurso extraordinário contra decisão proferida por juiz de primeiro grau nas causas de alçada, ou por turma recursal de juizado especial cível ou criminal" (veja-se item 2 – Feição histórica).

Verbete 528 – *Se a decisão contiver partes autônomas, a admissão parcial, pelo presidente do tribunal a quo, de recurso extraordinário que sobre qualquer delas se manifestar, não limitará a apreciação de todas pelo Supremo Tribunal Federal, independentemente de interposição de agravo de instrumento.*

Aprovado em 3 de dezembro de 1969 e já sob a vigência da "Emenda" de 1969, o enunciado é desdobramento do de nº 292 antes visto. Ele resulta da independência entre os diferentes estágios do juízo de admissibilidade.

Ali visto, tanto o entendimento do juízo *a quo* em nada interfere na admissão do recurso por parte do relator, quanto a opinião deste é indiferente ao órgão coletivo no exame da admissibilidade. A autonomia é absoluta.

Se, no juízo inferior, o recurso tem sua tramitação restringida a determinados fundamentos – ou a certas "partes autônomas", como quer a regra sumulada –, nada obsta que o órgão de maior hierarquia aprecie igualmente outros fundamentos ou partes antes não admitidos:

"O Presidente do tribunal local pode apreciar o recurso, nos vários pedidos e questões, não podendo, porém, cindir o recurso. Admitido por uma ques-

---

[392] Precedentes:RMS 15.212, rel. Min. Gonçalves de Oliveira, DJ 24.05.1968:RMS 14.710, rel. Min. Gonçalves de Oliveira, DJ 23.05.1969; RE 59.250, rel. Min. Carlos Thompson Flores, DJ 08.08.1969.

tão que seja, deve o recurso subir e o Supremo Tribunal, sem necessidade de agravo, manifestar-se-á sobre todos os pedidos do recorrente, nas várias questões e sob quaisquer dos fundamentos".[393]

Verbete 599 – *São inadmissíveis embargos de divergência de decisão da Turma, em agravo regimental.*

Conquanto o enunciado não refira expressamente o recurso extraordinário, com este guarda estreita intimidade.

Visto no item 8.2.3 (Agravo interno, embargos declaratórios e infringentes), pode que no próprio agravo se julgue o recurso extremo. Para tanto, basta que o relator tenha antes julgado o próprio recurso extraordinário – negando-lhe provimento, por exemplo –, para que o agravo interno devolva à turma o conhecimento pleno daquele.

Nessas condições, não havia como se negarem os divergentes ao recorrente. Nesse passo, desde a Lei 9.139, de 1º de dezembro de 1995, que "o relator negará seguimento a recurso manifestamente inadmissível, improcedente, prejudicado ou contrário à súmula do respectivo tribunal ou tribunal superior" (CPC, art. 557). E o parágrafo único assentou: "Da decisão denegatória caberá agravo, no prazo de cinco dias, ao órgão competente para julgamento do recurso...".

A despeito da expansão dos poderes do relator em julgar monocraticamente todo e qualquer recurso, o Supremo Tribunal permanecia homenageando o verbete e recusando viabilidade aos embargos.[394] Anos após, finalmente rendendo-se à evidência do direito em questão, a Corte Maior alterou o entendimento. Por unanimidade, afirmou o cancelamento do verbete em exame. Fê-lo em sede de embargos de divergência:

"EMBARGOS DE DIVERGÊNCIA – ACÓRDÃO EM AGRAVO REGIMENTAL – RECURSO EXTRAORDINÁRIO – APRECIAÇÃO INDIRETA – ADEQUAÇÃO. Conforme o disposto no artigo 546 do Código de Processo Civil, interpretado presente o objetivo da norma, mostram-se cabíveis os embargos de divergência quando o acórdão atacado por meio deles implica pronunciamento quanto a recurso extraordinário. EMBARGOS DE DIVERGÊNCIA – ACÓRDÃO PROFERIDO EM AGRAVO REGIMENTAL – VERBETE Nº 599 DA SÚMULA DO SUPREMO. Ante o novo entendimento sobre o alcance do artigo 546 do Código de Processo Civil, não subsiste, sendo cancelado, o Verbete nº 599 da Súmula do Supremo – 'São incabíveis embargos de divergência de decisão de Turma, em agravo regimental'. DIREITO – ALCANCE – JURISPRUDÊNCIA – EVOLUÇÃO.

---

[393] AI 31.489, rel. Min. Gonçalves de Oliveira, DJ 11.10.68. Este foi o *leading case* fundamento do enunciado.

[394] "A jurisprudência do Supremo Tribunal Federal continua firme no sentido de considerar em plena vigência a Súmula STF nº 599, segundo a qual são incabíveis embargos de divergência de decisão de Turma, em agravo regimental, especialmente em face do artigo 546, II, do Código de Processo Civil, com a redação dada pela Lei nº 8.950/94. Precedentes" (RE 238.712 AgR-ED-EDv-AgR, rel. Min. Ellen Gracie, DJ 01.08.2003).

Incumbe ao órgão julgador evoluir no entendimento inicialmente adotado tão logo convencidos os integrantes de assistir maior razão, ante o ordenamento jurídico, à tese inicialmente rechaçada".[395]

Verbete 602 – *Nas causas criminais, o prazo de interposição de recurso extraordinário é de 10 (dez) dias.*

Aprovado em sessão do Plenário de 17 de outubro de 1984,[396] o verbete foi implicitamente revogado pela Lei 8.038/90, art. 26. Assim, a despeito da sobrevivência sumular, o prazo do extraordinário em sede criminal é de 15 dias.

Verbete 633 – *É incabível a condenação em verba honorária nos recursos extraordinários interpostos em processo trabalhista, exceto nas hipóteses previstas na Lei n. 5.584/70.*

O enunciado foi aprovado em sessão plenária de 24 de setembro de 2003. Em sede de aclaratórios em recurso extraordinário, assim fora assentado:

"Recurso extraordinário. Embargos de declaração. Inversão do ônus de sucumbência. Discussão acerca de condenação em honorários advocatícios. Jurisprudência assente do STF no sentido de que não são devidos honorários advocatícios em reclamação trabalhista, reservados que estão à condenação do empregador e não do empregado. Embargos de declaração recebidos".[397]

O laconismo da lei provocou a sumulação.[398] Mas tal fato não modifica a colossal torrente de recursos extraordinários de processos trabalhistas em tramitação na Corte Maior.[399]

Verbete 634 – *Não compete ao Supremo Tribunal Federal conceder medida cautelar para dar efeito suspensivo a recurso extraordinário que ainda não foi objeto de admissibilidade na origem.*

Em certo estágio procedimental, por absoluta falta de competência, a Corte Suprema jamais defere pretensões cautelares para que o recurso extraordinário tramite no efeito suspensivo. Mesmo na eventualidade de danos irreparáveis ou de difícil reparação, ainda que relevante a fundamentação jurídica do recurso, entre a interposição deste e o exame de sua admissibilidade no juízo *a quo*, não

---

[395] RE 283.240, AgR-ED-EDv-AgR, rel. p/acórdão Min. Marco Aurelio, DJ 13.03.2008. Igualmente,RE 285.093, AgR-ED-EDv-AgR, rel. p/acórdão Min. Marco Aurelio, DJ 27.03.2008; E 356.069, AgR-EDv-AgR, rel. p/acórdão Min. Marco Aurelio, DJ 27.03.2008. Os votos foram majoritários, quanto ao mérito dos recursos, mas unânimes, quanto à revogação do verbete.

[396] Precedente RE 81.063, rel Min. Djaci Falcão, DJ 24.06.1975. E ainda RE 83.278, DJ 08.07.1976, e AI 77.027, DJ 05.11.1979.

[397] RE 199.513, rel. Min. Néri da Silveira, 08.10.1999. Outros precedentes: RE 194.710, DJ 26.04.1996; RE 180.165, DJ 27.09.1996; RE 190.507, DJ 18.10.1996; RE 194.254, DJ 06.12.1996.

[398] Lei 5.584, de 16 de junho de 1970, art. 16: "Os honorários do advogado pagos pelo vencido reverterão em favor do Sindicato assistente".

[399] Dos mais de 22.000 processos de índole trabalhista em tramitação no STF, a imensa maioria diz com recursos extraordinários ou agravos de instrumento a estes relativos.

pode o STF sequer examinar o pedido; o processo *ainda* não está em sua esfera jurisdicional. Ademais, a concessão da medida poderia esbarrar no juízo *a quo*. Bastaria que este, em sede de admissibilidade, negasse seguimento ao recurso. Seria teratológico a medida ser concedida pelo STF, e o recurso não subir ao Pretório Excelso.

A aflitiva situação em nada melhorara com a possibilidade de a medida, em sede recursal, ser "requerida diretamente ao tribunal" (CPC, art. 800, parágrafo único, na redação dada pela Lei 8.952, de 13 de dezembro de 1994). A partir daí, passou-se a discutir, no caso do recurso extraordinário, qual seria "o tribunal" destinatário da pretensão cautelar.

A matéria mereceu exame em inúmeras questões de ordem que levavam ao Pretório Maior ocorrências danosas causadas pela ausência do efeito suspensivo pretendido. Nenhum sucesso obtinham.[400] Em outras tantas, concluía-se que sobre a medida cautelar – nesse ínterim, entre a interposição e o juízo de admissibilidade no órgão *a quo* –, a este caberia decidir.[401]

Finalmente, em sessão de 24 de setembro de 2003, foram aprovados os verbetes 634 e 635, regulando a matéria que bem poderia ser posta em um só enunciado.[402]

Verbete 635 – *Cabe ao Presidente do Tribunal de origem decidir o pedido de medida cautelar em recurso extraordinário ainda pendente de seu juízo de admissibilidade.*

(Ver enunciado anterior).

Verbete 636 – *Não cabe recurso extraordinário por contrariedade ao princípio constitucional da legalidade, quando sua verificação pressuponha rever a interpretação dada a normas infraconstitucionais pela decisão recorrida.*

Muitos são os recursos extraordinários que chegam ao STF fundados na violação ao princípio da legalidade. Poucos, muito poucos os conhecidos. Isso porque, é grande a insistência no manejo do remédio em face de *interpretações* que no juízo *a quo* se fazem acerca dos regramentos infraconstitucionais.

Aceita pretensão nesse sentido, não haveria controvérsia dessa natureza que escapasse ao âmbito do recurso nobre. Fosse possível reexaminar o que as instâncias ordinárias, ou mesmo os tribunais superiores, firmam acerca da interpretação de norma não constitucional, mesmo contendas de direito local haveriam de

---

[400] Pet 1.872, rel. Min. Moreira Alves, DJ 14.04.2000. Outros precedentes: Pet 381, DJ 03.11.1989; Pet 535, DJ 13.03.1992; Pet 1.189, DJ 06.12.1996; Pet 1.327, DJ 06.03.1999.

[401] Pet 1.863.rel. Min. Moreira Alves, DJ 14.04.2000 e ainda Pet 1.872, DJ 14.04.2000; Rcl 1.509, DJ 06.09.2001; Pet 1.903, DJ 06.09.2001.

[402] E logo tramitou o projeto de lei que resultou, em sede de ação rescisória, na possibilidade de concessão de "medidas de natureza cautelar ou antecipatória de tutela" (CPC, art. 489, na redação que lhe deu a Lei 11.280, de 16 de fevereiro de 2006).

caber no alargamento do recurso extremo. E ficariam confundidas as competências da Corte Suprema e as dos demais pretórios.

Este é o caso da denominada violação *reflexa* da Constituição, que não dá azo a dito recurso. Interpretar leis não é função do Supremo Tribunal Federal. Daí a edição do enunciado, trazido a lume em sessão plenária de 24 de setembro de 2003.[403]

Verbete 637 – *Não cabe recurso extraordinário contra acórdão de Tribunal de Justiça que defere pedido de intervenção estadual em município.*

Até por ser facultado ao Tribunal de Justiça decretá-la de ofício, a intervenção estadual em Município não é "causa" propriamente dita. Não viabiliza o recurso extremo (v. item 4.2.2 retro, "Causas decididas"). Nesse passo, é remansoso o entendimento do Pretório Excelso no sentido de que o requerimento de intervenção não materializa direito de ação, mas tão só direito de petição (Constituição, art. 5º, inc. XXXIV, alínea *a*):

"A circunstância de ter sido requerido não transforma em ato de jurisdição o ato administrativo que defira ou indefira o requerimento; nem o simples fato de dirigir-se esse ao órgão judiciário transforma em processo judicial – vale dizer, em causa – o procedimento que extrai do provimento pleiteado o seu caráter administrativo, no caso, político-administrativo".[404]

Claro está, contra o ato administrativo interventivo, a via cabível é o mandado de segurança. A partir daí, sim, abre-se a via recursal pertinente, até chegar-se, se for o caso, ao recurso extremo. Mas não se pode recorrer se não há ação.

Verbete 638 – *A controvérsia sobre incidência ou não de correção monetária em operações de crédito rural é de natureza infraconstitucional, não viabilizando recurso extraordinário.*

Em sede de recursos extraordinários não admitidos no juízo *a quo* e levados à Corte Suprema no bojo de agravos de instrumento, alegava-se vulneração ao § 3º do art. 192 da Carta Política. Revogada ao depois pela Emenda nº 40, de 29 de maio de 2003, a regra questionada fixara a cobrança de juros no limite de 12% ao ano, tipificando-a como crime de usura.[405]

---

[403] Precedentes: AI 142.834, rel. Min. Carlos Velloso, DJ 27.11.1992; AI 134.736, rel. Min. Sepúlveda Pertence, DJ 17.02.1995; AI 157.990, rel. Min.Marco Aurélio, DJ 12.05.1995; AI 210.553, rel. Min. Maurício Corrêa, DJ 19.06.1998; RE 231.085, rel. Min. Moreira Alves, DJ 19.05.2000; RE 266.041, rel. Min. Celso de Mello, DJ 09.02.2001.

[404] Pet 1.256, rel. Min. Sepúlveda Pertence, DJ 04.05.2001. Outros precedentes: IF 81, DJ 02.08.1985; RE 149.986, DJ 07.05.1993; RE 203.175, DJ 23.04.1999; Pet 1.272, DJ 26.11.1999.

[405] Constituição, art. 192, § 3º: "As taxas de juros reais, nelas incluídas comissões e quaisquer outras remunerações direta ou indiretamente referidas à concessão de crédito, não poderão ser superiores a doze por cento ao ano; a cobrança acima deste limite será conceituada como crime de usura, punido, em todas suas modalidades, nos termos que a lei determinar."

Por envolver crédito rural e revestir natureza infraconstitucional, sumulou--se que a matéria não é passível de exame na via extraordinária.[406]

Assumindo seu papel, o Superior Tribunal de Justiça, guarda da lei federal, dispôs algo sobre a matéria:

"A legislação *ordinária* sobre crédito rural não veda a incidência da correção monetária".[407]

Verbete 639 – *Aplica-se a Súmula 288 quando não constarem do traslado do agravo de instrumento as cópias das peças necessárias à verificação da tempestividade do recurso extraordinário não admitido pela decisão agravada.*

Visto no Enunciado nº 288 retro, a Lei 10.352, de 26 de dezembro de 2001, enumerou as peças obrigatórias à composição do instrumento de agravo contra a denegação de seguimento do recurso extraordinário no juízo *a quo* (CPC, art. 544, § 1º). Por isso, a inútil referência ao referido verbete nada mais faz do que chancelar a equivocada remissão ao *improvimento* do recurso, quando deveria afirmar o *não conhecimento*. Mais uma vez, confundem-se juízo de admissibilidade e juízo de mérito.

Aprovado em 24 de setembro de 2003, o enunciado é despiciendo.

Verbete 640 – *É cabível recurso extraordinário contra decisão proferida por juiz de primeiro grau nas causas de alçada, ou por turma recursal de juizado especial cível ou criminal.*

Veja-se o comentário ao enunciado nº 527.

Verbete 641 – *Não se conta em dobro o prazo para recorrer, quando só um dos litisconsortes haja sucumbido.*

Há quase três décadas, a questão vinha evoluindo até chegar ao atual entendimento no sentido de que, se um só litisconsorte sucumbe, a ele confere-se o prazo recursal simples, não se lhe aplicando o art. 191 da lei processual civil.

Primeiramente, tomou-se o prazo privilegiado de forma a contemplar o agravante, litisconsorte no processo, somente se algum outro litisconsorte também recorresse extraordinariamente:

"Se o recurso extraordinário não admitido só foi interposto por um dos litisconsortes, o agravo de instrumento contra esse despacho apenas poderia ser oposto por este litisconsorte recorrente, não tendo legitimação para fazê-lo

---

[406] O verbete foi aprovado em sessão plenária de 14 de setembro de 2003 (AI 247.036. rel. Min. Néri da Silveira. DJ 17.12.1999. Outros precedentes: AI 163.458, DJ 09.02.1996; AI 178.492, DJ 02.08.1996; AI 183.380, DJ 13.09.1996; AI 187573, DJ 02.05.1997; AI 159.968, DJ 19.09.1997; AI 144.133, DJ 18.12.1998; AI 229.091, DJ 10.09.1999; AI 246.422, DJ 17.12.1999).

[407] Súmula da jurisprudência do STJ, verbete nº 16 (grifou-se).

os demais. Por isso, não se conta em dobro o prazo para a interposição desse agravo".[408]

Mais adiante, novos posicionamentos tendentes à restrição do privilégio fizeram por dilargar a compreensão da matéria:

"Não há qualquer razão de ser em continuar sendo contado o prazo em dobro em favor de um dos litisconsortes, quando o outro não foi sucumbente...".[409]

E assim ficou: se somente um dos litisconsortes sucumbe, a ele não se aplica o privilégio.

Verbete 699 – *O prazo para interposição de agravo, em processo penal, é de cinco dias, de acordo com a Lei 8.038/1990, não se aplicando o disposto a respeito nas alterações da Lei 8.950/1994 ao Código de Processo Civil.*

O Supremo Tribunal Federal assentou entendimento no sentido de que a Lei 8.950 limitou-se a restabelecer os arts. 541 a 546 da lei processual civil. Não se aplica, portanto, aos ditames da Lei 8.038, na parte em que esta regulou matéria penal. Assim, a questão referente ao recurso extraordinário, ao recurso especial e ao agravo de instrumento contra a inadmissão daqueles no juízo criminal *a quo* continua sendo regulada pela lei anterior.

Não só o prazo do agravo no juízo criminal permanece o mesmo de antes da Lei 8.950. Igualmente, seu veículo assim continua sendo. Enquanto no cível o agravo passou a ser "instruído com as peças *apresentadas* pelas partes" (CPC, art. 544, § 1º, na redação mais recente da Lei 10.352/2001), no foro criminal, prossegue ele sob a responsabilidade do serventuário, "com as peças *indicadas* pelo agravante e pelo agravado" (Lei 8.038/90, art. 28, § 1º).[410]

É lamentável que recursos de natureza nitidamente unitária sejam tratados como entidades de caráter interdisciplinar. A Constituição não estabelece recurso extraordinário ou recurso especial *cível, criminal, eleitoral, trabalhista* ou *militar*, conforme a jurisdição em que manejados. Entretanto, desde os primeiros códigos processuais que o extraordinário recebe distinções procedimentais nas esferas cível e criminal (pelo CPC/1939, arts. 863 a 869, o RE subia nos próprios autos; no CPP/1941, arts. 632 a 638, em translado). É inaceitável que a legislação, ao longo da história, ora tenda para a unidade do trato recursal excepcional, ora pulverize os procedimentos do recurso de forma a transtornar os operadores

---

[408] AI 86.800, rel Min. Moreira Alves, DJ 11.06.1982.

[409] AI 244.660. rel. Min. Moreira Alves, DJ 15.10.1999. Outros precedentes: AI 154.873, DJ 02.06.1995; AI 234.997, DJ 25.06.1999; AI 235.655, DJ 06.08.1999. AI 236.832, DJ 13.08.1999; AI 235.635, DJ 08.10.1999; AI 243.148, DJ 15.10.1999.

[410] Precedentes: AI 197.032, DJ 05.12.1997; AI 216.992, DJ 09.10.1998; AI 219.566, DJ 05.02.1999; AI 224.609, DJ 30.04.1999; AI 232.439, DJ 06.08.1999; AI 234.016, DJ 06.08.1999; AI 239.598, DJ 10.09.1999.

do direito; ora devem aplicar uma lei no sentido geral, ora devem considerá-la "especial".

Por todos os títulos – há de se reconhecer –, a Lei 8.950/1994 não pode ser aplicada ao processo penal, nem mesmo ao processo eleitoral (adiante, verbete 728). Ela destina-se a alterar, declarada e restritivamente, dispositivos do Código de Processo Civil:

> "A lei dos recursos ficou severamente esvaziada em sua aplicação ao Processo Civil, quando para o Código, a Lei nº 8.950, de 13 de dezembro de 1.994, transpôs os dispositivos referentes ao recurso extraordinário, ao recurso especial, ao recurso ordinário constitucional e aos embargos de divergência. Com isso, seguramente, ficou afastada a incidência de seus arts. 26 – 29 e 33 – 35 em matéria processual civil. Em tudo o que se refere ao processo penal, a lei dos recursos permanece inalterada".[411]

Infelizmente.

Verbete 727 – *Não pode o magistrado deixar de encaminhar ao Supremo Tribunal Federal o agravo de instrumento interposto da decisão que não admite recurso extraordinário, ainda que referente a causa instaurada no âmbito dos juizados especiais.*

Trata-se de usurpação de competência exclusiva do Pretório Excelso ocorrida nos juizados especiais. Entendendo que determinada lei, ao contrário do alegado em sede extraordinária, não seria inconstitucional, negava-se seguimento ao próprio agravo de instrumento articulado contra a negativa de seguimento do recurso extremo.

Ora, a competência para julgar o agravo de instrumento não é do juízo *a quo*. Nem mesmo em sede de admissibilidade poderá ser negado seguimento ao recurso instrumentado (v. item 8.1.2 retro – Agravo de instrumento).

Daí as várias reclamações apresentadas à Corte Maior, todas elas providas, do que resultou questão sumulada desde 26 de novembro de 2003.[412]

Verbete 728 – *É de três dias o prazo para a interposição do recurso extraordinário contra decisão do Tribunal Superior Eleitoral, contado, quando for o caso, a partir da publicação do acórdão, na própria sessão de julgamento, nos termos do art. 12 da Lei n. 6.055/1974, que não foi revogado pela Lei 8.950/1994.*

Aplicando a norma de sobredireito (LICC, art. 2º, § 2º), o STF assentou que, por ser regra especial, permanece em vigor o art. 12 da Lei 6.055/1974 que estabelece o tríduo como prazo do recurso extraordinário na jurisdição eleitoral.

---

[411] DINAMARCO, Cândido Rangel. *A reforma do Código de Processo Civil.* 2ª ed., São Paulo: Malheiros Editores, 1995, p. 205.

[412] Precedentes: Rcl 438, DJ 01.10.1993; Rcl 459, DJ 08.04.1994; Rcl 471, DJ 19.12.1994; Rcl 631, DJ 13.06.1997; Rcl 645, DJ 07.11.1997; Rcl 1.051, DJ 11.06.1999; Rcl 812, DJ 29.06.2001; Rcl 1.099,DJ 09.11.2001;Rcl 642, DJ 21.06.2002; Rcl 2193, DJ 14.02.2003.

A Lei 8.950/1994, de índole geral, fixara em 15 dias o prazo, dentre outros, para os recursos extraordinário e especial (CPC, art. 508).[413]

Considere-se aqui transcrito o que se expressou nos comentários ao verbete 699 acerca dessa nociva variação de regulações do recurso nobre, conforme a jurisdição em que é interposto.

Verbete 733 – *Não cabe recurso extraordinário contra decisão proferida no processamento de precatórios.*

O processamento de precatórios reveste função meramente administrativa dos presidentes dos tribunais. Fonte de repetidas injustiças praticadas na esfera do Executivo – ora por privilegiar aliados, ora na preterição de adversários –, grande era o clamor contra o estado de coisas então reinante. Até que se corrigiram tais mazelas, carreando para o Judiciário referida atribuição.[414]

Mas a atividade permaneceu administrativa. Jurisdicional propriamente dita sempre foi e é a função do juiz da execução. Este sim, no exercício de cometimento exclusivamente jurisdicional, *julga* a causa da qual resulta o débito em desfavor do erário e expede o precatório respectivo. Aí extingue-se a execução.

Não havendo, pois, "causa" a ser julgada pelo presidente do tribunal, recurso extraordinário não pode haver; nem mesmo em presença de agravo. Tudo permanecerá, ainda e sempre, na esfera administrativa, inclusive a decisão colegiada que resolver sobre este recurso interno.

Não há "causa", não há recurso excepcional.[415]

Verbete 735 – *Não cabe recurso extraordinário contra acórdão que defere medida liminar.*

É recorrente a confusão que se faz entre cautelares, antecipações de tutela e liminares, identificando as três como espécies do mesmo gênero. Provisórias em princípio, as duas primeiras identificam a natureza dos provimentos jurisdicio-

---

[413] Precedentes: AI 354.555, DJ 14.12.2001, e AI 371.643, DJ 11.10.2002.

[414] Constituição da República dos Estados Unidos do Brasil, de 1934, art. 182, parágrafo único: "Os pagamentos devidos pela Fazenda Federal, em virtude de sentença judiciária, far-se-ão na ordem de apresentação dos precatórios à conta dos créditos respectivos, sendo vedada a designação de caso ou pessoas nas verbas legais". Restrita também à fazenda *nacional*, a Constituição de 10 de novembro de 1937 manteve o mesmo regime (art. 95). Até que a democrática Constituição da República dos Estados Unidos do Brasil, de 18 de setembro de 1946, incluiu as fazendas *estadual* e *municipal* na exigência, competindo ao presidente do Tribunal Federal de Recursos ou aos presidentes dos tribunais de justiça estaduais, conforme o caso, expedir as ordens de pagamento e autorizar o sequestro da quantia necessária para satisfação do débito (art. 204 e seu parágrafo único). Idem na Constituição de 1967 (art. 117) e na "Emenda" de 1969 (art. 117). Na Constituição vigente, a matéria é regrada no art. 100.

[415] ADI 1.098, rel. Min. Marco Aurélio, DJ 25.10.1996, em que, em controle concentrado de constitucionalidade, foram declarados inconstitucionais dispositivos do Regimento Interno do Tribunal de Justiça do Estado de São Paulo (v. enunciado 399 retro). Outros precedentes: RE 211.689, DJ 06.02.1998; RE 213.696, DJ 06.02.1998; AI 260.331, DJ 16.02.2001; RE 229.786, DJ 18.05.2001; RE 233.743, DJ 08.03.2002; RE 281.208, DJ 26.04.2002.

nais. Liminares dizem com o momento em que tais medidas são determinadas. Se in initio litis, liminares; se depois, liminares não são:

"Rigorosamente, liminar é só o provimento que se emite inaudita altera parte, antes de qualquer manifestação do demandado e até mesmo antes de sua citação. Não é outra a constatação que se extrai dos próprios textos legais, que em numerosas passagens autorizam o juiz a decidir liminarmente ou após justificação prévia".[416]

Sempre e sempre – sejam de que natureza forem –, as medidas liminares são concedidas na presunção de revestirem *fumus boni iuris* em presença de *periculum in mora*. Ante sua revogabilidade a qualquer tempo, resulta daí sua provisoriedade, sua temporariedade, quer como antecipação de tutela, quer como medida de índole cautelar.[417]

Quando da concessão de liminares, sustenta a Corte Maior, inexiste aí "causa decidida" para efeitos da recorribilidade extraordinária. Assim, conquanto manejado recurso de agravo e mesmo que alegadamente feridos ditames constitucionais no deferimento da medida, esta não configuraria julgamento de "última instância" capaz de viabilizar o recurso extremo. Ao menos essa é a interpretação adotada para justificar o incabimento do recurso excepcional contra certas interlocutórias decretadas nos albores do processo:

"(*omissis*) A decisão proferida não se enquadra na previsão do artigo 543, § 3º, do Código de Processo Civil, considerada a redação imprimida pela Lei 9.756/98. A razão é muito simples: respeitado o recurso extraordinário interposto, uma vez julgada a própria ação cautelar, ficará prejudicado. Por isso, declarei-o inadequado à espécie. A prevalecer a óptica do Agravante e presente o predicado 'utilidade', determinar-se-á, de imediato, o processamento, se for o caso, do recurso extraordinário. A liminar é decisão precária e efêmera que não desafia a recorribilidade extraordinária".[418]

Ocorre que a lei expressamente prevê o recurso para decisões dessa natureza (v. item 4.2.2 retro, "Causas decididas"):

"Não se pode confundir decisão definitiva com decisão de última instância – uma decisão provisória (como aquelas que decidem a respeito da tutela antecipatória) ou uma decisão temporária (como as cautelares) pode constituir decisão de última instância (*omissis*) Se há urgência em prover, a

---

[416] FABRÍCIO, Adroaldo Furtado. *Breves notas sobre provimentos antecipatórios, cautelares e liminares.* Inovações do Código de Processo Civil, organizado por Jose Carlos Teixeira Giorgis. Porto Alegre: Livraria do Advogado, 1996, p. 18. Alguns exemplos na lei processual civil: arts. 273; 461 e seus §§ 3º e 5º; 527, inc. III; 558 e seu parágrafo único; 797 (as denominadas "medidas cautelares"); 798 ("medidas provisórias").

[417] Sobre a impropriamente chamada "tutela antecipada na sentença", veja-se FORNACIARI JUNIOR, Clito. *Processo civil: verso e reverso.* São Paulo: Juarez Oliveira, 2005, p. 118.

[418] AI 245.703. rel. Min. Marco Aurélio, DJ 25/02/2000. Outros precedentes: AI 252.382, DJ 24/03/2000; RE 263.038, DJ 28/04/2000; AI 219.053, DJ 23/03/2001; RE 232.387, DJ 17/05/2002.

decisão do tribunal ordinário que concede ou nega a antecipação de tutela, por exemplo, é a última decisão ordinária a respeito da necessidade ou não de tutela de urgência".[419]

Ademais disso, decisão interlocutória de *qualquer* outra natureza que não a liminar também pode restar prejudicada por ocasião do desfecho do processo. Nesse caso, o extraordinário que a decidira igualmente ficará prejudicado. Mas a despeito de a norma do recurso retido datar de 1998, o Supremo Tribunal Federal não entendeu assim e, anos depois, aprovou o verbete (em 26 de novembro de 2006).

Sem falar na contrariedade à Constituição, o verbete afronta a lei justamente na regra que serve de suporte ao novo entendimento.

12.2. Súmula vinculante

Verbete 10 – *Viola a cláusula de reserva de plenário (CF, artigo 97) a decisão de órgão fracionário de Tribunal que, embora não declare expressamente a inconstitucionalidade de lei ou ato normativo do poder público, afasta sua incidência, no todo ou em parte.*

Visto no exame do verbete 513 da súmula persuasiva da Corte Suprema (item 12.1), a regra do *full bench* repercute no recurso nobre precisamente porque o acórdão que decide pela inconstitucionalidade há de acompanhar o aresto extraordinariamente recorrido. Nesse sentido – também foi dito –, a questão da inconstitucionalidade é apenas *fundamento* da decisão do colegiado menor. Esta – e não a do plenário ou órgão especial – será objeto do recurso extremo. Por isso, a presença do acórdão do órgão maior diz respeito unicamente à *questão* constitucional.

Repita-se com ênfase: o recurso ataca diretamente a decisão *final*, que se vincula à do plenário ou órgão especial somente para efeitos de fundamentação. E não se há de admitir forma indireta, simulada, para contornar o princípio:

> "'Reputa-se declaratório de inconstitucionalidade o acórdão que – embora sem o explicitar – afasta a incidência da norma ordinária pertinente à lide para decidi-la sob critérios diversos alegadamente extraídos da Constituição' (RE 240.096, rel. Min. Sepúlveda Pertence, Primeira Turma, DJ de 21.05.1999). Viola a reserva de Plenário (art. 97 da Constituição) acórdão prolatado por órgão fracionário em que há declaração parcial de inconstitucionalidade, sem amparo em anterior decisão proferida por Órgão Especial ou Plenário. Recurso extraordinário conhecido e provido, para

---

[419] MARINONI, Luiz Guilherme; MITIDIERO, Daniel. *Código de processo civil comentado artigo por artigo.* São Paulo: RT, 2009, p. 557.

devolver a matéria ao exame do Órgão Fracionário do Superior Tribunal de Justiça".[420]

E na discussão da matéria foi dito com todas as letras que o verbete objetivou afastar "a declaração 'escamoteada' de inconstitucionalidade da lei".

---

[420] RE 482.090, rel. Min. Joaquim Barbosa, DJ 12.03.2009. Outros precedentes: AI 472.897, DJ 26.10.2007; RE 544.246, DJ 08.06.2007; RE 319.181, DJ 28.06.2002; RE 240.096, DJ 21.05.1999.

Bibliografia

ABBOUD, Georges. Súmula vinculante versus precedentes: notas para evitar alguns enganos. *RePro* 165/281.

AGUADO, Juventino de CASTRO. Os tratados internacionais e o processo jurídico-constitucional, *RDCI* 65/311.

ALEXY, Robert. *Teoria de los derechos fundamentales.* Madrid: Centro de Estudios Politicos y Constitucionales, 2002.

ALVES, José Carlos Moreira. *O Supremo Tribunal Federal em face da nova Constituição – Questões e perspectivas.* Arquivos do Ministério da Justiça, Brasília, jun/set 1989.

AMORIM, Aderbal Torres de. Pretensão declaratória e interpretação de cláusula contratual. *AJURIS*, 32/113, *RT* 593/15.

——. Reconvenção e ação consignatória. *AJURIS*, 27/125 e RT 565/259.

——. Recorribilidade da Decisão Denegatória de Liminar em Mandado de Segurança. Revista de Direito Constitucional e Ciência Política 2/189, *AJURIS*, 31/191, *RBDP*, 44/13.

——. *Recursos cíveis ordinários.* Porto Alegre: Livraria do Advogado, 2005.

——. *Os efeitos antagônicos dos embargos infringentes.* A alternância dos pólos recursais. RePro 138/16.

ARAGÃO, Egas Moniz de. *Comentários do Código de Processo Civil.* Vol II, 2ª ed. Rio de Janeiro: Forense, 1976.

ASSIS, Araken de. *Manual dos recursos.* 2ª ed. São Paulo: RT, 2008.

BANDEIRA de MELLO, Celso Antônio. *Curso de Direito Administrativo.* 14ª ed. São Paulo: Malheiros, 2002.

BANDEIRA de MELLO, Oswaldo Aranha. *A teoria das constituições rígidas.* 2ª ed. São Paulo: José Bushatsky, 1980.

BARBOSA, Ruy. *Comentarios á Constituição Federal Brasileira.* Volume 4, São Paulo: Saraiva, 1933.

BASTOS, Celso Ribeiro. *Curso de direito constitucional.* 12ª ed. São Paulo: Saraiva.

BATISTA, Zótico. *Código de Processo Civil Anotado e Comentado.* Volume II. Rio de Janeiro: Livraria Jacinto, 1940.

BENETI. Sidnei Agostinho. Assunção de competência e *fast-track* recursal. *RePro* 171/15.

BERMUDES, Sergio. *A reforma do Judiciário pela Emenda Constitucional nº 45.* Código de Processo Civil. Rio de Janeiro: Forense, 2005.

BONAVIDES, Paulo; ANDRADE, Paes. *História constitucional do Brasil,* 2ª ed. Brasília: Paz e Terra, 1990.

BUENO, Cassio Scapinella. *Curso sistematizado de direito processual civil*. Vol. 5. São Paulo: Saraiva, 2008.

CAEIRO, Silvia B. Palacio de. *El recurso extraordinário federal*. Buenos Aires: La Ley, 2002.

CAMBI, Eduardo. Súmulas vinculantes. *RePro* 168/143.

CAMPOS, Francisco. *Direito Constitucional*. 2° vol. Rio de Janeiro: Freitas Bastos, 1956.

CANOTILHO, José Joaquim Gomes. *Direito Constitucional*. 5ª ed. Coimbra: Livraria Almedina, 1992.

CARNEIRO, Athos Gusmão. *Recurso Especial, Agravos e Agravo Interno*. 3 ed. Rio de Janeiro: Forense, 2003.

CASTRO, Araujo. *Manual da Constituição Brasileira*. Rio de Janeiro: Leite Ribeiro e Maurillo, 1918.

CAVALCANTE, Mantovanni Colares. *Recursos especial e extraordinário*. São Paulo: Dialética, 2003.

——. A Lei 11.672/2008 e o novo processamento de recursos especiais com identidade de matérias, em confronto com a feição transindividual do recurso extraordinário. *RePro* 163/179.

CAVALCANTI, Themistocles Brandão. *Do contrôle da Constitucionalidade*. Rio de Janeiro: Forense, 1966.

CINTRA, Antônio Carlos; GRINOVER, Ada Pellegrini; DINAMARCO, Cândido. *Teoria Geral do Processo*. São Paulo: RT, 1974.

CONTI, Giovanni. *Requisitos da tutela cautelar constitucional*. Porto Alegre: Norton Editor, 2004.

CORNELL, Jimmy. *World cruising routes*. 4ª ed. Camden, Maine: International Marine, 1998.

CORRÊA, Oscar Dias. *A crise da Constituição, a Constituinte e o Supremo Tribunal Federal*. São Paulo: RT, 1986.

CÔRTES, Osmar Mendes Paixão. *O cabimento do recurso extraordinário pela alínea "a" do art. 102 da Constituição Federal e a "causa de pedir aberta"*. Aspectos polêmicos e atuais dos recursos cíveis e assuntos afins. Coordenação de Nelson Nery Jr. e Teresa Arruda Alvim Wambier. São Paulo: RT, 2007.

DALL'AGNOL JÚNIOR, Antonio Janyr. *Embargos infringentes. Recentes modificações*. Aspectos Polêmicos e Atuais dos Recursos Cíveis. coordenadores Nelson Nery Jr. e Teresa Wambier Arruda Alvim. São Paulo: RT, 2003.

DIAS, Beatriz Catarina. *A jurisdição na tutela antecipada*. São Paulo: Saraiva, 1999.

DIDIER Jr. Fredie. *Transformações do recurso extraordinário*. Aspectos polêmicos e atuais dos recursos cíveis e assuntos afins. Coord. Nelson Nery Jr. e Teresa Arruda Alvim Wambier, São Paulo: RT, 2006.

——. *Regras processuais no novo código civil*. 2ª ed. São Paulo: Saraiva.

DINAMARCO, Cândido Rangel.*A reforma do Código de Processo Civil*. 2ª ed., São Paulo: Malheiros Editores, 1995.

——. *Nova era no processo civil*. 2ª ed., São Paulo: Malheiros, 2007.

DORIA, Sampaio. *Principios constitucionaes*. São Paulo: São Paulo Editora, 1926.

FABRÍCIO, Adroaldo Furtado. *Tutela antecipada*: denegação no primeiro grau e concessão pelo relator do agravo. Ajuris, 76/09.

——. *Breves notas sobre provimentos antecipatórios, cautelares e liminares.* Inovações do Código de Processo Civil, organizado por Jose Carlos Teixeira Giorgis. Porto Alegre: Livraria do Advogado, 1996.

FERNANDES, Luís Eduardo Simardi. *Embargos de declaração.* São Paulo: RT. 2003.

FORNACIARI JUNIOR, Clito. *Processo civil: verso e reverso.* São Paulo: Juarez Oliveira, 2005.

FRANKLIN, John Hope. *Raça e História.* Rio de Janeiro: Rocco, 1999.

FREYRE, Gilberto. *Casa Grande & Senzala* – A Formação da Família Brasileira sob o Regime de Economia Patriarcal. 8ª ed., volume II. Rio de Janeiro: José Olympio, 1954.

FROCHAM, Manoel Ibañez. *Los Recursos en el Proceso Civil.* Buenos Aires: Sociedad Bibliografica Argentina, 1943.

GAMA, Vasco de Lacerda. *Recurso Extraordinário.* s/editora, 1937

GEORGE, Susan. *Hijacking America.* Malden, USA: Polity Press, 2008.

GÓES, Gisele Santos Fernandes. *Princípio da Proporcionalidade no Processo Civil.* Rio de Janeiro: Saraiva, 2004.

GIORGIS, José Carlos Teixeira. *Notas sobre o agravo.* Porto Alegre: Livraria do Advogado, 1996.

GIUSTINA, Vasco Della. *Leis municipais e seu controle constitucional pelo Tribunal de Justiça.* Porto Alegre: Livraria do Advogado, 2001.

GOMES, Luiz Flávio. *Controle de convencionalidade: STF revolucionou nossa pirâmide jurídica.* Disponível em http//www.lfg.com.br, em 26 de setembro de 2008.

GRECCO FILHO, Vicente. *Direito processual civil brasileiro.* Vol. 2, 20ª ed. São Paulo: Saraiva. 2009.

GRINOVER, Ada Pellegrini; GOMES FILHO, Antonio Magalhães; FERNANDES, Antonio Scarance. *Recursos no Processo Penal.* 6ª ed. São Paulo: RT, 2009.

HESSE, KONRAD. *A força normativa da Constituição.* Porto Alegre: Sergio Antonio Fabris Editor, 1991.

KELLY, Octavio. *Codigo eleitoral anotado.* Rio de Janeiro: A. Coelho Branco Fº, 1932.

LACERDA, Galeno. *Comentários ao Código de Processo Civil,* vol. VIII, tomo I. Rio de Janeiro: Forense, 1980.

——. Ação rescisória e suspensão cautelar da execução do julgado rescindendo. *Revista Jurídica da Procuradoria da Assembléia Legislativa do Estado do Rio Grande do Sul,* criação e coordenação de Aderbal Torres de Amorim. Porto Alegre: CORAG, 1982.

LAMAZIÈRE, Georges. *Ordem, hegemonia e transgressão.* A resolução 687 do Conselho de Segurança da Nações Unidas. Brasília: Instituto Rio Branco, 1998.

LASSALE, Ferdinand. *A essência da Constituição.* Rio de Janeiro: Liber Juris, 1985.

LEAL, Victor Nunes. *A súmula do Supremo Tribunal Federal e o restatement of the law dos norte-americanos.* LTR 30.

LEME, Ernesto. *O artigo 63 da Constituição.* São Paulo: São Paulo Editora Ltda. 1926.

LENZA, Pedro. *Direito Constitucional esquematizado.* 12ª ed. 3ª tir. São Paulo: Saraiva, 2008.

LESSA, Barbosa. *Rio Grande do Sul, prazer em conhecê-lo.* Porto Alegre: AGE, 2002.

LIEBMAN, Enrico Tullio. *Eficácia e autoridade da sentença.* 2ª ed. Rio de Janeiro: Forense, 1981.

LIMA, Alcides de Mendonça. *Introdução aos Recursos Cíveis.* São Paulo: RT, 1976.

MACEDO, Elaine Harzheim. Repercussão geral das questões constitucionais: nova técnica e filtragem do recurso extraordinário. *Revista Direito e Democracia*, 1/6. Canoas: ULBRA, 2005.

MCLUHAN, Herbert Marshall. *O meio é a mensagem*. Rio de Janeiro: Record, 1969.

MANCUSO, Rodolfo de Camargo. *Recurso extraordinário e recurso especial*. 10ª ed. São Paulo: RT, 2007.

——. *Divergência jurisprudencial e súmula vinculante*. 3ª ed. São Paulo: RT, 2007.

MARINONI, Luiz Guilherme. *Aproximações críticas entre as jurisdições de civil law e common law*. RePro 172/175

——; ARENHART, Sérgio Cruz. *Manual do Processo de Conhecimento*. São Paulo: RT, 2005.

——; MITIDIERO, Daniel. *Repercussão Geral no Recurso Extraordinário*. São Paulo: RT, 2007.

——; ——. *Código de processo civil comentado artigo por artigo*. São Paulo: RT, 2009.

MARIOTTI, Alexandre. *Medidas provisórias*. São Paulo: Saraiva, 1999.

MARQUES, José Frederico. *Elementos de direito processual penal*. Volume IV. Campinas: Bookseller, 1997.

MARSHALL, John. *Decisões Constitucionaes de Marshall*. Rio de Janeiro: Imprensa Nacional, 1903.

MARTIN, Elizabeth. LAW, Jonathan. *A dictionay of Law*. 6th ed., Oxford University Press, 2006.

MAXIMILIANO, Carlos, *Commentarios á Constituição Brasileira*. 2ª ed. Rio de Janeiro: Jacinto Ribeiro dos Santos Editor, 1923.

——. *Hermenêutica e interpretação do direito*. Rio de Janeiro: Freitas Bastos, 1941.

MAZZUOLI, Valerio de Oliveira. Rumo às novas relações entre o direito internacional dos direitos humanos e o direito interno. Porto Alegre: URGS, 2008.

——. *Direito internacional público,* 4ª ed. São Paulo: RT, 2008.

MELLO FILHO, José Celso. *Constituição federal anotada*. 2ª ed. São Paulo: Saraiva, 1986.

MENDES, Raul Armando. *Da interposição do recurso extraordinário*. São Paulo: Saraiva, 1984.

MENDES, Gilmar Ferreira. *Jurisdição constitucional*. 5ª ed., São Paulo: Saraiva, 2005.

——; COELHO, Inocêncio Mártires; BRANCO, Paulo Gustavo Gonet. *Curso de Direito Constitucional*. 4ª ed. São Paulo: Saraiva, 2009.

MORAES, Alexandre de. *Direito Constitucional*. 24ª ed. São Paulo: Atlas, 2009.

MORATO, Leonardo L. *Reclamação*. São Paulo: RT, 2007.

MOREIRA, José Carlos Barbosa. *Comentários ao Código de Processo Civil*. Volume V. 15ª ed. Rio de Janeiro: Forense, 2009.

——. Julgamento do recurso especial ex art. 105, III, *a*, da Constituição da República: sinais de uma evolução auspiciosa. *RF* 349/77.

NEGRÃO, Theotonio. Técnica do recurso extraordinário no cível. *RT* 602/09.

NERY JUNIOR, Nelson. *Teoria geral dos recursos*. 6ª ed. São Paulo: RT, 2004.

——. *Princípios do Processo Civil na Constituição Federal*. 7ª ed. São Paulo: RT, 2002.

NERY JUNIOR, Nelson e NERY, Rosa Maria de Andrade. *Código de Processo Civil Comentado e Legislação Extravagante*. 10ª ed. São Paulo: RT, 2007.

NOGUEIRA, Octaciano. *Constituições brasileiras: 1824.* Brasília: Senado Federal e Ministério de Ciência e Tecnologia, 2001.

NOGUEIRA, Pedro Henrique Pedrosa. Notas sobre preclusão e *venire contra factum proprium. RePro* 168/331.

NOVELINO, Marcelo. *Direito constitucional.* 2ª ed., São Paulo: Método, 2008.

NORTHFLEET, Ellen Gacie. Ainda sobre o efeito vinculante. *Cadernos de Direito Tributário e Finanças Públicas,* n° 16, jul/set 1996.

NUCCI, Guilherme de Souza. *Código de Processo Penal Comentado.* 6ª ed. 2ª tiragem. São Paulo: RT, 2007.

OCTAVIO, Rodrigo; VIANNA, Paulo D. *Elementos de direito público e constitucional brasileiro.* 3ª ed. Rio de Janeiro: F. Briguiet e Cia., 1927.

OLIVEIRA, Guilherme Peres de. A Súmula 456. Histórico e tendências jurisprudenciais atuais: STJ e STF. *RePro* 163/282.

PASSOS, J. J. Calmon de. *As razões da crise de nosso sistema recursal.* Estudos em homenagem a José Carlos Barbosa Moreira. Rio de Janeiro: Forense, 2007.

PEÑA, Enrique Luño. *Derecho natural.* Segunda Edición. Barcelona: La Hormiga de Oro, 1950.

PINTO, Nelson Luiz. *Manual dos Recursos Cíveis.* 3ª ed. São Paulo: Malheiros, 2003.

POLETTI, Ronaldo. *Controle da constitucionalidade das leis.* 2ª ed. Rio de Janeiro: Forense, 1995.

PONTES DE MIRANDA, Francisco Cavalcante *Comentários à Constituïção Federal de 10 de novembro de 1937.* Tomo III. Rio de Janeiro: Irmãos Pongetti editores, 1938.

——. *Comentários à Constituição de 1967 com a Emenda Constitucional* n° 1, tomo I. São Paulo: RT, 1974.

——. *Comentários à Constituição de 1967 com a Emenda Constitucional* n° 1, tomo II. 2 ed., 2ª tiragem. São Paulo: RT, 1973.

——. *Comentários à Constituição de 1967 com a Emenda Constitucional* n° 1, tomo IV. São Paulo: RT, 1974.

——. *Comentários à Constituição de 1967 com a Emenda Constitucional* n° 1, tomo V, 2ª ed. São Paulo: RT, 1974.

——. *Comentários ao Código de Processo Civil.* Tomo III. 2ª ed. Rio de Janeiro: Forense, 1979.

——. *Comentários ao Código de Processo Civil.* Tomo V. 3ª ed. Rio de Janeiro: Forense, 1997.

PORTO, Sérgio Gilberto; USTÁRROZ, Daniel. *Manual dos recursos cíveis.* 2ª ed., Porto Alegre: Livraria do Advogado, 2008.

RAMOS, Elival da Silva. *A inconstitucionalidade das leis – Vício e sanção.* São Paulo: Saraiva, 1994.

RAWLS, John. *Uma Teoria da Justiça.* São Paulo: Martins Fontes, 1997.

REIS, José Carlos Vasconcellos dos. Apontamentos sobre o novo perfil do recurso extraordinário no direito brasileiro. *RePro* 164/57.

ROCHA, Carmem Lúcia Antunes. *O princípio da coisa julgada e o vício de inconstitucionalidade.* Constituição e segurança jurídica. Carmem Lúcia Antunes Rocha (coord). Belo Horizonte: Forum, 2004.

RODRIGUES, Lêda Boechat. *História do Supremo Tribunal Federal.* Volume I. Rio de Janeiro: Civilização Brasileira, 1965.

ROMANO, Santi. *Princípios de Direito Constitucional Geral.* São Paulo: RT.

ROSA, Pérsio Thomaz Ferreira. O efeito translativo no âmbito dos recursos extraordinários. *RePro* 138/27.

SANTOS, Moacyr Amaral. *Primeiras linhas de direito processual civil.* Vol 3, 22ª ed. Rio de Janeiro: Saraiva, 2008.

SERTIMA, Ivan van. *They came before Columbus.* New York: Randon House, 1976.

SIEYÈS, Emmanuel Joseph. *A Constituinte Burguesa (Qu'est-ce le Tiers État?).* Rio de Janeiro: Liber Juris, 1986.

SHIMURA, Sérgio Seiji. *Súmula vinculante.* WAMBIER, Teresa Arruda Alvim (coord) Reforma do Judiciário. São Paulo: RT, 2005.

SILVA. Antônio Cesar. *Doutrina e prática dos recursos criminais.* 2ª ed. Rio de Janeiro: Aide, 1999.

SILVA, Evandro Lins e. A questão do efeito vinculante. *Revista brasileira de ciências criminais*, nº 13, 1996.

SILVA, José Afonso da. *Aplicabilidade das Normas Constitucionais.* 2ª ed. São Paulo: RT, 1982.

———. *Curso de Direito Constitucional Positivo.* 19ª ed. São Paulo: Malheiros, 2001.

SOUZA, Nelson Oscar de. *Manual de Direito Constitucional.* 3ª ed. Rio de Janeiro: Forense, 2006.

TAKOI, Sérgio Massaru. Breves comentários ao princípio constitucional de solidariedade. *RDCI*, 66/293.

TAVARES JUNIOR, Homero Francisco. Recursos especiais repetitivos: aspectos da Lei 11.672/2008 e da Res. 8/2008 do STJ. *RePro* 166/190.

THEODORO, Marcelo Antonio. A Constituição como um sistema de princípios e regras. *RDCI* 65/179.

TOURINHO FILHO, Fernando da Costa. *Processo penal.* 4º volume, 31ª ed. São Paulo: Saraiva, 2009.

TRIGUEIRO, Oswaldo. *Direito Constitucional Estadual.* Rio de Janeiro: Forense, 1980.

TUSHNET, Mark. *A Court divided.* New York – London: W. W. Norton & Company, 2005.

WAMBIER, Teresa Arruda Alvim. *Recurso Especial, Recurso Extraordinário e Ação Rescisória.* 2ª ed. São Paulo: RT, 2008.

———. *Estabilidade e adaptabilidade como objetivos do direito*: common law *e* civil law. RePro 172/121.

———. *An outline of Brazilian Civil Procedure.* RePro 168/243.

———. *Hipótese de cabimento dos embargos infringentes (a falta de clareza do sistema não pode prejudicar as partes).* RePro 171/32.

ZAVASCKI. Teori Albino. *Antecipação de tutela.* 3ª ed. São Paulo: Saraiva, 2000.

Índice onomástico

ABBOUD, Georges 124
AGUADO, Juventino de Castro 96
ALEXY, Roberto 56
ALVES, José Carlos Moreira 49, 101
AMORIM, Aderbal Torres 13, 21, 34, 37, 40, 56, 65, 71, 77, 80, 106, 108, 114, 131, 134, 140, 148, 159,
ANDRADE, Paes 87
ANTOS, Moacyr Amaral 135
ARAGÃO, Egas Moniz de 160
ARENHART, Sérgio Cruz 50, 132
ASSIS, Araken de 68, 101
BARBOSA, Ruy 16, 17, 25, 91
BATISTA, Zótico 15
BENETI. Sidnei Agostinho 116
BERMUDES, Sergio 97
BONAVIDES, Paulo 87
BRANDO, Paulo Gustavo Gonet 14
BUENO, Cassio Scapinella 51, 93
CAEIRO, Silvia B. 52
CAMBI, Eduardo 122
CAMPOS, Francisco 86
CANOTILHO, José Joaquim Gomes 97
CARNEIRO, Athos Gusmão 109, 115
CASTRO, Araujo 15
CAVALCANTE, Mantovanni Colares 26, 84
CAVALCANTI, Themistocles Brandão 123
CINTRA, Antônio Carlos 124
COELHO, Inocêncio Mátires 14
CONTI, Giovanni 95
CORNELL, Jimmy 90
CORRÊA, Oscar Dias 88
CÔRTES, Osmar Mendes Paixão 85
DALL'AGNOL JÚNIOR, Antonio Janyr 41

DIAS, Beatriz Catarina 42
DIDDIER JR., Fredie 72, 100, 121
DINAMARCO, Cândido Rangel 124, 126, 168
DORIA, Sampaio 83
FABRÍCIO, Adroaldo Furtado 144, 170
FERNANDES, Antonio Scarance 36, 40, 59, 151
FERNANDES, Luís Eduardo Simardi 159
FORNACIARI JUNIOR, Clito 170
FRANKLIN, John Hope 90
FREYRE, Gilberto 89
FROCHAN, Ibáñez 66
GAMA, Vasco de Lacerda 15
GEORGE, Susa 88
GIORGIS, José Carlos Teixeira 107
GIUSTINA, Vasco Della 92
GOES, Gisele Santos Fernandes 101
GOMES FILHO, Antonio Magalhães 36, 40, 59, 151
GRECCO FILHO, Vicente 82
GRINOVER, Ada Pellegrini 36, 40, 59, 124, 151
HESSE, Konrad 86
KELLY, Octavio 29
LACERDA, Galeno 77, 78
LAMAZIÈRE, Georges 96
LASSALE, Ferdinand 24, 86
LAW, Jonathan 121, 124
LEAL, Victor Nunes 124
LEME, Ernesto 85
LENZA, Pedro 122
LIMA, Alcides de Mendonça 66
MACEDO, Elaine Harzheim 48

MANCUSO, Rodolfo de Camargo 53, 93, 125, 140

MARINONI, Luiz Guilherme 50, 53, 59, 124, 132, 171

MARIOTTI, Alexandre 82

MARQUES, José Frederico 40

MARSHALL, John 13, 83

MARTIN, Elizabeth 121, 124

MAXIMILIANO, Carlos 16, 58

MAZZUOLI, Valerio de Oliveira 97, 98, 99

MCLUHAN, Herbert Marshall 99

MELLO FILHO, José Celso 121

MELLO, Celso Antônio Bandeira de 85

MELLO, Oswaldo Aranha Bandeira de 24

MENDES, Gilmar Ferreira 14, 97, 128

MENDES, Raul Armando 49

MIRANDA, Pontes de 18, 35, 58, 68, 71, 73, 82, 91, 93, 94, 95, 99, 102, 103, 120

MITIDIERO, Daniel 53, 59, 171

MORAES, Alexandre de 29, 31

MORATO, Leonardo L. 126

MOREIRA, José Carlos Barbosa 51, 67, 79, 82, 114

NEGRÃO, Theotonio 159

NERY JUNIOR, Nelson 14, 33, 34, 45, 57, 69, 122

NERY, Rosa Maria de Andrade 33, 34, 57

NOGUEIRA, Octaciano 87

NOGUEIRA, Pedro Henrique Pedrosa 154

NORTHFLEET, Ellen Gracie 123

NOVELINO, Marcelo 49, 101, 127

NUCCI, Guilherme de Souza 68

OCTAVIO, Rodrigo 26

PASSOS, J. J. Calmon de 23

PEÑA, Enrique Luño 83

PINTO, Nelson Luiz 66, 96

POLETTI, Ronaldo 13, 86

PORTO, Sérgio Gilberto 41

RAMOS, Elival da Silva 57

REIS, José Carlos Vasconcellos dos 123

RIBEIRO, Eduardo 46

ROCHA, Carmem Lúcia Antunes 91, 144

RODRIGUES, Lêda Boechat 9, 28

ROMANO, Santi 26

SANTOS, Moacyr Amaral 42

SERTIMA, Ivan van 90

SHIMURA, Sérgio Seiji 123

SILVA, Evandro Lins 123

SILVA, José Afonso da 50, 57, 89

SILVA. Antônio Cesar 36

SOUZA, Nelson Oscar de 27, 48, 54

TAKOI, Sérgio Massaru 89

TAVARES JUNIOR, Homero Francisco 61

THEODORO, Marcelo Antonio 85, 101

TOURINHO FILHO, Fernando da Costa 40, 62, 111

TRIGUEIRO, Oswaldo 18

TUSHNET, Mark 90

USTÁRROZ, Daniel 41

VIANNA, Paulo D. 26

WAMBIER, Teresa Arruda Alvim 26, 39, 80, 82, 84, 122, 123, 139, 143

ZAVASCKI, Teori Albino 76, 78